全国扶贫教育培训教材（第一批）

产业扶贫脱贫概览

全国扶贫宣传教育中心　组织编写

张　琦　主　编

万　君　副主编

中国农业出版社

北　京

编 委 会

指导组（按姓氏笔画排序）

王晓毅　左　停　向德平　庄天慧　孙兆霞

李小云　汪三贵　沈　红　张　琦　陆汉文

卓　翔　罗　丹　夏　英　雷　明　谭诗斌

编委会

主　任：黄承伟

副主任：刘晓山

成　员：骆艾荣　刘少锋　尹建华　伍小华　刘思圻

张显峰　王海涛

编辑工作组

骆艾荣　刘少锋　阎　艳　袁　泉　李　胜

高雪涛

2018 年 2 月 12 日，习近平总书记在四川成都主持召开"打好精准脱贫攻坚战"座谈会，对贯彻好党的十九大精神，全面打好精准脱贫攻坚战做出新部署时强调："要突出抓好各级扶贫干部学习培训。对县级以上领导干部，重点是提高思想认识，引导树立正确政绩观，掌握精准脱贫方法论，培养研究攻坚问题、解决攻坚难题能力。对基层干部，重点是提高实际能力，培育懂扶贫、会帮扶、作风硬的扶贫干部队伍。"总书记关于做好干部学习培训工作的重要论述，是习近平总书记关于扶贫工作的重要论述的重要内容，为做好新时代脱贫攻坚干部培训工作指明了方向，提供了指引。

党的十八大以来，以习近平同志为核心的党中央把脱贫攻坚摆在治国理政突出位置，全面打响脱贫攻坚战。新时代脱贫攻坚的精准扶贫精准脱贫基本方略，是对传统扶贫开发方式的根本性变革，对广大干部群众的扶贫实践提出了新的要求，也对以提高扶贫干部工作水平为主要目标的扶贫教育培训提出了新的努力方向。全国扶贫宣传教育中心深入学习贯彻习近平新时代中国特色社会主义思想和党的十九大精神，以习近平总书记关于扶贫工作的重要论述为根本遵循，认真研判扶贫培训需求，积极推进扶贫教育培训教材建设。

2017 年，全国扶贫宣传教育中心两次召开扶贫教育培训教材体系建设研讨会，评估脱贫攻坚培训内容及需求，对教材主题、形式、内容等进行研讨，确定第一批理论类、政策类、实务类、案例类和专题类 5 类 8 本教材的编写方案及编写大纲，邀请十多位长期研究中国扶贫问题并有丰富积累的教授担纲编写。历时一年多，在国务院扶贫办领导支持下，在扶贫办政策法规司及其他各司各单位指导帮助下，第一批全国扶贫教育培训教材于 2018 年初编写完成，中国农业出版社承担了出版发行工作。第一批全国扶贫教育培训教材共八册，分别是：《中国扶贫理论的形成与发展》《脱贫攻坚战略与政策体系》《精准扶贫精准脱贫方略》《产业扶贫脱贫概览》《资产收益扶贫的实践探索》《贫困村精准扶贫实施指南》《贫困村创业致富带头人培育工程优秀案例选编》和《脱贫攻坚理论实践创新研究》。

《中国扶贫理论的形成与发展》对贫困进行概述，系统阐述了贫困的产生、测量、分析的维度，重点论述了中国特色扶贫理论的背景、中国特色扶贫理论的构建，以及习近平总书记关于扶贫工作的重要论述。

《脱贫攻坚战略与政策体系》从横向和纵向两个维度对脱贫攻坚战略和政策体系进行叙述和讨论，阐述发展生产脱贫、转移就业脱贫、资产收益扶贫、易地搬迁脱贫、生态扶贫、教育扶贫、健康扶贫、社会保障扶贫以及解决特殊类型贫困问题，组织社会动员和社会参与，为脱贫攻坚提供保障等方面的政策措施。

《精准扶贫精准脱贫方略——基层干部读本》阐释了精准扶贫精准脱贫与全面建成小康社会之间的内在联系与重大意义、脱贫攻坚的目标与任务，深刻剖析了五大发展理念、六个精准与精准扶贫精准脱贫的辩证关系，分析了脱贫攻坚需要处理好的重大关系。

《产业扶贫脱贫概览》对产业扶贫进行了阐述和讲解，对我国产业扶贫及其历程进行了梳理，对扶贫产业选择的方法和未来发展的趋势进行了介绍，还对扶贫产业的风险及其防范进行了重点说明。

《资产收益扶贫的实践探索》在对各地资产收益扶贫项目进行实地调研、总结和提炼的基础上，从理论层面出发，对资产收益扶贫项目的运行机制和发展方向进行深入探索。

《贫困村精准扶贫实施指南——精准扶贫村级实施的程序与方法》包括四个方面的内容：精准扶贫的基本工作程序、村组层次扶贫方案的备选清单、国家打赢脱贫攻坚战相关政策选编、社区贫困的调研与分析方法。

《贫困村创业致富带头人培育工程优秀案例选编》从全国征集的

贫困村创业致富带头人培育工程案例中优选了 10 个案例进行讲解，并对具体的做法、效果、机制、政策等方面进行了重点论述。

《脱贫攻坚理论实践创新研究》以党的十八大为时间节点，充分反映了近五年来扶贫领域理论与实践的新思路和新发展，系统梳理了脱贫攻坚各领域政策体系、体制机制和实践经验。

2018 年 6 月 15 日，中共中央、国务院印发《关于打赢脱贫攻坚战三年行动的指导意见》要求"实施全国脱贫攻坚全面培训"。我们认为，这八本教材以习近平总书记关于扶贫工作的重要论述为根本遵循，紧紧围绕脱贫攻坚重要问题和关键议题展开，具有基础性、开拓性、可操作性等特点，希望能够为全国脱贫攻坚"大培训"提供参考和借鉴，助力打赢脱贫攻坚战。

全国扶贫宣传教育中心

2018 年 7 月

第一章　什么是产业扶贫

2015年10月16日，习近平总书记在减贫与发展高层论坛上首次明确提出"发展生产脱贫一批、易地扶贫搬迁脱贫一批、生态补偿脱贫一批、发展教育脱贫一批、社会保障兜底一批"，即"五个一批"的精准脱贫措施，产业扶贫脱贫成为"五个一批"的重要环节。随后，"五个一批"的脱贫措施被写入《中共中央国务院关于打赢脱贫攻坚战的决定》，"（发展特色产业脱贫）制定贫困地区特色产业发展规划。出台专项政策，统筹使用涉农资金，重点支持贫困村、贫困户因地制宜发展种养业和传统手工业等。"2016年《中共中央关于制定国民经济和社会发展第十三个五年规划的建议》指出："到2020年，通过产业扶持，可以解决3000万人脱贫。"可见，"产业扶贫"是事关3000万群众的大事。要全力完成好中央提出的3000万农村贫困人口通过发展产业实现脱贫的奋斗目标，重中之重就是要落实好产业扶贫，实现精准脱贫。

近几年，各行业部委也频繁出台有关产业扶贫的文件，2012年，农业部《关于加强农业行业扶贫工作的指导意见》，对产业扶贫的6个重点方面进行了阐述。2014年，农业部、国家林业局、国务院扶贫开发领导小组办公室（以下简称国务院扶贫办）、商务部、国家发展和改革委员会、科技部、全国供销合作总社制定了《特色产业增收工作实施方案》，明确了14个集中连片特困地区的特色产业布局。2016年，农业部、国家发展和改革委员会、财政部、中国人民银行、国家林业局、国家旅游局、中国银行监督管理委员会（以下简称中国银监会）、中华人民共和国保险监督管理委员会（以下简称中国保监会）、国务院扶贫办九部门联合印发《贫困地区发展特色产业促进精准脱贫指导意见》中指出，发展特色产业是提高贫困地区自我发展能力的根本举措。产业扶贫涉及对象最广、涵盖面最大，易地搬迁脱贫、生态保护脱贫、发展教育脱贫都需要通过发展产业实现长期稳定就业增收。

可见，产业扶贫无论是在顶层设计还是在具体的脱贫攻坚实践中，都具有非常重要的地位，那么，什么是产业扶贫呢？了解相关概念，是深入开展产业扶贫脱贫的基础。

第一节　产业扶贫的定义

在实践中，产业扶贫是我国大规模、有组织地进行扶贫开发活动以来最重要的手段之一，也是最基本的经验之一，长期以来，中央就产业扶贫出台的文件很多，学术界对于产业扶贫的研究也很多，在不同的文件和研究中对于产业扶贫的定义也有不同，本节我们试图对产业扶贫的定义进行一个简单的梳理，并明确其内涵和外延。

一、产业扶贫的定义及内涵

有关产业扶贫，学者们从不同的角度给予了不同的定义和分析。黄承伟认为，产业扶贫是在我国扶贫开发新阶段实现农业现代化转型和提高扶贫对象自我发展能力的双重任务的重要手段，产业扶贫是市场经济发展以及农村市场化的产物，通过农业生产逐步专业化和在经济发展基础上形成的农产品市场范围不断扩大的过程[①]。徐翔、刘尔思认为，产业扶贫是以市场为导向，以经济效益为中心，以产业集聚为依托，以资源开发为基础，对贫困地区的经济实行区域化布局、工业化生产、一体化经营、专门化服务，形成一种利益共同体的经营机制，把贫困地区产业的产前、产中、产后各个环节统一为产业链体系，通过产业链建设来推动区域扶贫的方式[②]。唐建兵认为，产业扶贫是指立足于特定贫困地域的气候地貌、能源矿产、珍稀物种和习俗文化等各类优势资源要素，以市场为导向并借助资金帮扶、特殊政策等有利条件，通过殖产兴业、功能区集聚和产业链延伸等有效方式，将资源优势转化为产业优势，吸纳并带动困难群众就业增收的扶贫方式。产业扶贫旨在将资源优势转化为产业优势，继而将产业优势转化为现实生产力，形成资源、资本和劳动力的高度融合，从而为贫困地区提供"枯之不竭"的内生动力[③]。

对于产业扶贫在扶贫开发中的作用，多数学者也给予了肯定。白丽、赵邦宏认为，产业化扶贫可以极大地调动农户参与产业化经营的积极性，促进贫困

---

① 黄承伟，覃志敏. 统筹城乡发展：农业产业扶贫机制创新的契机——基于重庆市涪陵区产业扶贫实践分析 [J]. 农村经济，2013 (2)：67-71。

② 徐翔，刘尔思. 产业扶贫融资模式创新研究 [J]. 经济纵横，2011 (7)：85-88。

③ 唐建兵. 集中连片特困地区资源产业精准扶贫机制研究——以四川藏区为例 [J]. 四川民族学院学报，2016 (2)：50-55。

地区增产增收，是一种行之有效的扶贫方式。并指出要确立龙头企业带动型产业扶贫模式，企业要通过组建园区加强对基地的控制，主动吸纳广大贫困农户参与产业化经营[①]。韩斌认为，产业扶贫形成了贫困家庭收入的主要来源，同时缓解了贫困地区脆弱生态环境面临保护与发展的危机，有利于可持续发展。应该统一规划、扩大规模，增大对群众收入的推动[②]。

　　以上观点分别从不同的角度和侧重，对产业扶贫的概念进行了界定。我们认为，产业扶贫是以市场为导向，以贫困地区特色资源禀赋为基础，以产业规划、产业选择、产业发展为核心，以经济效益为中心，以产业扶持政策为支撑，以贫困人口脱贫增收、贫困地区区域经济增强为目的的扶贫方式。其包括以下几个重点：

　　（1）产业扶贫以市场为导向，其以打通贫困地区、贫困人口与市场的联系为重要手段。关键在于通过建设产业链，在贫困地区延伸产业的功能作用，对接贫困地区农民与生产、技术和市场的联系。产业扶贫强调产业运作的内在机制，通过相似于工业化的组织方式，围绕某种资源、产品或服务，整合技术、生产、管理、市场等各个环节的优势，建立一套完整的经营方式、组织形式及生产链条，实现技术环节—生产环节—营销环节的一体化运作，进而实现从"输血型"向"造血型"的转变，使贫困群体逐渐摆脱贫困。

　　（2）产业扶贫是一定区域内的产业规划和产业发展方式，区域内的产业选择对于产业扶贫至关重要。特色产业是贫困地区脱贫的依托，更是长期稳定脱贫的保证，发展特色产业是提高贫困地区自我发展能力的重要举措。习近平总书记强调指出，"一个地方的发展，关键在于找准路子、突出特色。欠发达地区抓发展，更要立足资源禀赋和产业基础，做好特色文章，实现差异竞争、错位发展。"有些贫困地区自然资源丰富，具有特色产业发展的潜力，但受经济技术发展水平等因素影响，特色产业发展总体水平较低，资源优势尚未有效转化为产业优势、经济优势，成为农村贫困人口增收脱贫的瓶颈，被视为"富饶的贫困"。需要指出的是，特色产业的范畴和选择，要以贫困人口可实施、能融入、有增收为前提，强调适宜、适度、适应性准则，不能超前和玩虚功，更不能脱离实际，甚至犯颠覆性的错误。

　　（3）产业扶贫的目的在于实现贫困人口脱贫增收、贫困地区区域经济发展能力增强。产业扶贫的内涵是通过农业产业化的发展，结合开发式扶贫的政

　　① 白丽，赵邦宏．产业化扶贫模式选择与利益联结机制研究［J］．河北学刊，2015（4）：158-162。
　　② 韩斌．我国农村扶贫开发的模式总结和反思［J］．技术经济与管理研究，2014（6）：119-122。

策，通过开发当地的内生性资源，培育农业建设产业化，实现农民自我发展和脱贫致富。目前，产业扶贫发展的主要内容是：在县域范围，培育主导产业，发展县域经济，增加资本积累能力；在村镇范围，增加公共投资，改善基础设施，培育产业环境；在贫困户层面，提供就业岗位，提升人力资本，积极参与产业价值链的各个环节。因此，产业扶贫也是对发展滞后地区的一种政策倾斜。

（4）产业扶贫不只是一个静态的扶贫概念，更是一个动态的持续过程。按照产业扶贫的政策设计，从项目设计规划、整合协调、管理实施到最后监督验收，除了发挥地方政府的主导作用以外，龙头企业、农村经济合作组织、贫困农户等也是重要参与主体。推动产业扶贫，并不是一个地区、一个部门的事情，需要各级政府、各个部门通力合作，必须举全社会之力。

（5）产业扶贫与扶贫产业两个概念之间既有区别又有联系。两者的区别在于，产业扶贫是动词，侧重描述扶贫的一种方式，而扶贫产业是名词，用于描述某种产业。产业扶贫是一种扶贫方式，一般是为了表达通过发展产业而实现扶贫开发的意思，其更侧重于扶贫开发一系列过程，比如产业扶贫的对象怎么选择，具体的产业怎么选择，是否能够起到带动贫困人口增收的效果等。与产业扶贫对应的概念基本是"五个一批"中的有关概念，比如就业扶贫、易地搬迁扶贫、社保兜底扶贫等。扶贫产业，则是产业的一种表现形式，一般用于描述具体的产业，侧重描述产业的发展方式、经营方式、经济业态等方面。例如，种养殖业是一种扶贫产业，电商服务业也是一种扶贫产业等。产业扶贫与扶贫产业的联系则在于，二者的核心都是在于发展产业，通过在贫困地区发展不同类型的产业，实现贫困地区发展和贫困人口增收。

二、产业扶贫的特征

总体来看，产业扶贫能够直接带动贫困人口增收，是减贫效果较为直接的减贫脱贫方式；能够扩大贫困人口对经济、政治生活的参与，提升贫困人口的内生动力；其本质上是一种经济活动，具有一定市场风险；其实施推进是较为复杂的系统工程，有一定的持续性效应；产业扶贫的区域特征明显，其实现的路径多种多样。

（1）产业扶贫能够直接带动贫困人口增收，是减贫效果较为直接且可持续的减贫脱贫方式。贫困人口集中分布在农村地区，其收入来源大部分依靠直接的农业生产，产业扶贫通过让贫困户发展种养业，可以直接带动贫困人口增收，是减贫效果较为直接的脱贫方式。此外，贫困人口不仅通过产业扶贫摆脱困境，也积累一定的产业发展经验，为其可持续的脱贫提供支持。所以说，产业扶贫是减贫效果较为直接且可持续的减贫脱贫方式。

（2）产业扶贫扩大了贫困人口对经济、政治生活的参与，能够提升贫困人口的内生动力。相对于传统的"给钱给物"救济式扶贫，开发式扶贫就是要帮助贫困地区、贫困人口提高自我发展能力，而产业扶贫始终是扶贫开发的一个重要途径。产业扶贫能够依托区域特色优势产业，实行差别化扶持措施，让贫困群众参与到当地产业发展的过程中，在实现增收致富的同时，广泛参与经济、政治生活，不断提升贫困人口的内生动力。

（3）产业扶贫本质上是一种经济活动，具有一定的市场风险。产业扶贫从根本上讲是一种经济活动，具有市场经济属性和产业特点，因此，不可避免地存在市场风险。由于产业扶贫项目选择、项目实施过程中的失误而导致贫困人口贫困程度加深的现象也时有发生，可以说相对其他减贫方式，产业扶贫具有相当程度的市场风险。因此，产业扶贫需要科学规划、合理布局，还需要科学合理的资源配置和投入，重点要规避市场风险，少犯主观主义错误，避免好心办坏事的情况发生。

（4）产业扶贫是较为复杂的系统工程，有一定的持续性效应。产业扶贫的复杂性体现在主客观两个方面：主观上，贫困人口思想观念、劳动能力、致富愿望千差万别，要充分调动贫困农民的生产积极性和主观能动性，改变目前扶贫开发中存在的等、靠、要思想，增强内生发展动力难度大。客观上，特色产业扶贫受地理位置、自然资源、发展水平和技术条件等客观因素影响，产业选择和企业选择难度很大，如何把多重因素匹配好、多种生产要素组合好，具有一定的复杂性。此外，由于农业生产、产业发展的周期较长，其影响往往持续数年，产业扶贫项目往往具有很强的持续性效应，这种持续性又进一步增强了产业扶贫的复杂性。

（5）产业扶贫的区域特征明显，其实现的路径多种多样。贫困地区自然条件千差万别，资源禀赋各不相同，发展基础迥然有异；贫困人口分布点多、面广，贫困程度、致贫原因、帮扶需求多种多样。因此，就产业扶贫本身而言，是一个外来先进经济因素深度介入的过程，载体能不能顺利接纳，既要考虑地域差异和群体特性，又要考虑传统习惯和文化因素等，不能简单地克隆照搬。

◆ 专栏 《特色产业增收工作实施方案》确定的 **14** 个
连片特困地区产业重点

一、六盘山片区

大力发展马铃薯、小杂粮、玉米、中药材、苹果、红枣、核桃、沙棘、肉苁蓉等优势特色产品，加强专用春小麦、马铃薯和油菜等优质种子生产建设，积极推进高原夏菜、球根花卉、压砂瓜、啤酒大麦、酿造葡萄等特色农产品生产。有序发展优质牧草业和牛、羊等畜牧业，合理发展鲑鳟鱼、鲟鱼等水产养殖，加快发展沙产业。

二、秦巴山片区

做大做优油橄榄、核桃、油茶、板栗、竹林、猕猴桃、脐橙、食用菌、蚕桑、茶叶、魔芋、杜仲、天麻、贝母、木瓜、蔬菜、苗木花卉等优势产业。培育特色山珍、道地中药材、山地杂粮、经济林果等特色产业。重点发展地方优良畜禽品种和特种养殖业。合理发展大鲵、细鳞鲑等特种水产养殖。

三、武陵山片区

在具备生产条件的宜林地、高山草场等地区适当发展特色产业。重点发展油茶、核桃、竹林、茶叶、蚕茧、烤烟、高山蔬菜、魔芋、柑橘、杨梅、中药材、干果、楠竹和"节粮型"特色畜产品。加强速生丰产用材林基地建设。合理发展山区冷水性鱼类养殖。

四、乌蒙山片区

重点发展酿酒专用粮、优质烤烟、中药材、山地马铃薯、蔬菜、竹林、油茶、茶叶、核桃、石榴、薄壳山核桃、花椒、辣椒、苦荞、苹果、脐橙、食用菌、生态畜牧业等区域性特色农产品。加强速生丰产用材林基地建设。

五、滇桂黔石漠化片区

大力发展生态型特色优势农牧产品，巩固发展糖料蔗、油菜、马铃薯、茶叶、蔬菜、烤烟等传统优势产业，积极发展三七等中药材、芒果等热带水果和桑蚕、油茶、核桃、小桐子、花椒、八角等特色农林产品，稳步发展山坡种草养羊、牛等草地生态畜牧业。加强速生丰产、珍贵用材林基地建设。

六、滇西边境片区

大力发展以核桃、油茶、澳洲坚果为重点的特色经济林，石斛、重楼、滇红花、金银花等道地中药材，香蕉、菠萝等热带水果及花卉苗木。因地制宜发展水奶牛、乌骨羊、野猪、竹鼠等特种养殖及水产养殖；推进生猪、肉牛和家禽的规模化养殖。

七、大兴安岭南麓片区

积极发展葵花、亚麻、蓖麻、山野菜、食用菌、中草药、蔬菜、瓜果等经济作物，大力发展文冠果等特色经济林及速生丰产用材林。充分利用饲草资源及丰富的秸秆资源，发展肉牛、奶牛、绵羊等生态畜牧业。加大草原红牛、东北民猪等地方优良品种保护和利用力度。大力发展蓝莓、山杏、榛子、果用红松等林下经济。合理发展北方特有山区冷水性鱼类养殖。

八、燕山-太行山片区

重点打造错季蔬菜、马铃薯、杂粮、食用菌、中药材、肉蛋奶等优势产业，积极发展黄花菜、万寿菊、黄芪等地方特色优势农产品。优先发展苹果、仁用杏、大枣、核桃、板栗等林果业。

九、吕梁山片区

重点支持做大做强红枣、核桃、杂粮、苹果、马铃薯、黄芪等特色优势产业，积极发展生态畜牧业、特色水产养殖业，着力推进区域性农产品生产基地建设。

十、大别山片区

积极推进优质专用小麦、专用玉米、优质水稻、优质棉花、优质花生、双低油菜产业带建设。大力推进山区茶叶、油茶、中药材、板栗、大别山核桃等特色林产品规模化发展。积极促进皖西白鹅、江淮黑猪、樱桃谷鸭、固始鸡、大别山黑山羊、鸿翔肉鸭、鲟鱼、鳜鱼等地方特色畜禽和水产品种产业化发展。

十一、罗霄山片区

稳定粮食播种面积，积极推广水稻良种，鼓励"单改双"。大力发展脐橙、油茶、毛竹、花卉苗木等特色林果业。积极发展蜜橘、茶叶、白莲以及生猪、牛、蔬菜、水产品、家禽中药材等特色农产品生产。

十二、西藏地区

重点打造青稞、高原马铃薯、绿色蔬菜、绿色水果、牦牛等优势产业，大力发展藏西北绒山羊、藏猪、藏鸡等地方特色优势农产品，促进林下产品和藏药材产业快速发展。

十三、四省藏族聚居区

积极发展青稞、油菜、马铃薯、水果、汉藏药材、桑蚕、蔬菜、牦牛、藏系羊、藏鸡、藏猪、冷水鱼等特色产品。

十四、南疆三地州

积极发展优质棉花等地方优势产业，重点发展枸杞、苹果、核桃、枣、巴旦木、特色梨、葡萄、薰衣草等林果产业和优质肉牛羊、细毛羊等畜牧产业。

三、我国产业扶贫模式的主要类型模式

我国产业扶贫从 20 世纪 80 年代开始，经过多年的扶贫开发实践探索，已经形成了多产业、长链条、多路径的产业化扶贫态势。经过近 40 年的扶贫实践，产业扶贫形成了以下几种模式：

1. 企业带动型模式　这种模式仍然是长期以来我国产业扶贫实践形成的主流模式，通过龙头企业带动，合作组织或其他组织的参与，带动贫困人口增收，公司＋农户、"订单农业"是基本形式，此外，还形成了诸多的派生形式，比如公司＋农户＋基地＋市场、公司＋基地＋农户、公司＋农户＋党支部等。

2. 大户带动型模式　即通过一些在生产、销售有特长的农户带动，实现贫困人口增收。包括所谓"能人带动""抱团经营"等形式，大户带动实际上也是企业带动模式的派生形式。该模式能够让贫困户与有能力的农户混合组成专业合作社后与公司对接，解决企业直接与贫困户对接成本过高的问题。公司主要与合作社打交道，提供产前、产中和产后的全方位技术支持与服务，降低合作社运行的成本和风险，而合作社则按公司的要求负责组织会员进行产品生产，降低公司的生产成本，公司主要从产后的加工和销售环节盈利，在生产环节对合作社和贫困户让利，从而形成双赢的利益格局。

3. 集体经济带动型模式　即通过集体经济的壮大，带动贫困人口增收。此模式主要是一批依托优势资源和扶持政策发展壮大村集体经济的明星村，各村将村集体经济收入重点支持贫困户。精准扶贫以来，除了传统的明星村之外，依靠扶贫政策，也诞生了一批集体经济强大的村庄。

4. 新型产业和新技术带动型模式　依托近几年兴起的新技术（如大数据产业、电商扶贫等）带动贫困户增收。也有依托近几年增长较为迅速的国民经济行业，较为典型的是旅游产业等带动贫困人口增收。旅游产业扶贫是近几年来发展得比较迅速的一个产业扶贫模式，旅游产业扶贫是通过开发拥有独特先天优势资源地区的方式，建设旅游景区，吸引游客前来观光旅游，进而带动一系列能使地区发展增收的方式，如农家乐、特色产品生产销售、饮食消费等。该模式的特点是充分发展利用当地的自然、人文资源，吸引游客前来旅游，进而带动地区整体发展，从而使贫困户受益。

◆ 专栏　旅游扶贫案例——河北省涞水县

河北省涞水县拥有世界地质公园、国家 AAAAA 级旅游区、国家森林公园等丰富的旅游资源。几年来，该县发挥这一优势，大力发展旅游业，许多群众脱贫致富。但景区周边仍有部分贫困人口，并没有分享到旅游发展带来的好处。为带动群众脱贫，2016 年涞水县采取了专门办法。

1. 精准分类　将野三坡景区 33 个贫困村按区位分成三类：景区核心村 1 个、景区周边村 18 个、景区辐射村 14 个。33 个村的贫困人口分为三种类型：没有劳动能力的（1 328 人）、具备劳动能力但缺乏就业技能的（835 人）、有就业技能且有意回乡创业的。

2. 精准施策　对于没有劳动能力的贫困人口，县政府从旅游扶贫资金中列支 1 000 万元，投入景区建设。旅游公司每年从收入中提取 1 000 万元作为资产收益，对扶贫对象进行帮扶。对具备劳动能力的贫困人口，各村成立旅游合作社，政府统筹使用扶贫和美丽乡村建设资金，帮助每个村统一规划建设扶贫农业观光园、扶贫生态停车场、扶贫经营一条街，安排贫困村民就近就业，每人月收入 2 000 元左右。对回乡创业的贫困人口加大扶持力度，吸引其回乡发展乡村旅游。目前已有 159 名贫困人员回乡创业，也带动了其他贫困群众增收。野三坡旅游扶贫，建立了把贫困人口"带起来"的外力机制和让贫困人口"动起来"的内力机制。2016 年，33 个试点村 60% 以上的贫困人口已实现脱贫。

"十三五"期间，国务院扶贫办和国家旅游局将在全国 2.26 万个贫困村开展乡村旅游扶贫，做到景区带动贫困村、能人带动贫困户，推广涞水县旅游扶贫把老百姓组织起来，把贫困户带动起来，把利益联结机制建立起来，把文化特色弘扬起来的"两带四起来"经验，让旅游发展惠及更多的贫困群众。

5. 非农就业型模式　这种模式特别适用于在生产和流通环节有大量非技术性、低强度工作机会的劳动密集型的农业产业。能较好地针对劳动能力有限，只能从事轻体力劳动的弱能贫困户，为他们提供大量的工资性收入。

◈ 专栏　山东省菏泽市鄄城县扶贫车间

山东省菏泽市鄄城县地处黄河滩区，全县有贫困村 129 个，村里的年轻人大多外出打工，剩下大量留守儿童、妇女和老人。当地群众一直有从事发制品、条柳编、纺线等手工业加工的传统。前几年，有些厂家为降低生产成本，将一些对技能要求不高的劳动密集型工序转移到村里，搭起"小窝棚"招揽群众务工。2015 年起，菏泽市因势利导，对这种"小窝棚"进行改造提升，将其建成"扶贫车间"。截至 2016 年 12 月，全市共建成"扶贫车间"1 803 个，有 383 家企业入驻，直接安置和带动 191 341 名群众在家门口就业，使 57 685 名群众脱贫，其中妇女 49 724 人、残疾人 519 人、60 岁以上老人 8 653 人（含 80 岁以上的 69 人）。

鄄城县"扶贫车间"的主要做法。一是领导力推，多方援建。鄄城县通过县财政扶持、第一书记和县直部门援建、重点企业捐建等方式，利用闲置民房、小学旧址、村级活动场所旧址等，在每个行政村都新建或改建了1个300平方米左右的"扶贫车间"。二是明确四项要求。即"扶贫车间"内贫困人口用工占比不低于30%；车间离村公路不超过200米；靠近村幼儿园、小学、卫生室等公共场所；实行弹性工作制，务工贫困群众送完孩子、伺候完老人、干完农活后，再去车间打工挣钱。三是对经营"扶贫车间"吸纳安置贫困人口较多的企业，给予用电、租金等方面的优惠，给予一定的岗位补贴和培训补贴，并由金融机构对其量身定做贷款支持方案。

郓城发展"扶贫车间"，群众在村里接单搞加工，既能挣钱，又能照顾老小，还缓解了企业"招工难、用工贵"困难，探索出一条贫困群众在家门口就业脱贫的新路子。一是消除了贫困群众"等靠要"依赖心理，增强了靠勤劳双手创造美好生活的信心和志气。二是留守妇女有了工作，专心生产、增加收入的多了，串门聊天、玩扑克打麻将的少了。三是"扶贫车间"成为村民交流重要场所，拓宽了社情民意了解渠道。四是为一些劳动密集型企业节约了建设成本，降低了用工成本，实现了群众就业增收和企业持续发展的双赢。

6. 政策带动型模式 此模式主要是依靠精准扶贫以来中央扶贫的各类奖补政策支持，通过奖补扶持政策与资源开发对接，让贫困户在产业发展中受益，较为典型的是光伏扶贫。还有各地较为通行的小额信贷扶贫，大部分地区将小额信贷资金通过挂靠经营和保底分红的形式带动贫困人口增收。

7. 资产收益型模式 该模式将自然资源、公共资产（资金）或农户权益资本化或股权化，相关经营主体利用这类资产产生经济收益后，贫困农户按照股份或特定比例获得合理的收益。这种模式对失能和弱能贫困人口具有针对性和有效性，因为它不依赖农户的独立经营能力，重点放在扶贫效率到户，不强调资金到户。通过赋予贫困户产权或股权，有利于贫困农户积累资产并利用这些资产持续受益，从而持久脱贫。

◆◆ **专栏　贵州省通过六盘水"三变"探索资产收益模式**

2014年，按照中央关于农村改革的部署和要求，六盘水正式推出"资源变资产、资金变股金、农民变股东"的"三变"改革，通过激活农村自然资源、存量资产、人力资本，让村集体、农民、经营主体"三位一体""联产联业""联股联心"，促进了农业产业增效、农民生活增收、农村生态增值。截至 2017 年 2 月,六盘水市 65 个乡镇、31 个社区(街道)、881 个行政村、29 个省级农业园区实现了"三变"全覆盖;共有 51.48 万亩*集体土地,28.92 万亩"四荒地",68.3 万平方米水域,5.86 万平方米房屋入股;整合财政资金 6.61 亿元,撬动村级集体资金 1.25 亿元,农民分散资金 4.28 亿元,社会资金 45.71 亿元入股;39.05 万户农民变为股东,入股受益农民达 129.03 万人(其中贫困户 11.31 万户共 33.44 万人);新增村集体经济收入 8 856.3 万元,2015 年已全部消除"空壳村";全市共减少贫困人口 55.87 万人。

资源变股权、资金变股金、农民变股民主要做法如下:

1. 资源变股权做法

(1)盘活确权资源。村民委员会在乡镇人民政府的指导下清理确权集体资源、资产,确定可用于变股的资源、资产。

(2)选择合作对象。村民委员会选择经营主体,提交村民代表大会讨论确定。

(3)确定股权。村民委员会与经营主体协商,将入股的资源折价确定股份。

(4)监督管理。成立监督委员会,对经营主体的经营、收益分配进行监督,保护股东权益。

(5)确定利益分配方式。遵循股权平等、利益共享、风险共担、积累共有的原则,村民委员会按照所占份额参与分红,以股权为限承担有限责任。

2. 资金变股金的主要做法

(1)确定经营主体。村民委员会将集体资金、各级财政投入到村实施的项目资金,选择入股经营主体。或者是到村、到户、到人的扶贫资金在贫困对象同意的基础上入股经营主体。

(2)确定股份。根据合作项目和出资额度,确定股份。

(3)监督管理。成立监督委员会,对经营主体的经营、收益、分配进行监督,保护股东权益。

(4)确定利益分配方式。遵循股权平等、利益共享、风险共担、积累共有的原则,股东按照所占份额参与分红,以其出资额为限承担有限责任。

---

* 亩为非法定计量单位,1 亩≈667 平方米。——编者注

3. 农民变股民做法

（1）确定经营主体。在互利双赢的基础上，农民选择合作经营主体。

（2）确定股份。根据项目的出资总额，农民将个人土地、林权、宅基地、技术、劳务等折价确定股份。

（3）确定利益分配方式。村民按照所占股份份额参与分红，以其出资额为限承担有限责任。

第二节 产业扶贫在脱贫攻坚中的特殊作用

近年来，党中央、国务院高度重视产业扶贫工作，把产业扶贫当作扶贫攻坚战任务来全力推进。我国多年的扶贫经验证明，产业扶贫是解决生存和发展的根本手段，是脱贫的必由之路。没有产业发展带动，很难脱贫；缺乏产业支撑的脱贫，也难以持续。给钱给物只能是救急解渴，兴办产业才能开流活源。通过产业扶持实现 3 000 万以上农村贫困人口脱贫，打赢脱贫攻坚战就有了可靠的保障。可解决一半以上农村贫困人口脱贫问题的产业扶贫，可谓是扶贫攻坚的重头戏、主战场。

一、产业扶贫在脱贫攻坚中的重要作用

总的来看，产业扶贫在脱贫攻坚中具有重要作用，能够直接带动贫困人口增收，是实现贫困人口脱贫的重要途径；能够促进贫困地区产业结构转型，充分发挥后发优势的重要推手；能够提升贫困人口和贫困地区的内生动力，实现可持续发展的重要手段；产业扶贫是"五个一批"战略实施的重要基础。

1. 产业扶贫是实现贫困人口脱贫的重要途径 2016 年 7 月，习近平总书记在宁夏回族自治区固原市考察时特别强调，"发展产业是实现脱贫的根本之策，要因地制宜，把培育产业作为推动脱贫攻坚的根本出路。"产业是发展的根基，是脱贫的主要依托。发展产业有利于激发贫困地区和贫困人口的内生动力，提高自我的发展能力，从根本上确保脱贫效果持续稳定。贫困地区由于地理位置、水土资源、人口素质等因素制约，思想观念相对封闭落后，创新意识和自我发展能力不强。实践证明，靠"救济式"扶贫，群众的等、靠、要思想更加严重；靠传统产业改变贫困面貌，自身条件又不允许。如何利用好国家的各项扶贫惠农政策，真正走出一条促进贫困地区长远发展的脱贫致富之路，最根本的还是要因地制宜，大力发展符合地方实际的特色产业，通过产业开发，

发挥"造血"功能，促进经济可持续发展。

贫困地区的道路、农田水利等农业基础设施比较薄弱，贫困户面临启动资金不足、农产品销路不畅、难以抵御自然灾害的风险，以往的贫困农户很难依靠自身力量发展农业，小农种植效率低，难以形成规模化、高科技的农产品。产业扶贫通过贫困农户土地入股等多种合作方式将农村分散的土地资源组织化、规模化，带动贫困户增收脱贫，脱贫效益明显。

2. 产业扶贫是促进贫困地区产业结构转型，充分发挥后发优势的重要推手 产业扶贫的发展也同时带动了我国农村地区的经济产业结构转型。其带动路径主要有两条：第一条是从第一产业为主向第一、二、三产业并重的方向转型。在贫困地区，目前的产业扶贫已经逐渐摒弃以前只有初级产品没有次级产品的做法。具体来看，表现为重视高端产品的深加工和生产，产业链条的加深加长。信息化、高端化、链条化、品牌化成为产业扶贫的转向特征。第二条是生产性服务业正逐渐兴起，其表现为近年来以自然资源为依托的旅游产业扶贫正在悄然兴起，与生产性产业相结合，带动了一批以生产、销售、观光、服务为主线的"旅游—产业"扶贫路线。而且随着旅游产业与电商互联网扶贫产业的兴起，提供了众多的生产性服务岗位，如农产品销售、物流、货物储存与分配、办公清洁和安全服务、农产品的电子商务等岗位。旅游产业为贫困农民提供了大量的就业岗位，大部分农民借此机遇，通过开办农家乐，到旅游企业务工，到住宿餐馆、旅游商店上岗。而且旅游产业还带动了餐饮业、农副土特产品加工和包装销售、旅游纪念品开发，甚至房地产业、客运业等也蓬勃发展，民俗文化和民间艺术得到挖掘与展现，从而带动了贫困地区产业结构的调整。

此外，贫困地区的后发优势也需要产业扶贫和产业结构转型去推动。在经济转型和生态文明的大背景下，贫困地区再走"先污染、后治理"的传统工业化老路已不可行。实际上，只要跳出传统工业化发展思维，充分利用自身丰富的非物质文化和"绿水青山"等绿色资源优势，贫困地区反而有可能利用后发优势加快发展。随着发展理念和互联网等技术条件的变化，加之中国经济实力大幅提高，贫困地区发展面临的很多传统约束，包括地理偏僻、本地市场狭小、资本缺乏、人口素质差、资源匮乏等，均已被大大突破，而一些新的后发优势则正在出现。第一，发展理念变化带来的新优势。贫困地区由于"欠发展"，反而幸运地保留了良好的生态环境和地方文化。在绿色发展理念成为主导的今天，贫困地区的绿色优势就凸显出来。第二，贫困地区不再需要像过去沿海地区那样过于依赖远距离的海外市场，目前国内发达地区已足以为其提供市场、资金、人才等支持。尤其是随着互联网、信息通讯技术、电子商务、快速交通和物流等的兴起，贫困地区不仅可以便捷地依托国内市场，而且还可以通过互联网低成本地同发达地区共享教育、医疗、信息等服务。第三，乡村价值被重新认识带来新的资源优势,乡村各种无形的绿色"新"资源价值不断凸显,如生态环境、休闲、健康、体育、非物质文化遗产、景观、体验、情感等。

3. 产业扶贫提升贫困人口和贫困地区的内生动力,是实现可持续发展的重要手段 我国的扶贫模式可以主要概括为以下几种:对口帮扶、金融扶贫、生态移民搬迁、整村推进、教育扶贫以及产业开发等。而且以往多为救济式扶贫,只注重短期的效果,长期效果不足。而产业扶贫在我国已有的模式当中,在可持续性及创收的效果上,都明显优于其他几种模式的扶贫。而且近几年我国的产业扶贫越来越能够向"造血式扶贫"方向靠拢,开始针对解决贫困户的教育程度低、专业知识缺乏等问题,开始兼顾贫困农户的内生力的挖掘。

对于贫困户来说,产业扶贫能够提升贫困户的收入、能力、市场竞争意识,能够提升贫困人口的内生动力。贫困人口致贫因素有很多,可能与周边环境密切相关,但是如果要想脱贫,就必须要有产业或就业,否则就很难实现可持续的脱贫,具体来说,产业扶贫的可持续效应主要体现在以下三个方面:首先,收入和就业的可持续性。产业发展是带动贫困区域经济增长并以此带来经济收入和就业的持续发展的重要载体。有了就业持续性和稳定性保障,收入增长带来脱贫的效应就最明显,持续性也最强。其次,产业扶贫具较强市场竞争性,产业扶贫最大效能就在于产业发展和成长能够提升市场竞争力给贫困地区产业带来的市场竞争优势。最后,产业扶贫规模效应大于分散性的农户经营效应。实践证明,无论是救济、扶贫资金扶持还是物资帮扶,都没有产业扶贫的效果好。综上所述,产业化扶贫是保证精准扶贫效率提升的重要保证,缺乏产业发展的精准扶贫,是一种短期脱贫,是没有生命力的,缺乏可持续性。

对于贫困地区来说,产业扶贫的实施推进能够增强贫困人口的自组织能力,提升贫困地区的内生动力。通过从我国的贫困状况来看,贫困户与贫困户之间的联系相对比较分散,在他们之间缺乏一个固定的信息资源连接桥梁和协作的机构,就贫困户个人来说,也缺乏相应的社会支持。而在产业化中协同发展起来的农业生产合作社正好能满足贫困农户的需求,以及产业扶贫的组织化需求。农业生产合作是由从事同类农产品生产经营的农民自愿组织起来,在技术、信息、资金、购销、加工、储运等环节开展互助合作的经济组织。从农业生产合作社的功能来说,其能够给予贫困户一定的支持、沟通和引导,满足了产业扶贫中的组织化需求,解决了贫困户之间的土地分散不成规模、抗风险能力低、信息渠道匮乏等问题。我国政府这些年也逐渐开始重视农业生产合作社的发展,在多种政策法令中给予农业生产合作社优惠的条件。根据中华人民共和国国家统计局数据,中共十八大以来,各种类型的新型农业生产经营主体快速发展,逐步成为建设现代农业的重要力量。产业扶贫的发展给农村民间建设的组织化提供了条件和机会,组织发展起来的合作社反过来又有利于当地产业的发展。总而言之，农村专业合作社的发展与产业扶贫密不可分，相互促进，两者协调发展利于农村的经济产业发展和社会稳定。

4. 产业扶贫是"五个一批"战略实施的重要基础 无论是异地搬迁脱贫、生态保护脱贫，还是发展教育脱贫等一系列重要的扶贫措施，要保障其持久见效，归根到底必须要有产业作为支撑，否则贫困户增收脱贫就成为"无源之水"。只有产业真正发展起来，才能彻底拔掉"穷根"，实现脱贫致富。各方面的贫困措施，要真正持久见效，必须有产业发展支撑。搞易地扶贫搬迁，搬迁后实现脱贫，还是要靠发展产业。搞劳务输出脱贫，贫困人口在本省、本县打工的还是占大头，也离不开兴旺发达的产业。搞资产收益扶贫，前提也是要发展好特色种养、光伏、水电和乡村旅游等产业项目，否则，资产不能增值，收益分配也就成了无源之水。搞定点扶贫、东西协作扶贫等，也是要帮助对口地区发展产业。由此可见，产业扶贫是其他扶贫措施取得实效的重要基础。

二、产业扶贫发挥作用的约束条件

产业扶贫能否起到带动贫困人口增收，受到一系列条件的约束，为了更好地发挥产业扶贫在脱贫攻坚中的带动作用，推动产业扶贫应该特别注意产业扶贫项目的益贫性、精准性、参与性和风险防范意识。

1. 产业扶贫的益贫性 益贫性是指产业扶贫对穷人的有利程度，贫困地区产业扶贫的推进对贫困人口更加有利或者说贫困人口获利大于其他人群。但产业扶贫项目中存在普遍的"精英捕获"现象，即大量的项目和资金被非贫困人口乃至村庄的经营获得，贫困人口并未从中获利，甚至受到一定程度的利益剥夺，反而加深了其贫困程度。可以说，产业扶贫在减贫方面的成败关键在于其益贫性，产业扶贫项目要始终将核心放在脱贫上，应该以脱贫成绩作为产业扶贫最主要的衡量指标，因此，在确定产业扶贫项目时，要看产业扶贫项目能不能切实有利于贫困人口和贫困村，要看利益分配机制是不是有利于减贫，要看给贫困人口带来好处的多少。只有发挥产业扶贫项目的益贫性，才能完成产业扶贫项目应有的作用。

2. 产业扶贫的精准性 产业扶贫的一个典型特征就是其实现路径多种多样，其效果取决于产业的选择是否符合贫困地区实际，因此，必须不断提升产业扶贫的精准性。精准扶贫要实施精准项目，必须坚持以市场为导向、以经济效益为中心，选好产业项目，努力做到扬长避短、发挥优势。发展产业，最要紧的就是从贫困村、贫困户的实际出发，从发展产业、完善基础设施等方面考虑，从群众反映最多、最急需解决的问题入手，研究制定贫困村、贫困户产业发展规划和年度计划，形成扶贫项目库，做好这些基础工作，才可以整合资金有计划地推进一批产业项目。

此外，产业扶贫的精准性还要实施精准培训。不论发展何种产业，都需要大量人才参与其中。因此，引导培训服务平台向乡村延伸，开展定点培训，进一步提高农村劳动者素质，为城乡统筹发展提供人才培训服务，让贫困农民拥有一技之长，才能够实现脱贫致富。在精准扶贫过程中，尤其要根据群众意愿，增强培训的针对性，举办蔬菜种植、林木种植、动物疾病防治、农村电商示范培训班等，这样才能真正打通职业培训的"最初一公里"和"最后一公里"，实现"脱贫攻坚教育先行"。

3. 产业扶贫的参与性　产业扶贫除了通过发展产业直接带动贫困人口脱贫之外，更重要的是培育贫困人口的可持续脱贫能力，激发贫困地区的内生动力。只有更广泛调动包括贫困户、村干部、新型经营主体等各方主体在管理、分配等各重要关键环节的参与，才能在发展产业的过程中激发贫困地区的内生动力。因此，产业扶贫尤其要注重群众参与，产业扶贫并不仅仅采取救济式的扶贫手段，而是通过开展一系列的产业扶贫项目，将农民自身纳入到发展进程之中来。使整个项目实施过程在多方治理主体的参与下，成为一个知识交流、协商谈判、全面参与以及履行责任的过程。通过对产业扶贫项目进行开发，为贫困地区人群开发出真正有利于当地长期发展的契机。在扶贫项目的设计、规划、实施、监管和验收过程中，将参与式理念和工作方法贯穿始终，通过采用自下而上的决策方式，激发群众的积极性、主动性和参与性。

4. 产业扶贫项目的各类风险　由于农业要面临包括自然风险、市场风险、经营风险等多重风险，一些农业产业扶贫项目如果缺少风险防范机制，在经营失败之后可能会引发负面的示范效应，影响农民增收。另外，也要注意产业扶贫项目治理结构缺陷所带来的风险，由于产权、利益分配、土地股份合作等复杂性，必须予以高度重视，要确保产业扶贫项目的顺利推进。对于这些风险，有必要做好风险防范机制，避免产业扶贫项目不扶贫还伤农现象的出现。

第三节　新时期精准扶贫对产业扶贫的要求

新时期扶贫，最根本的要求和最鲜明的特点，就是"精准"二字，而难点也在"精准"。习近平总书记指出："扶贫开发推进到今天这样的程度，贵在精准、重在精准、成败之举在于精准"。

新时期要推进精准扶贫，就必须在号准"贫脉"上多下功夫，产业扶贫的抓手作用值得思考。各地贫困的原因，虽说千差万别，但归根到底还是由于产业发展不足造成的。给钱给物，只能解一时之困，合理地发展扶贫产业项目、安排扶贫资金，恢复贫困地区的"造血功能"，才能断掉穷根、开掘富源。可以说，产业是精准扶贫的"发动机"，产业是增收致富的"摇钱树"，产业是精准扶贫的"铁抓手"。在精准扶贫过程中，加强产业扶贫具有十分重要的意义。

一、产业扶贫与精准扶贫两者的关系

产业扶贫是我国扶贫开发取得减贫成效的主要路径之一，也是贫困户和贫困人口实现脱贫致富的主要手段，而精准到户、因户施策的精准扶贫策略最终的落脚点在于贫困户和贫困人口。一方面，企业通过产业扶贫带动和辐射贫困户和贫困人口，使得贫困户和贫困人口在参与产业扶贫过程中不断掌握提高产业生产工艺技能，实现脱贫致富；另一方面，贫困户和贫困人口娴熟的产业生产技能也会极大地促进企业产品质量和产业链延伸发展，为企业创造更大的盈利空间。

1. 精准扶贫成效需要产业扶贫精准 从实施精准扶贫战略来说，第一步就是要做到精准识别，通过对精准识别人口产生贫困的原因进行分类帮扶，重点在于强调扶贫开发的精准性，精准性是扶贫开发工作的本质所在。精准扶贫战略要求产业扶贫应精准到具体的贫困户和贫困人口，针对不同贫困户和贫困人口的产业基础、文化差异、技能差异、年龄差异、性别差异等特殊情况，因户因人实施产业帮扶策略，通过贫困户和贫困人口参与产业扶贫增强内生发展能力，促进贫困户和贫困人口有效、稳定、持续脱贫致富。

2. 产业扶贫精准是精准扶贫内涵的延伸 精准扶贫方略的提出和实施为产业扶贫的发展提供了新的价值取向，就是产业发展要与精准扶贫有效结合，产业扶贫要让贫困户和贫困人口真正受益。产业精准扶贫意味着企业需要运用产业化、规模化、现代化等多种发展方式，精准对接好贫困户和贫困人口，因户因人实现产业扶贫的精准化。比如企业通过金融融资、土地入股、提供就业等有针对性的吸纳贫困人口参与产业运行过程，使贫困户和贫困人口成为企业产业发展的主人，共同承担和分享企业产业发展的风险和红利，实现贫困户、贫困人口的企业发展责任和企业社会责任的有效耦合，从而产生出产业精准扶贫的最大效益。

◆■专栏 《贫困地区发展特色产业促进精准脱贫指导意见》指出产业扶贫需要增强的八个方面

2016年10月，农业部、国家发展和改革委员会、财政部、国务院扶贫办等九部门联合印发了《贫困地区发展特色产业促进精准脱贫指导意见》，明确产业扶贫的总体思路、重点任务、政策措施、贫困户受益机制等，作为各地推进产业扶贫工作的指导性文件。其中明确了到2020年，贫困县建成一批对贫困户脱贫带动能力强的生产基地和加工基地，特色产业体系初步形成，产业发展水平显著提高。贫困村特色产业突出，形成1~2个龙头产业。贫困户掌握1~2项实用技术，自我发展能力明显增强。通过特色产业扶贫，确保扶贫对象如期实现脱贫，长期受益。

此外，该意见还指出了要重点从八个方面推进产业扶贫：

1. 科学确定特色产业 科学分析贫困县资源禀赋、产业现状、市场空间、环境容量、新型主体带动能力和产业覆盖面，选准适合自身发展的特色产业。

2. 促进一、二、三产业融合发展 积极发展特色产品加工，拓展产业多种功能，大力发展休闲农业、乡村旅游和森林旅游休闲康养，拓宽贫困户就业增收渠道。

3. 发挥新型经营主体带动作用 支持新型经营主体在贫困地区发展特色产业，与贫困户建立稳定带动关系，向贫困户提供全产业链服务，提高产业增值能力和吸纳贫困劳动力就业能力。

4. 完善利益联结机制 鼓励开展股份合作，农村承包土地经营权、农民住房财产权等可以折价入股，集体经济组织成员享受集体收益分配权；有关财政资金在不改变用途的情况下，投入设施农业、养殖、光伏、水电、乡村旅游等项目形成的资产，具备条件的可折股量化给贫困村和贫困户。

5. 增强产业支撑保障能力 大力发展电子商务，积极培育特色产品品牌。加快有关科研成果转化应用，推进信息进村入户。加强贫困地区新型职业农民培育和农村实用人才带头人培养。

6. 加大产业扶贫投入力度 各级各类涉农专项资金可以向贫困地区特色产业倾斜的，要加大倾斜力度。使用财政专项扶贫资金发展种养业的，扶贫部门应会同农业、林业等部门加强指导。财政专项扶贫资金进一步加大对产业精准扶贫的支持力度。

7. 创新金融扶持机制 鼓励金融机构创新符合贫困地区特色产业发展特点的金融产品和服务方式，鼓励地方积极创新金融扶贫模式。

8. 加大保险支持力度 积极发展特色产品保险，探索开展价格保险试点，鼓励保险机构和贫困地区开展特色产品保险和扶贫小额贷款保证保险。

二、产业精准扶贫：精准扶贫方略对产业扶贫的新要求

新时期，产业精准扶贫是精准扶贫方略对产业扶贫的新要求。为此，产业精准扶贫需做到"六个结合"与"四个精准"[①]。

（一）产业扶贫需做到六个结合

六个结合包括产业扶贫与市场规律结合，产业扶贫与区域特点有效结合，产业扶贫与贫困人口有效结合，产业扶贫与绿色生态有效结合，产业扶贫与科学技术有效结合，产业扶贫与创新帮扶方式结合。

1. 产业扶贫与市场规律结合　推进产业扶贫要明确其经济属性，必须坚持市场导向，要根据各地的资源禀赋以及贫困户的经营能力和脱贫需求，不能不顾实际，盲目一哄而上，引进水土不服的产业。产业扶贫作为一项扶贫举措，政府要发挥主导作用。政府发挥作用的核心和重点是，促进产业发展与贫困人口脱贫对接，让贫困人口从产业发展中受益。必须清楚，产业发展本质上是一种经济活动，要坚持市场导向，遵循市场和产业发展规律。我们可以通过"放管服"，营造有利于产业发展的市场环境。如对贫困农户，要加强信息服务、技术指导、经营培训、资金扶持等，帮助农户了解市场、开拓市场、适应市场。但要充分认识到，政府有能力为农民服务，但没有能力为市场做主。要防止因为强迫命令、包办代替，造成产品滞销，好心办不成好事。

◆ 专栏　推动农业品牌建设，放大脱贫攻坚成果

农业部将 2017 年作为农业品牌推进年，目的就是要通过具体举措，推动农业品牌工作取得实质性进展。为此，我们将重点围绕以下几个方面开展工作。

1. 加强农业品牌的顶层设计　紧紧围绕深入推进农业供给侧结构性改革的总目标，坚持问题导向，强化制度创设，不断丰富创新工作体制和实现形式，积极探索政府引导、市场驱动的发展机制，构建起农业品牌建设的新格局。

2. 推动特色农产品优势区创建　农业部将组织开展特色农产品优势区创建，研究制定品牌的评价标准、创新体系、扶持政策，重点是以列入《特色农产品区域布局规划（2013—2020 年）》的特色优势品种为主，结

---

① 部分观点来自：莫光辉. 精准扶贫视域下的产业扶贫实践与路径优化——精准扶贫绩效提升机制系列研究之三 [J]. 云南大学学报（社会科学版），2017（1）：102-112。

合优势农产品区域布局，兼顾地方特有品种，推动特色产业的规模化、集约化发展，培育区域性特色产业，满足市场消费升级需要，推进农业供给侧结构性改革。

3. 抓好农业品牌的营销渠道建设 创新农产品营销模式，充分利用农业展会、农产品营销促销活动等平台。积极发展农业电子商务，开拓品牌农产品流通新渠道。

4. 加快重点农产品市场信息平台建设 对粮食、稻米、小麦、玉米、大豆等18类重点农产品品种全产业链数据进行采集、分析、发布、服务，以向基层农户、社会公众和农业系统提供信息服务为出发点，以数据资源共享为突破口，以农产品批发市场大数据平台为支撑，在中国农业信息网开辟农业数据频道，建立"一网打尽"式重点农产品市场信息集中发布及服务平台。

2. 产业扶贫与区域特点有效结合 产业扶贫与区域特点有效结合的具体路径主要从生产与销售两个方面进行有效结合。首先，产业选择要精准对应区域的特点，要注意小区域与邻近区域间的精准协调，制订有效精准的扶贫产业生产规划。其次，市场销售路径也需精准化。要充分考虑市场销售的可能性与风险性。在生产前就将预生产的产品对接到需要它的市场中去，实现产销一体化，消除中间等待的时间环节，通过精准对接减少成本，精准化减少未知的市场风险，促进产业生产与销售的良性循环和持续发展。

3. 产业扶贫与贫困人口有效结合 一方面，要有针对性地将贫困人口吸纳到扶贫产业发展链条体系中。在精准识别适合参与扶贫产业的贫困人口的前提下，通过贫困人口的实际情况和脱贫计划，将贫困人口根据实际情况精准恰当地安排到扶贫产业链的各个环节。另一方面，要构建企业盈利与贫困人口获利的产业扶贫利益共享机制。要坚持以贫困人口的利益为核心，形成贫困人口与企业双向利益联结机制，让贫困人口精准共享产业发展的成果，实现企业和贫困人口在产业扶贫中的共同发展。

4. 产业扶贫与绿色生态有效结合 产业扶贫与绿色生态的结合是当今社会发展的必然趋势。2015年11月，中央扶贫开发工作会议明确要求，打赢脱贫攻坚战，要实现贫困地区的可持续发展，把扶贫开发和绿色增长结合起来，推进绿色减贫。产业扶贫与绿色生态扶贫的有效结合可以依托当地自然资源发展环境友好型、生态友好型产业，因地制宜；或是对生态基础较差的地区采取生态改善和修复的做法，促进生态环境的有效恢复和保护。

◆ 专栏　旅游扶贫需要做好六件事

"十三五"时期是我们国家打赢脱贫攻坚战的决胜期。在此期间，应充分挖掘乡村自然与文化资源，建设美丽乡村，开辟乡村旅游扶贫新路径，点中贫困之石以成小康之金。

挖掘乡村自然生态资源和传统文化内涵，突出乡村优势。与繁华大都市相比，乡村旅游的优势就在于归园田居、采菊东篱的诗意风光，在于农耕放牧、春播秋收的农业文明。乡村旅游开发中，应扬长避短，突出乡村文化与城市文化的差异性。要保留地方特色乡村建筑，保持淳朴的乡村自然风貌，营造浓郁的乡土文化气息，尽量避免"大而全"的规模建设。要深挖乡村旅游人文内涵，要鼓励和支持旅游扶贫村开展富有地方特色的民俗演艺、农事体验、节事节庆活动，保持乡村旅游景区特有的"农味""土味"和"野味"。

创建乡村旅游对接机制和收益共享机制，突出农民利益。乡村有旅游的优势，但还需要现代化的旅游理念和资本来开发。创建开放的乡村旅游对接机制和收益共享机制，把乡村的山水、农民的资源和现代化的旅游理念、资本对接，促进优势互补，带动贫困人口致富。要支持和鼓励专业化旅游企业参与旅游开发，给予优惠配套政策，充分发挥其专业优势，带动贫困人口参与旅游发展。积极推进各类旅游企事业单位和社会组织与旅游扶贫村"结对子"，在劳动用工、农副产品采购、产品开发、宣传推广等方面加强对口帮扶。创新农民财产入股参与扶贫开发的新路径，农民的土地承包权、宅基地使用权、房屋财产权以及农民集体资源和资产都可以入股合作旅游开发。建立乡村旅游收益共享机制，乡村旅游开发不能把群众排斥在外，要着眼于贫困人口受益、贫困户脱贫摘帽，让贫困农民分享旅游开发的长期收益。

拓展乡村旅游路线和产业价值链，突出农业价值。变"绿水青山"为"金山银山"要拓展乡村旅游价值链，让贫困农民旅游收入多元化。深入挖掘乡村优质土特产和传统手工艺品，充分发挥乡村旅游的带动辐射作用，打造地域特色农产品、小吃、餐饮、手工艺品品牌，实现产品标准化。要整体开发乡村旅游线路，形成乡村旅游合力。以国务院发展研究中心定点扶贫的河北省大名县为例，乡村旅游和农业资源正在进行统一整合，组团开发，科学规划推出乡村游线路。打造集生态农业旅游、运河文化、回族文化、名人文化、小吃文化、红色文化六大主题于一体的乡村文化旅游品牌。形成兼具人文、自然、民俗、休闲、娱乐、教育六大功能的乡村旅游产业模式，提供特色鲜明、优势互补的区域乡村旅游体验，增强旅游的整体吸引力。

建立乡村旅游协同管理与服务机制，突出政府职能。发展乡村旅游，实施旅游扶贫，涉及的点多面广，需要上下联动、协同推进。要加强统筹、齐抓共管。建立由旅游、农业、文化、交通、规划、国土、环保、财政、发展改革等部门的乡村旅游协同管理与服务机制。统筹解决旅游扶贫工作中的规划对接、用地保障、行政审批和资金整合使用等问题，将乡村旅游工作有机融入扶贫攻坚大局，共同推动乡村旅游业快速发展。要抓好顶层设计，做好规划方案。积极探索"多规合一"，将乡村旅游扶贫规划与当地经济和社会发展规划、土地利用总体规划、易地扶贫搬迁规划、风景名胜区总体规划、交通建设规划等专项规划有效衔接，科学编制乡村旅游扶贫专项规划。

强化客源市场定位与营销推广，突出市场作用。目前，营销仍然是乡村旅游的一个薄弱环节。要准确定位目标客源，主动开拓客源市场。把周边大中城市作为一级客源市场，组织乡村景区对周边主要客源地进行宣传推介，与当地旅行社进行业务合作。由本地人游带动外地人游，先起步，再做大，后做强，示范带动，造势旅游扶贫。要广开乡村旅游营销渠道，主动作为，积极谋划，把乡村旅游产品、特色小吃、特色农产品进行集中展示，捆绑营销，联合推介。可以利用网络新媒体营销，支持推动互联网企业深度参与旅游扶贫宣传营销工作，充分利用网络媒体开展旅游资源和产品的宣传、营销。

改善乡村旅游的基础设施和卫生环境，突出需求品味。发展乡村旅游不仅要做到"推开门看大自然"，更要求"关上门是现代化"。政府要统一规划引导，改善乡村旅游基础设施，加大对贫困地区交通、通信、水电等基础设施建设力度。推进景点景区到干线公路的连接路建设，确保每个重点村建好停车场、旅游厕所、垃圾集中收集站、医疗急救站、农副土特产品商店和旅游标识标牌。加快完善乡村宽带信息基础设施，提升改善旅游接待条件。加大乡村环境整治力度，积极实施改厨、改厕、改房、整理院落为主要内容的"三改一整"工程，打造干净卫生、舒适整洁的居住环境。

5. 产业扶贫与科学技术有效结合　高新科技是影响产业扶贫效率上限与效率的重要因素。产业扶贫与科学技术的有效结合，首先，需普及应用农业科学技术，加大对贫困地区农户的技术培训力度和加大专业农技人员的培养；其次，要加快加强产业扶贫的高端化进程，即重视新近农业科技的投入，延长产业链，重视附加值高的精加工环节；此外应注重"互联网＋"、大数据等高新信息技术与产业扶贫的结合，如通过电子商务中心、电商平台等多种互联网平台实现各种产业产品线上线下互动销售。

6. 产业扶贫与创新帮扶方式结合 过去一些地方的产业扶贫，由于受益对象不精准，参与产业发展有门槛，导致"扶贫变扶富、获益是少数"的现象时有发生，获利的往往是那些少数有能力、不那么贫困的人，真正需要帮助的穷人反而参与不进去、受益不多。要提高产业扶贫的脱贫成效，必须找准产业项目与贫困户增收的结合点，真正建立起贫困户分享产业发展红利的有效机制。一家一户可以开展的项目，贫困户有能力搞的项目，当然首先要组织建档立卡贫困户来干。不适宜一家一户干的，或者贫困户自己不能干的项目，要通过股份合作、订单帮扶等多种形式，引导贫困户之间、贫困户与普通农户、贫困户与新型经营主体加强联合合作，建立更加紧密的利益结合关系。要积极探索建立贫困户、村集体、龙头企业共同分享集体资源资产收益的长效机制，通过土地托管、扶持资金折股量化、农村土地经营权入股等方式，让贫困农民既可获得产业发展的经营性收入和工资性收入，也可通过股权分红获得长期稳定收益。此外，还可以有针对性地开展贫困农民产业技能培训，充分利用当地产业条件扶贫；利用积极有效的财税金融政策，有针对性地促进产业化扶贫事业的发展；健全科学的产业扶贫绩效考核奖惩机制，精准推动产业扶贫深入发展；加强科技服务，建立农技服务精准到户机制。

（二）产业扶贫需做到"四精准"

"四精准"包括特色产业选择精准、经营方式精准、支持方式精准和贫困人口受益精准。

1. 特色产业选择精准 重点支持贫困村发展种养业和传统手工业，大力推进"一村一品""一乡一业"，宜农则农、宜菜则菜、宜果则果、宜草则草、宜牧则牧、宜林则林，适合什么就发展什么，同时积极发展休闲农业和乡村旅游等新业态。特色产业精准扶贫具有市场性，产业规模在不同地方、不同产业具有不同的要求，要从经济学角度来考量特色产业发展的规模和质量。

2. 经营方式精准 这是通过产业发展激发生产经营活力、确保贫困户受益的关键，既事关生产力发展，也涉及生产关系调整。近年来，不少地方都在积极探索，取得较好成效，积累了不少经验，为产业精准脱贫奠定了坚实基础。

3. 支持方式精准 要注重从产业项目、支撑体系、融资方式三方面来把握和推进。只有这样，支持才能踩到点上，不会脱轨跑题。

4. 贫困人口受益精准 这是"四精准"的核心和落脚点。具体来说，就是要做到扶贫对象聚力到户、增收时效有序到户、扶贫资金挂钩到户、考评验收明确到户。

总之，产业选择精准是前提，经营方式精准是保障，支持方式精准是支撑，人口受益精准是核心。"四精准"是一个整体，相互依存，相互促进。只有做到"四精准"，才能完成中央提出的通过产业扶贫实现精准脱贫的战略目标。

三、产业扶贫还需进一步完善政府有关工作机制

精准脱贫、精准扶贫背景下，产业扶贫仍然离不开政府的推动与支持，但政府本身相关的工作机制也需要进一步完善，总的来看，需要明确工作责任、加强指导服务、加大投入力度、强化督察考核。

1. 明确工作责任 产业扶贫工作，实行中央统筹、省负总责、市县抓落实的工作机制。中央统筹，有关部门要给政策、给支持，同时要监管帮扶措施是否精准落到建档立卡贫困户头上。省负总责，要做好省级规划编制、政策措施统筹、资金项目安排等。市县抓落实，要做好具体项目组织实施，把产业项目与建档立卡贫困户对接起来。

2. 加强指导服务 各地条件不同，产业发展方向不同，帮扶方式不同，产业扶贫的工作重点也不同。各地区和各有关部门要加强对产业扶贫的指导，确保产业发展的大方向不出现偏差，确保帮扶措施能真正使贫困人口受益。在这个前提下，要充分发挥地方和基层的主动性和创造性，因地制宜，大胆探索，积极推进产业扶贫。要加强调查研究，及时发现解决工作中出现的问题，及时总结推广好的经验和做法，推动产业扶贫工作上台阶。

3. 加大投入力度 财政专项扶贫资金要加大对产业扶贫的支持力度，定点扶贫、东西协作扶贫的帮扶资金也要重点支持产业发展。要灵活运用各种金融工具和各项政策措施，特别是扶贫小额贷款、贴息资金、价格保险等金融手段，加大对产业扶贫项目的金融支持力度。同时，要抓紧研究引导中央企业、民营企业设立贫困地区产业投资基金，创新方式引导各方面力量参与产业扶贫。

4. 强化督察考核 督察考核是落实责任的关键。要依托精准扶贫大数据平台，建立建档立卡贫困户参与产业脱贫信息报送制度，提高产业扶贫的透明度。要通过联合督察、行业督察、第三方评估等多种方式，对各地产业扶贫工作进行督察检查，督察结果要记入脱贫攻坚成效考核中去。

第二章　产业扶贫推进的得与失

中华人民共和国成立以来，我国始终注重农村农业产业的建设与发展，自1986年我国开始大规模、有组织的扶贫开发以来，产业扶贫始终作为扶贫开发的重点工作不断推进。经过三十多年的扶贫开发实践，产业扶贫成为我国扶贫开发的一个重要经验，取得了卓越的减贫成效，但仍然也存在一些问题。通过系统梳理我国产业扶贫的政策演变历程，我们可以总结我国产业扶贫的一些经验，也能发现其长期以来没能解决的问题。

第一节　我国产业扶贫的政策演变历程

我国的产业扶贫政策大多包含在农村发展政策中。本节按照时间顺序，将我国产业扶贫的政策演变历程分为六个阶段，即计划经济体制下奠定产业扶贫基础阶段（1949—1977年），国家经济体制改革下的农业产业扶贫阶段（1978—1985年），以工业产业为主的产业扶贫阶段（1986—1993年），以夯实产业扶贫根基为主的产业扶贫阶段（1994—2000年），培育式产业扶贫阶段（2001—2010年），产业精准扶贫阶段（2011年至今）。

一、计划经济体制下奠定产业扶贫基础阶段（1949—1977年）

1949年中华人民共和国成立后，百废待兴，国家经济实力孱弱，中国政府依照国情建立了计划经济体制。在城市确定了优先发展资金密集型重工业发展战略，在农村实行了土地革命。为了积累资本用于国家的工业化建设，中国政府开始实施农村合作化运动和人民公社化运动，借以通过土地等主要农业生产资料的集体所有、农产品的指令性低价收购和平均分配等制度安排，来支持国家的工业化建设。这一阶段，全国人民群众普遍贫困，而绝对贫困则存在于广大的农村地区，在这种高度计划经济发展时期，政府是资源配置的唯一渠道，因而这一时期，扶贫主要通过政府的紧急救济计划和民政救济系统，是一种单一式的"输血式"扶贫。这一时期，国家在农村生产力发展方面采取了一些有效措施，为国家未来实施产业扶贫奠定基础。措施包括以下几个方面：

1. 大规模地开展了产业发展所必需的基础设施建设　在全国范围内开展大规模的基础设施建设，进行农田水利建设，改善农村灌溉设施和交通条件，有效地提高了农村农业产出率。

2. 建立了农业产业发展所依赖的科技服务网络　在全国建立了 40 000 多个农技推广站，形成了一个基本覆盖全国所有农村乡镇的农业技术推广服务网络系统，一大批先进实用的农业技术得以应用和推广。

3. 建立了产业可持续发展的金融服务体系　建立全国性的农业合作信用体系，改善农村金融服务。1953 年 12 月中共中央通过了《关于发展农业生产合作社的决议》，要求把农业生产合作社、供销合作社和信用合作社，作为对小农经济进行社会主义改造的三种形式同步进行。农村信用合作社在全国普及以后，主要任务是"支持集体经济，发展农业生产。"

4. 建立了农业产业发展所需要的人力资源支撑体系　农村小学和乡村卫生室的大力建设、免费教育和赤脚医生等政策实施，为农村人力资源的发展提供了有力的保障。这些措施促进了中国农业生产力的发展和农村人口福利水平的提高，引发了中国历史上第一次大规模的贫困缓解，为我国未来实施产业扶贫奠定了良好的基础。

按照中国官方 1978 年贫困人口的核定标准，当年，中国共有约 9.6 亿人口，其中农村人口约 7.9 亿，占总人口的 82％，而农村贫困人口约为 2.5 亿人，约占农村人口的 31％。如果按照世界银行 2005 年的 1.25 美元的贫困标准，1981 年，中国的绝对贫困人口数量高达 8.35 亿，占世界绝对贫困人口比重为 43.1％，中国贫困人口发生率为 84％，远高于世界贫困人口发生率的52.2％，可见当时中国的减贫道路任重而道远。

二、国家经济体制改革下的农业产业扶贫阶段(1978—1985 年)

1978 年，中国共产党十一届三中全会上通过了《中共中央关于加快农业发展若干问题的决定（草案）》，确定了农村农业发展的新政策，在农村地区打破了人民公社制度和绝对平均主义的分配制度，解放了农业生产力，刺激了农民生产的积极性，从广义上在农村实施了农业产业扶贫政策，主要表现在两个方面：

1. 农村土地经营方式改革促进农业产业发展　1978 年后，农村以家庭联产承包责任制为基础，实行包产到户和包干到户，并逐步明确了土地的承包权和经营权，农民重新获得了使用、管理土地，安排自己劳动及投资的权利，激发和调动了广大农民生产积极性，生产效率得以大幅提高，农村中逐渐产生了专业化生产，出现了一批养殖、种植专业户，与此同时，农户购置农用机械后开始经营个体商业、服务业等，产生了自营专业户等，农业产业得以快速发展。

2. 农产品交易制度改革改善了农业产业发展的市场化水平 1982 年、1985 年的中央 1 号文件调整了农产品的封闭流通体制，逐步形成多渠道、少环节和开发式的流通体制，对农产品购销价格体制进行了改革，农产品价格逐步放开，农产品市场体系得以重建，使农业产业进一步市场化，提升活力，农民收入迅速提高，有效缓解了农村贫困问题。根据国家统计局数据显示，到 1985 年底，全国共有各类专业户 317.7 万户，占当时农村总户数的 1.66%，共有劳动力886.1 万人，占当时农村劳动力总数的 2.3%，农业产业发展初具规模。

3. 利用专项资金支持极端贫困地区农业产业发展 这一阶段在通过农村土地制度、市场制度和就业制度等的改革促进农村农业产业发展，减缓农民贫困的同时，中国政府也开始利用专项资金扶持部分极端贫困地区的经济发展。1980 年设立与扶贫相关的"支持经济不发达地区发展资金"，用于支持老少边穷地区的经济发展。1982 年，中央财政专项拨款 20 亿元，开始实施为期 10 年的"三西"（甘肃河西地区、定西地区、宁夏西海固地区）农业建设计划，帮助这些极贫地区治理生态、改善基础设施情况和发展农业产业。1984 年，中共中央发布《关于尽快改变贫困地区面貌的通知》，提出采取切实可行的措施集中解决 18 个连片贫困地区的贫困问题。以上都是在农村体制改革的前提下，国家财政再投入资金，最终促进当地农业产业发展，缓解地区贫困水平。截至 1985 年，以 1978 年标准，我国贫困人口下降至 1.25 亿人，贫困人口占比下降至 15%，平均每年减少 1 786 万人。

三、以工业产业为主的产业扶贫阶段（1986—1993 年）

从 1986 年左右开始，国家经济体制改革下的农业产业扶贫体制带来的减贫边际效益逐渐下降，农村经济增长停滞，内部收入不平等情况加剧，同时，我国政府总结了多年的"生活救济性扶贫"等的扶贫工作经验，认为如果继续把扶贫资金主要用于临时性生活救济，不可能帮助贫困地区和贫困人口形成自我发展能力，甚至会"花钱买了懒惰"。因此，必须最大限度地激发蕴藏在贫困地区人民群众中摆脱贫困的强烈愿望和巨大创造性，才能改变贫困地区的社会经济落后面貌，从根本上解决农村贫困问题。因此，这一阶段，我国开始制订大规模有针对性扶贫计划，逐步改变之前救济式扶贫模式。

1. 确立了以经济开发和自我能力开发为主的开发式扶贫方针 所谓开发

式扶贫就是在国家必要支持下，利用贫困地区的自然资源，进行开发性生产建设，逐步形成贫困地区和贫困户的自我积累和发展能力，从而实现主要依靠自身力量解决温饱问题、达到脱贫致富的目的，这也是我国开始实施针对性的产业扶贫的最初原型。

2. 正式提出了产业扶贫的概念　1986 年，中华人民共和国第六届全国人民代表大会第四次会议将开发式扶贫工作列入国民经济"七五计划"（1986—1990），同时根据当时中国的贫困状况确定了贫困标准和国家重点扶贫区域。1986 年，中国政府首次选择以县为基础扶持单元，确定了国家贫困县，保证突出扶贫对象。1987 年，政府出台《关于加强贫困地区经济开发工作的通知》，形成以"促进区域增长"为主要目标的扶贫开发战略，遵循"经济开发是贫困地区脱贫致富的根本途径"，因此，被称为"区域开发式扶贫"，改变了过去瞄准个人的救济式扶贫，通过各种产业项目的实施尽心扶贫，按照价值发展规律发展商品经济，即产业扶贫政策。

3. 开始区域瞄准的工业产业扶贫　中央政府逐步开始推动产业扶贫，至20 世纪 90 年代初，拨款达到 60 亿~70 亿元，主要用于发展贫困地区的"生产性"基础设施和种植业、畜牧业、林果业、农产品加工及采矿业。1993 年，政府在 18 个集中连片的贫困带划定了 592 个国家重点贫困县，通过基础设施建设和特色产业培育，增强贫困地区和贫困人口的自我发展能力。之所以将这一阶段称为以工业产业为主的产业扶贫，主要是这一阶段，虽然政策重点是以区域产业开发带动扶贫，但在扶贫瞄准目标和政策实施上，多数地方政府采取了发展地方工业产业，把"促进区域产业发展带动扶贫"的扶贫战略演变成了"贫困地区工业产业项目投资"的扶贫战略。此外，这一时期的绝大部分援助措施依旧带有强烈的"输血"性质，尤其是国家的财政援助基本由贫困地区无偿使用。这一阶段，以我国 1978 年贫困标准计算，我国贫困人口下降至 8 000万人，平均每年减少 640 万人，贫困人口占比下降至 8.7%。

四、以夯实产业扶贫根基为主的产业扶贫阶段（1994—2000 年）

1986—1993 年间的产业扶贫政策主要是以区域产业开发带动扶贫，但多数地方政府采取的是发展地方工业产业的扶贫战略，这些项目的实施虽然对贫困地区的脱贫有着广泛的作用，但对于解决当地贫困人口迫切的温饱问题却意义不大。甚至一些工业产业项目由于管理、市场等方面的原因导致了失败，反而成为贫困地区脱贫的包袱。据研究统计，仅 1991—1993 年，全国扶贫开发资金主要用于地方工业投入的比例由 37% 上升至 43.8%，而直接用于解决贫困人口温饱相关的农业产业投入比例则由 31.3% 下降至 26.9%，同时，与支撑产业发展相关的文教卫生、交通等方面的投入资金也逐年递减。为此，中共中央、国务院于1994年制定颁发《国家八七扶贫攻坚计划》，调整政府扶贫战略，争取用7年时间基本解决中国农村8 000万贫困人口的温饱问题。这是中国政府第一次正式发布的有明确目标、明确期限、明确对象和措施的扶贫行动计划。这一阶段，中央政府以夯实产业扶贫根基为主，更加侧重于提高贫困地区和贫困人口的经济产业发展能力和人口发展能力。主要措施包括以下几个方面：

1. 明确了特色产业作为农村产业扶贫的基本方向　《国家八七扶贫攻坚计划》明确了"依托资源优势，按照市场需求，开发有竞争力的名特稀优产品"。这是对1986年以来产业扶贫政策的一次扬弃，实际上从中华人民共和国成立以来我国的农业产业基本还是围绕贫困地区的温饱问题解决，农业产业重点在于种养殖业，尤其是能够解决温饱问题的种养殖业，还没有认识到贫困地区的资源优势以及"名特稀优产品"的市场价值。自从颁发《国家八七扶贫攻坚计划》以后，特色产业就正式走上了我国扶贫开发的舞台，从此以后特色产业在我国的扶贫开发战略中愈发重要。

2. 明确了市场化和差别化的产业扶贫战略　这一时期出台的各类产业扶贫政策，基本明确了市场化和差别化的产业扶贫战略。在市场化方面，基本确立了类似"实行统一规划，组织千家万户连片发展，专业化生产，逐步形成一定规模的商品生产基地或区域性的支柱产业"的方针，也认识到了产业链在市场竞争中的重要性，强调"坚持兴办贸工农一体化、产加销一条龙的扶贫经济实体，承包开发项目，外联市场，内联农户，为农民提供产前、产中、产后的系列化服务，带动群众脱贫致富。"在差别化政策方面，强调引导尚不具备办企业条件的贫困乡村，自愿互利，带资带劳，到投资环境较好的城镇和工业小区进行异地开发试点，兴办二、三产业。

3. 系统全面改善贫困地区产业发展需要的必备条件　第一，大规模建设产业扶贫所需的基础设施，比如使大多数贫困乡镇实现通路通电，改善人畜安全饮水等问题。第二，对国家贫困地区新办的乡镇企业予以税收优惠或政策补贴，用以促进企业发展，从而带动当地产业发展。第三，1999年底，中央政府出台"西部大开发"计划，再一次对贫困地区的基础设施、农业、教育、卫生等领域进行大规模投资，显著改善了贫困地区的产业脱贫发展基础，为贫困人口的脱贫产生深远的影响。这一阶段，以我国1978年贫困标准计算，国内贫困人口下降至3 200万人，贫困发生率也由8.7%下降到3.7%。

五、培育式产业扶贫阶段（2001—2010年）

在《国家八七扶贫攻坚计划》完成之后，农村剩余的贫困人口分布已经相当分散，全国 592 个国家重点贫困县仅仅覆盖全国 62% 的农村贫困人口和 52% 的低收入人口，如果继续以贫困县作为扶贫开发的基本单位，就意味着有将近一半的农村贫困人口不能从中央政府的扶贫投资中受益。因此，2001 年 6 月，国务院出台了《中国农村扶贫开发纲要（2001—2010 年）》，将贫困村作为扶贫基本瞄准对象。这一阶段，国家对扶贫开发战略进行了一些结构性调整，主要是以下几个方面：

1. 对贫困地区产业结构进行了调整　这一时期的产业扶贫，重点已经开始放在通过加工转化、扩大出口等多种方式拓宽农民增收领域，通过解决粮食等农产品阶段性供过于求问题，鼓励贫困地区调整农产品结构，发展多种经营，引导农户面向市场生产附加值高的产品。在此基础上，调整了种植业作物结构、品种结构和品质结构，发展优质高产高效种植业。

2. 探索贫困地区产业经营模式创新　这一阶段，产业扶贫提出了"面向市场，依靠科技，以农户和农业产业化经营企业为主体，推进农业现代化"思路。从各地的实践来看，主要是产生了"公司加农户""订单农业"等市场力量与农户利益共享、风险共担的经营机制。

3. 加强了对贫困地区的教育投资和劳动力培训　以提升贫困地区人口的自身发展能力为出发点，将产业扶贫与整村推进、劳动力转移培训结合在一起。并且倡导贫困地区实行适度规模经营，推进农业机械化，提高劳动生产率，降低农产品生产成本，积极有序转移农村富余劳动力，引导农民更多地从事非农产业。

六、产业精准扶贫阶段（2011 年至今）

2011 年，国家颁布了《中国农村扶贫开发纲要（2011—2020 年）》，确定了未来 10 年的扶贫开发战略。中共十八大以来，党和国家高度重视脱贫攻坚工作，2013 年 11 月，习近平总书记又提出了"精准扶贫"战略思想。短短四五年我国扶贫开发工作取得了非常大的进展，产业扶贫也在"精准扶贫"战略的背景下进展迅猛。

1. 基于资源禀赋的特色产业做强做大和产业结构优化成为产业扶贫的重点工作　20 世纪 90 年代以来，二十多年的农村产业扶贫取得了比较好的成效，初步解决了贫困地区的温饱问题，基于贫困地区的可持续发展，近几年的国家战略开始着眼于特色产业的做强和农村产业结构优化。《中国农村扶贫开发纲要（2011—2020 年）》指出，充分发挥贫困地区生态环境和自然资源优势，推广先进实用技术，培植壮大特色支柱产业，大力推进旅游扶贫。促进产业结构调整，通过扶贫龙头企业、农民专业合作社和互助资金组织，带动和帮助贫困农户发展生产。引导和支持企业到贫困地区投资兴业，带动贫困农户增收。围绕主导产品、名牌产品、优势产品，大力扶持建设各类批发市场和边贸市场。按照全国主体功能区规划，合理开发当地资源，积极发展新兴产业，承接产业转移，调整产业结构，增强贫困地区发展内生动力。2013年中共中央办公厅、国务院办公厅《关于创新机制扎实推进农村扶贫开发工作的意见》也强调了要发展特色产业，到2020年，初步构建特色支柱产业体系。2016年国务院印发《"十三五"脱贫攻坚规划》，更是指出要每个贫困县建成一批脱贫带动能力强的特色产业，每个贫困乡、村形成特色拳头产品。

2. 旅游扶贫成为精准扶贫以来产业扶贫的重要亮点 近年来，旅游扶贫以其强大的市场优势、新兴的产业活力、强劲的造血功能、巨大的带动作用，在我国扶贫开发中发挥着日益显著的作用，以其锐不可当之势正成为我国扶贫攻坚的崭新生力军。

2011年以来出台的几个重要文件，无论是《中国农村扶贫开发纲要（2011—2020年）》和《关于创新机制扎实推进农村扶贫开发工作的意见》，还是《关于打赢脱贫攻坚战的决定》和《"十三五"脱贫攻坚规划》，对于旅游扶贫多着墨甚多。2015年7月，国家旅游局和国务院扶贫办提出，到2020年，通过引导和支持贫困地区发展旅游使约1 200万贫困人口实现脱贫，约占全国7 017万（2015年数据）贫困人口的17%。2016年9月，国家旅游局、国家发展和改革委员会、国土资源部、环境保护部、住房城乡建设部、交通运输部、水利部、农业部、国家林业局、国务院扶贫办、国家开发银行、中国农业发展银行等12个部委联合下发了《乡村旅游扶贫工程行动方案》，明确了"十三五"期间，力争通过发展乡村旅游带动全国25个省（区、市）2.26万个建档立卡贫困村、230万贫困户、747万贫困人口实现脱贫的总目标。

◆ **专栏 旅游扶贫的几种创新实践模式**

（1）直接参与旅游经营。贫困地区居民依托山清水秀的特色旅游资源，直接开办农家乐和经营乡村旅馆，成为第三产业的经营业主，极大地增加非农劳动收入从而脱贫致富。如河南栾县的重渡沟村，通过发展乡村旅游，农民人均纯收入从1999年的400多元增长到2014年的2.75万元，15年增长了60多倍。像这种农家乐和乡村旅馆全国已经超过190万家，形成了10万个乡村旅游特色村，年营业收入达3 200亿元。

（2）在乡村旅游经营户中参与接待服务，取得农业收入之外的其他劳务收入。据山东、陕西、福建、宁夏等省份测算，一个普通村民通过参与乡村旅游接待服务，平均每年可增收1万～2万元。2014年全国乡村旅游共接待国内外游客11亿人次，至少有超过3 300万农民通过参与旅游服务而受益。

(3) 出售自家农副土特产品获得收入，同时，拓展了农产品销售渠道，提高了销售价格。如广西大新县明仕村，通过发展乡村旅游使"明仕香米"市场销售价达 7 元/千克，火龙果可卖到 20 元/千克，仅消耗烤乳猪就超过 3 万只，羊上百只，极大地促进了当地蔬果种植业、农产品加工业、畜牧业等的产业化规模化发展。

(4) 通过参加乡村旅游合作社和土地流转获得租金。如浙江省湖州市德清县西部山区，得益于"洋家乐"乡村旅游业态的发展，农民农房出租均价达到每年每户 3.5 万元，最高 7 万元。

(5) 通过资金、人力、土地参与乡村旅游经营获取入股分红。如陕西的梁家河村，与陕旅集团合作成立延川县梁家河乡村文化旅游发展有限公司，解决村民就业 110 人，带动了 164 人脱贫致富，2018 年游客将达到 60 万人次，农民纯收入达到 1.5 万元。

3. 电商扶贫、光伏扶贫、资产收益扶贫等绿色减贫产业逐步展开探索

精准扶贫以来，一些绿色减贫的产业扶贫方式逐步展开探索，较为典型的有电商扶贫、光伏扶贫、资产收益扶贫。

电商扶贫。随着互联网的普及和农村基础设施的逐步完善，我国农村电子商务发展迅猛，交易量持续保持高速增长，已成为农村转变经济发展方式、优化产业结构、促进商贸流通、带动创新就业、增加农民收入的重要动力。政府、互联网公司、物流企业、贫困地区、贫困人口通过互联网联结在一起，有力地促进了贫困人口脱贫。但从总体上看，贫困地区农村电子商务发展仍处于起步阶段，电子商务基础设施建设滞后，缺乏统筹引导，电商人才稀缺，市场化程度低，缺少标准化产品，贫困群众网上交易能力较弱，影响了农村贫困人口通过电子商务就业创业和增收脱贫的步伐。2016 年 11 月，国务院扶贫办联合其他部委出台了《关于促进电商精准扶贫的指导意见》，对电商扶贫做了进一步的规范。各地也就电商扶贫开展了一系列的探索，产生了陇南模式等一系列经典模式，在未来脱贫攻坚中会占据更重要的地位。

专栏　2016 年电商扶贫的十件大事

1. 电商扶贫写入中央发布的文件　2015 年年底，党中央、国务院发布《关于打赢脱贫攻坚战的决定》（以下简称《决定》）。电商扶贫，作为"互联网＋脱贫"中的重要任务，被列入其中。《决定》要求，加快物流配送体系建设，支持邮政、供销等在贫困村建立服务点。支持电商企业拓展农村业务，加强贫困地区农产品网上销售平台建设。加强贫困地区农村电商人才培训。对贫困家庭开设网店给予网络资费补助、小额信贷等支持。

2. 国家主管部门正紧锣密鼓地制定电商扶贫政策（这个文件已于2015 年 11 月 23 日正式发布）　由国务院扶贫办牵头，我国 16 个部门联合制定的第一个专门针对电商精准扶贫的系统性政策——《关于促进电商精准扶贫的指导意见》即将出台。这个文件是为贯彻中央《决定》精神，总结此前我国电商扶贫的已有实践，针对当前和今后电商扶贫工作需要所制定的。它必将对我国电商扶贫起到非常重要的指导作用，也对全球反贫困事业具有重大的时代意义。

3. 电商扶贫得到普遍重视，纳入国家和多地"十三五"规划　在全国各地，尤其是脱贫攻坚任务重的贫困地区，电商扶贫的环境氛围更加浓厚，越来越多的人关注和重视电商扶贫。许多地方的党政高位推进电商扶贫工作，有的专门召开全省、全市的电商扶贫大会。国家和多地已将电商扶贫纳入"十三五"规划，并从政策扶持、资源配置、组织实施、人员培训等方面予以部署。

4. 国务院扶贫办参与牵头电商进农村综合示范工作，贫困县在示范县中占比超过半数　国家电商进农村综合示范工作继续深入开展。从2016 年开始，国务院扶贫办参与牵头此项工作，将更有力地推进农村电商与扶贫脱贫工作的结合。在前三批已确定的国家级示范县中，国贫县/片区县的占比已达 52.6％。未来三年，国家已决定将继续开展此项工作，并要求将符合条件的国贫县/片区县全部覆盖到示范县中来。

5. 资金、产业等相关政策继续加码　除将更多的贫困县纳入电商进农村示范县，获得中央财政支持外，国务院办公厅 2016 年发文支持贫困县开展统筹整合使用财政涉农资金，要求 2016 年在不少于 1/3 的国贫县/片区县试点，2017 年，推广到全部贫困县。证监会为贫困地区拟上市企业开通"绿色通道"。商务部、农业部联合推进"农商互联"（而后，中国共产党中央网络安全和信息化委员会、国家发展和改革委员会、国务院扶贫办联合出台了"网络扶贫行动计划"）。

6. 政府与市场联手推进，更多企业积极参与　继 2015 年与苏宁云商签署合作协议之后，2016 年 1 月，国务院扶贫办又与京东集团签署合作协议，支持京东在 200 个贫困县开展以产业扶贫、创业扶贫、就业扶贫与金融扶贫为主要内容的电商扶贫试点。一年来，各级扶贫部门携手不同的市场主体，共同推进电商扶贫，乐村淘、淘实惠、邮乐网等企业积极参与电商扶贫，取得了令人欣喜的成绩。

7. 陇南电商扶贫试点取得成功，国务院扶贫办向全国推广陇南 6 条

经验 2016年9月25日，国务院扶贫办在陇南召开"全国电商精准扶贫现场会"，归纳了电商扶贫的五大意义和陇南试点的6条经验。中国社科院社会责任中心发布了对陇南试点的第三方评估报告，充分肯定了陇南试点的成功。国务院扶贫办做出决定，向全国推广陇南经验（在扶贫日当天的论坛上，国务院扶贫办还授予陇南"全国电商扶贫示范市"荣誉称号）。

8. 基层电商扶贫创新案例大量涌现 除陇南试点"多路带贫"的电商扶贫探索取得成功之外，随着县域电商、农村电商的全面推进，一年来，各地区、各平台在实践中探索出众多电商扶贫的创新经验。虽然有些探索其扶贫效果的显现还需要一个过程，但他们条件不同、做法各异所显示出的积极努力，让人们增添了对未来电商扶贫取得成功的信心。

9. 中国扶贫志愿服务促进会成立，电商扶贫又添新动力 2016年4月，中国扶贫志愿服务促进会在北京宣布成立，促进会由国务院扶贫办刘永富主任担任会长。该组织将围绕社会扶贫的工作目标，开展宣传、动员、服务、促进和建立社会扶贫网的工作。中国扶贫志愿服务促进会的成立，为包括电商扶贫在内的整个扶贫事业的开展，增添了新的动力。

10. 电商扶贫研究取得一系列新成果 2016年7月，商务印书馆出版发行《电商消贫——贫困地区发展的中国新模式》一书。该书汇集了电商扶贫方面20多篇研究成果。阿里巴巴、京东等电商企业也陆续发布了各自的电商扶贫研究报告；政府部门委托开展电商扶贫的研究课题，地方组织对电商扶贫的研究，不同机构主办的电商扶贫论坛、研讨会明显增多，推动电商扶贫研究不断深化。

光伏扶贫。光伏扶贫主要是在住房屋顶和农业大棚上铺设太阳能电池板，"自发自用、多余上网"。也就是说，农民可以自己使用这些电能，并将多余的电量卖给国家电网。通过分布式太阳能发电，每户人家都将成为微型太阳能电站，光伏扶贫也被国务院扶贫办确定为2015年"十大精准扶贫工程"之一。从各地的实践看，光伏精准扶贫主要有四种类型：一是户用光伏发电扶贫。利用贫困户屋顶或院落空地建设的3~5千瓦的发电系统，产权和收益均归贫困户所有。二是村级光伏电站扶贫。以村集体为建设主体，利用村集体的土地建设100~300千瓦的小型电站，产权归村集体所有，收益由村集体、贫困户按比例分配，其中贫困户的收益占比在60%以上。三是光伏大棚扶贫。利用农业大棚等现代农业设施现有支架建设的光伏电站，产权归投资企业和贫困户共有。四是光伏地面电站扶贫。利用荒山荒坡建设10兆瓦以上的大型地面光伏电站，产权归投资企业所有，之后企业捐赠一部分股权，由当地政府将这部分股权收益分配给贫困户。

资产收益扶贫。中共十八届五中全会提出要探索对贫困人口实行资产收益扶持制度，2015 年 11 月，中共中央、国务院《关于打赢脱贫攻坚战的决定》指出，要推进精准扶贫、精准脱贫，探索资产收益扶贫制度，2016 年 10 月，国务院办公厅印发《贫困地区水电矿产资源开发资产收益扶贫改革试点方案》，计划从 2016 年底至 2019 年底，在集中连片特困地区县和国家扶贫开发工作重点县选择约 20 个水电、矿产资源开发项目，开展资产收益扶贫改革试点。资产收益扶贫实际上是按照"资源变资产、资金变股金、农民变股民"的思路，水电、矿产资源开发项目占用集体土地的土地补偿费作为资产入股试点项目，形成集体股权，并通过分红制度，使村集体和贫困户能够长期获得资源开发收益。

从中华人民共和国成立开始，中国政府还未设立专门的扶贫机构，到现在全面打响脱贫攻坚战，并取得开局之年的胜利，党和政府都付出了巨大的努力，并逐渐形成具有中国特色的扶贫体系，即通过设置专门组织机构，制定减缓贫困的政策，充分调动各种财政、社会、民间资源，帮助贫困地区脱贫致富，具有主导性、组织性、权威性、统一性和持久性的特点。从产业扶贫政策来看，经历了从无到有，从经济体制改革后的广义农业产业扶贫，到地区主导产业带动区域经济发展，再到精准产业扶贫，家家户户都能参与。历史证明，产业扶贫能够最终为贫困地区带来持久的、稳定的脱贫效果，是当今乃至未来我国扶贫领域的重要方式之一。

4. 推动贫困地区产业经营方式创新　精准扶贫以来，我国贫困地区产业经营方式不断创新，形成了一系列"公司＋专业社＋农户""公司＋农户＋基地""公司＋专业社＋农户""公司＋基地＋合作社＋农户"等新型的产业经营方式，基本形成了了企业引领、专业社带动、农户参与、政府服务的新型产业扶贫结构。

第二节　我国产业扶贫政策的经验

梳理我国产业扶贫的历史，可以发现我国产业扶贫之所以成就巨大，是因为在长期的产业扶贫过程中，形成了一系列好的经验，总的来看，包括农村产业发展作为国家战略始终放在重要地位，通过差别化支持政策不断发展贫困地区优势化特色产业，不断持续改善贫困地区产业发展的基础环境，根据政治经济社会科技变化情况创新产业扶贫模式，政府主导、各界参与。

一、农业产业发展作为国家战略始终放在重要地位

由于我国长期以来对农业、农村、农民的重视，为产业扶贫营造了良好的

政策环境、舆论环境。国家大量的政策、资金、资源才能够投向贫困地区，社会资本、人力资源才能源源不断地支持贫困地区的产业项目，为我国产业扶贫奠定了较好的外部环境，也在一定程度上放大了我国产业扶贫的减贫效果。

我国是个农业大国，农业人口占总人口比重也高，因此，党和政府长期以来一直比较重视农业工作。尤其是新世纪以来，国家愈发对农业工作重视，2004 年以来，连续 14 年发布 1 号文件指导"三农"工作，为农村地区产业发展尤其是农业产业的发展奠定了良好的政策环境。2004 年以来，历年的 1 号文件都多次强调要注重农业产业发展。2017 年 2 月 5 日，中共中央、国务院发布了《关于深入推进农业供给侧结构性改革　加快培育农业农村发展新动能的若干意见》，文中多次提到农业产业发展，指出要优化产品产业结构，着力推进农业提质增效，做大做强优势特色产业。要壮大新产业、新业态，拓展农业产业链价值链，例如，大力发展乡村休闲旅游产业，推进农村电商发展。从而促进脱贫攻坚扎实推进，确保 2017 年再脱贫 1 000 万人以上。

◆ 专栏　历年涉农"1 号文件"主题

1982 年：《全国农村工作会议纪要》。

1983 年：《当前农村经济政策的若干问题》。

1984 年：《关于一九八四年农村工作的通知》。

1985 年：《关于进一步活跃农村经济的十项政策》。

1986 年：《关于一九八六年农村工作的部署》。

2004 年：《关于促进农民增加收入若干政策的意见》。

2005 年：《关于进一步加强农村工作提高农业综合生产能力若干政策的意见》。

2006 年：《关于推进社会主义新农村建设的若干意见》。

2007 年：《关于积极发展现代农业扎实推进社会主义新农村建设的若干意见》。

2008 年：《关于切实加强农村基础建设进一步促进农业发展农民增收的若干意见》。

2009 年：《关于促进农业稳定发展农民持续增收的若干意见》。

2010 年：《关于加大统筹城乡发展力度　进一步夯实农业农村发展基础的若干意见》。

2011 年：《关于加快水利改革发展的决定》。

2012 年：《关于加快推进农业科技创新持续增强农产品供给保障能力的若干意见》。

2013 年：《关于加快发展现代农业 进一步增强农村发展活力的若干意见》。

2014 年：《关于全面深化农村改革 加快推进农业现代化的若干意见》。

2015 年：《关于加大改革创新力度 加快农业现代化建设的若干意见》。

2016 年：《关于落实发展新理念 加快农业现代化实现全面小康目标的若干意见》。

2017 年：《关于深入推进农业供给侧结构性改革 加快培育农业农村发展新动能的若干意见》。

二、通过差别化支持政策不断发展贫困地区优势化特色产业

1994 以来，二十多年的产业扶贫实践，基本围绕着"特色产业"展开，表明国家对于贫困地区农业产业发展的规律已经有了比较深刻的认识：专业化、特色化是产业扶贫基本的特点，产业扶贫需结合贫困地区当地的资源禀赋、实际情况，发展适合其本地并具有当地特色的产业。

我国扶贫开发的历史上也曾走过弯路，在区域经济带动贫困地区发展的战略早期，政府反贫困战略追求的是贫困地区整体经济实力的增长，结果各贫困县按照"效益最大化"原则使用和分配扶贫资金，致使地方政府都倾向于将扶贫资金投入能够尽快缓解政府财政困难的工业产业，虽然在一定程度上对当时贫困地区的整体经济发展起到有力的推动作用，但对于贫困地区特贫人口生活状况的改善却作用较小。此外，由于各地发展工业，产品趋同，长期经济效益得不到保障，致使脱贫群众重新返贫。贫困地区多属于自然环境恶劣地区，如缺乏土壤的西南大石山区，水土流失严重的西北黄土高原区等，工业产业的发展对当地脆弱的生态环境造成严重的破坏，植被恢复困难，使当地生产生活条件进一步恶化，群众脱贫更加困难。

《国家八七扶贫攻坚计划》之后，我国调整扶贫基本单元，逐步开始差别化的分类支持政策，不断发展贫困地区优势化特色产业，攻坚的对象从侧重一个区域到侧重一家一户，攻坚的目的从以富县为主到富民为主，实施一批家家能干、户户受益的具体项目和计划，通过具体的、有针对性的、特色的产业扶贫项目带动脱贫。1996 年颁布的《中共中央国务院关于尽快解决农村人口温饱问题的决定》，明确表示产业扶贫项目重点支持种植业、养殖业、林果业和农产品加工项目。自此以后的各类文件，也基本沿袭这个传统，"特色产业"成为我国产业扶贫的最大经验之一。

三、不断持续改善贫困地区产业发展的基础环境

产业扶贫需要基本的产业发展环境，包括良好的基础设施建设，持续不断的专业人才供给等。因此，发展产业扶贫，首先要建设适合产业发展的环境。中国政府从扶贫开发以来，不断加大对贫困地区的基础设施建设，并持续提高贫困地区的公共服务水平和社会保障能力。

仅就基础设施建设来看，1982年，中央财政专项拨款20亿元，开始实施为期十年的"三西"（甘肃河西地区、定西地区、宁夏西海固地区）农业建设计划，帮助这些极贫地区治理生态，改善基础设施情况并发展农业产业；1986年，全国人民代表大会第六届四次会议将扶贫列入《国民经济和社会发展"七五"计划》，重点解决贫困地区经济和文化落后的状态，首先就是改善基础设施问题；1994年，制定《国家八七扶贫攻坚计划》，1996年又颁布《中共中央国务院关于尽快解决农村人口温饱问题的决定》，专门就贫困地区基础设施改善做了详细规划；2001年，制定《中国农村扶贫开发纲要（2001—2010）》，强调以尽快解决极少数贫困人口温饱问题，进一步改善贫困地区的基本生产生活条件，巩固温饱成果，提高贫困人口的生活质量和综合素质，加强贫困乡村的基础设施建设，改善生态环境，逐步改变贫困地区社会、经济、文化的落后状况；2013年，《集中连片特困地区区域发展与扶贫攻坚规划》正式启动，14个集中连片特困地区投资19万亿进行基础设施的改善；2015年《关于打赢脱贫攻坚战的决定》专门强调加强贫困地区基础设施建设，加快破除发展瓶颈制约。基础设施建设之外，对于贫困地区的人才培养、技术支持、金融环境改善等，也都是长期持之以恒的改善，为产业扶贫奠定了良好的外部环境。

四、根据政治经济社会科技变化情况创新产业扶贫模式

我国产业扶贫的一个重要经验就在于能够不断根据外部环境的变化创新产业扶贫模式，能够根据政治经济社会科技变化情况调整产业扶贫模式。中华人民共和国成立以来，尤其是改革开放以来，我国农村产业扶贫模式不断随着政治、经济、社会、科技变化而变化，其创新模式也是层出不穷。其原因在于两点，一是产业扶贫与各地的实际状况、资源禀赋等条件息息相关，有必要根据地方实际情况的不同而创新；二是产业扶贫从本质上是产业布局和产业发展，有必要根据政治经济社会科技发展的变化而变化。

仅就精准扶贫以来为例，随着我国经济水平逐渐步入小康社会，人民生活水平也有较大提高，旅游业逐步繁荣，成为国民经济的重要方面，也蕴含了很多商

机。贫困地区有丰富的旅游资源，各地适时找准实际，开展了广泛的旅游产业扶贫模式创新，效果也非常突出；近些年，随着电子信息技术的发展，"互联网＋"大数据等产业兴起迅猛，贫困地区依托本地资源，也探索了电商扶贫模式，一些贫困地区也建立了大数据的产业基地，都成为产业扶贫的典型创新案例。

专栏　陇南电商扶贫模式

陇南市是甘肃省乃至全国最为贫困的地区之一。这里有丰富的特色优质农产品，但因交通不便、信息闭塞，难以转化为群众收入。2015年初，陇南市经批准成为全国电商扶贫首个试点市。两年来，该市加大行政推动力度，通过网店带动、电商产业带动、电商创业带动、电商就业带动和电商入股带动，促进电商和精准扶贫深度融合。到2016年底，全市共发展网店超万家，两年网络销售农产品64亿元，718万人实现就业。其中，750个电商扶贫试点贫困村开办网店980家，带动15万贫困人口增收。

陇南电商扶贫的主要做法。一是强化政策扶持。设立电商财政专项资金，支持贫困村网店建设、网货开发、教育培训。二是建立网店带贫机制。通过一店带多户、一店带一村的方式，以保护价收购贫困户农产品，并为他们提供市场信息、网上代购等服务。三是加强电商技能培训。组织驻村工作队、大学生村官等进村入户，帮助村民学电商、开电商、用电商，让贫困农户享受到新技术发展成果。四是完善电商发展产业链。加快完善生产、加工、包装、物流、营销等产业链，提高电商运营效率，吸纳贫困农民就业。五是培育农特产品网销品牌。许多做电商的农民开始注册商标，对产品开展食品安全QS认证，提升了当地农副产品品牌知名度。六是完善电商发展的基础设施"短板"。实现硬化通村公路一万千米，行政村公路通畅率达到99.7％，全市行政村宽带覆盖率80.8％。

陇南电商扶贫的主要成效。一是基本解决了农副产品销售难问题，农民收入快速增长。两年中农民人均可支配收入从4 345元增长到6 108元，增长了40％，电商对增长的贡献率为43.4％。贫困人口通过电商，2015年人均增收430元，2016年人均增收620元。二是提升了减贫成效。全市贫困人口由2014年的64.4万人下降为2016年的36.9万人，减少42.7％。贫困发生率由26.04％下降为14.86％，下降了约11个百分点。三是促进了贫困群众思想观念转变，提高了他们的风险意识、诚信意识和品牌意识。四是促进了"双创"。学网、触网、用网成为农村的新时尚，返乡青年、回乡大学生、农村致富能人等竞相创业开办网店。由于电商扶贫成效显著，陇南市荣获"2015中国消除贫困创新奖"，2016年10月被授予"电商扶贫示范市"称号。

五、政府主导、各界参与

我国的产业扶贫始终坚持政府主导、社会各界参与，这也是我国产业扶贫取得巨大成就的经验之一。农业产业扶贫所必需的基础设施建设需要大量的人力物力解决，人才培养、技术支持也很重要，因此，政府的力量在农村产业扶贫过程中就显得尤为重要。中华人民共和国成立以来，党和政府始终把帮助广大农民摆脱贫困、达到共同富裕作为自己的职责和使命，且一直是扶贫工作的主角，并在 1986 年设立专门的扶贫机构，承担起发展落后地区经济、制定扶贫政策、落实扶贫措施、凝聚扶贫力量及加大扶贫力度等艰巨的任务。中共十八大更是吹响了脱贫攻坚的集结号，把脱贫攻坚上升到前所未有的高度，产业扶贫所需要的外部环境改变巨大，因此，减贫效果也极为突出。

此外，党和政府也积极鼓励全社会参与扶贫，也开展了积极的国际合作。在党和政府的大力倡导下，希望工程、幸福工程、文化扶贫、春蕾计划、青年志愿者支教扶贫接力计划、贫困农户自立工程、晋绥儿女老区教育扶贫行动计划等在全国各地蓬勃开展。同时，我国开始积极开展国际扶贫交流与合作，发展扶贫开发领域的国际交流与合作，争取国际组织和发达国家援助性扶贫项目，加强与国际组织在扶贫开发领域里的交流，借鉴国际社会在扶贫开发方面创造的成功经验和行之有效的方式、方法，进一步提高我国扶贫开发的工作水平和整体效益。目前，我国已与联合国开发计划署、世界粮食计划署、联合国儿童基金会、世界银行、亚洲开发银行等机构以及荷兰、日本、英国等国政府在扶贫领域开展了广泛的合作。

第三节　我国产业扶贫脱贫容易出现的问题

产业扶贫在推进的过程中，有以下几类容易出现的问题：

一、一些产业扶贫项目的益贫性不够

实践中，产业扶贫项目由于各种原因，导致出"精英捕获"现象，也就是我们常说的"扶富不扶贫"的现象。产业扶贫项目不仅没有缩小贫富差距，反而拉大了贫富差距，导致国家扶贫资源浪费。这是各地产业扶贫较为普遍、且最为突出的现象。一些产业扶贫项目与真正的贫困户关系不大，产业扶贫难以覆盖贫困人口。有的地方鼓励农户举办乡村旅游，但办乡村旅游既需资金又要场地，贫困农户根本无法做到，最后成了扶富不扶贫。有的地方支持龙头企业，希望借助企业带动贫困户致富，但很多贫困户缺乏劳动力和资金，难以满足企业要求，扶贫资金往往提供给了种养大户。有些项目存在较高的项目门槛，例如，养殖业往往需要先期达到一定规模，而贫困户根本没有能力养殖达到要求。由于这些扶贫项目的益贫性不够，不仅浪费了本就有限的扶贫资源，而且极大地打击了贫困户的积极性和脱贫信心。

二、地方政府主导性过强且缺乏监督机制

产业扶贫中的政府，最理想的状态是从孵化当地扶贫产业的"孵化器"最终转变为当地扶贫产业的"守夜人"，企业、农村经济合作组织、贫困农户三方形成良好的产业利益链，即相互依赖的利益主体。但实践中往往是地方政府从始至终居于产业扶贫的主导地位，是产业扶贫的绝对核心。

目前的产业扶贫中，地方政府掌握着国家向地方财政下拨的绝大部分扶贫资源，这种对扶贫资源的话语权和分配权自然使得地方政府成为产业扶贫的主角，其余参与主体则"可有可无"，被动地跟着地方政府的意愿走，一旦政府撤离，扶贫产业便难以持续，即这种单边强势很难形成可持续的扶贫产业。

同时，作为扶贫产业关键的地方政府，却缺乏有效的监督管理机制。作为一项确保贫困地区可持续发展，转"输血"为"造血"的地方扶贫产业的建立是一项复杂的系统性工程，产业扶贫需要科学地选择适合当地的扶贫产业，配套合理的政府政策等一系列措施，贫困地区作为市场发展过程中未发展起来的地区，必定有市场不认可的各类劣势，所以地方政府在这些地区发展产业扶贫，更显不易。而从实际来看，地方政府扶贫政策具有高度的相似性，扶贫产业规划时间跨度大，没有明确的时间限制，大多只有一个大概的时间，也没有明确的阶段性要求。无论是县级产业规划还是乡镇级产业规划，地方政府重点都在于短期取得的利益，对扶贫产业的后期管理、未来发展都欠缺科学的思考。

三、对于市场规律的研究和把握欠缺

产业扶贫最终还是要对接市场，推进产业扶贫，首先要明确其经济属性，必须坚持市场导向，遵循市场和产业发展规律，找准产业项目与贫困户增收的结合。就目前情况来看，无论是地方政府、经济合作组织还是贫困户，对市场规律的研究和把握欠缺。

近年来，产业扶贫失败案例并不鲜见。看到好的项目一拥而上，有的地方未做充分调研便大笔投入、大力推广，最终或因水土不服，半途而废，或因市

场饱和，价跌伤农。贫困地区资源有限，发展产业不能一厢情愿，要实实在在全面调研分析，精准安排项目，做到因地施策、因人施策。贫困地区大多产业基础薄弱，多以出售农产品和初级加工产品为主，产品加工率不足，产业链较短，极大限制了产业的市场规模及发展前景。如果产业选择不切合当地实际，项目安排不适应群众需要，不充分考虑贫困群众的实际情况，扶贫效果只会南辕北辙。因此，在精准安排项目的基础上，还要在延长扶贫产业链上下功夫，真正增强贫困地区、贫困群众的"造血"功能，推动可持续发展。

四、企业的经济属性与扶贫社会责任难兼顾

产业扶贫的特点就是由企业参与到扶贫中来，通过企业形成产业链条，带动当地贫困户脱贫致富。企业是市场组织经济活动进行的一种方式。在目前国内的市场化经济情况下，贫困户无论生产何种产品都难以避免规模小、分散化的特点，加之获取市场信息能力匮乏，因而贫困户自身难以在市场上获取利润，甚至无法在激烈的市场竞争中立足，这就凸显出产业扶贫过程中企业、合作社乃至大户、能人存在的必要性。但是，企业、合作社乃至大户、能人本质是经济组织，虽然作为市场的一部分，具有搜索信息、开拓市场、引导生产、产品经销、市场服务等多种功能，能将广大农户与市场联系起来，帮助贫困户脱贫，但其本质还是为获取利润，因此，在实际实施过程中会出现很多问题和矛盾。

在产业扶贫过程中，经济组织由于追求自身的效益，容易与服务贫困农户的社会利益发生冲突，引起贫困农户的不满，以最常见的农作物为例，由于农作物具有较长的生产周期，市场价格在农作物播种到成熟期间有时会具有较大的波动性，如果农作物成熟期间，市场价格大幅下跌，企业可能会压低这种农作物的收购价格，甚至停止收购，贫困农户面临农产品无处销售的困境，市场造成的这部分损失，总需要有客体去承担，政府如果不提供补贴，企业就会承担损失，最终转嫁到贫困农户身上。相反，如果到期时农作物市场价格高，贫困农户则有极大可能私自出售，使企业、农户互相爽约的情况发生。另外，企业在与贫困农户合作的过程中，由于自身所处的位置，易于掌握市场信息，具有绝对的话语权，这就使得企业和贫困农户这两个客体的地位产生不平等，实际上农户更多是依附于企业，从而变成不平等合作。

五、贫困户弱势地位明显

贫困户是产业扶贫的关键，产业扶贫最终的效果也取决于贫困农户是否脱贫致富。实际情况中，贫困农户在产业扶贫过程中表现出主观参与愿望不强，

弱势地位明显的情况。从农户自身来看，贫困地区相对长期经济落后，交通不便，封闭的环境和落后的教育导致当地人的观念保守，不敢创新，不敢尝试新的事物，对政府"输血"式的补助依赖性较强，等、靠、要的思想严重，追求短期利益，忽视长远发展，对市场的运行规律陌生，对现代种养殖业的技术不了解。从政府角度看来，民主决议敷于形式，扶贫产业很少倾听当地贫困农户的想法和意见，多由地方政府决定，贫困农户按照政策实施。其中，不乏许多扶贫产业项目缺乏科学论证，最终未能取得良好的经济效益，加深农民的主观不情愿性，这种扶贫产业项目设置与农户需求不一致的现象，也容易引发矛盾。

六、产业扶贫项目推进过程中还存在一些技术性问题

在产业扶贫具体项目的推进过程中，也存在一些技术性的问题：①产业扶贫没有形成规模效应。贫困地区主导产业不明显，没有形成区域发展、规模发展，产业集中度不高。②市场竞争力弱，占有率低。缺乏深加工增值，缺少品牌效应带动，同时宣传、营销等手段跟不上，销售仍以初产品为主，产品在市场上的竞争力低、价格低，与产品本身的质量和品质相比，存在较大差距。③是科技支撑体系不健全。缺乏高水平的科研技术人员、科研机构。新的种植、养殖、加工技术得不到及时推广运用。④龙头企业、产业基地、能人带动作用不明显。⑤产业布局不合理，造成生态灾难。很多地方为了打造大规模的特色产业基地，连片布局农林产业，造成严重生态灾难，导致病虫害集中暴发，水土流失严重或造成连片大面积环境污染。

第四节　国外产业扶贫经验借鉴

贫困问题在全球普遍存在，各国都在探索通过改进和完善社会福利状态，加强产业的开发，加强对贫困地区的特别扶持，注重促进区域的协调发展，解决落后地区的贫困状况。美国、法国、印度、德国、南非等国家，通过政府的主导作用，制定针对性的产业扶贫政策，调整落后地区结构和改善资源产业配置，积累了很多值得借鉴的宝贵经验。

一、美国的产业扶贫政策

美国产业扶贫模式具有两大突出特点：第一，以增强落后地区的自我发展能力为核心目标。为促进落后地区的产业发展，美国政府主要通过提高劳动力

素质、鼓励私人资本投资、支持中小企业发展、帮助区内企业更新改造产品等途径来进行，以提升落后地区的自我发展能力。第二，联邦政府坚持适度干预的原则，政府功能主要定位于为私人投资构建平台，而不是直接投资企业。美国在落后地区的产业发展中，实行了"市场导向"的扶持战略，主要依靠市场，引导资本、人口、资源等在各地相互流动，靠市场竞争来优化结构，配置资源，激发活力，促进落后地区的产业发展，其实施的主要政策有：

1. 在落后地区成立产业扶贫开发专职机构　以田纳西河流域产业扶贫开发为例，1933 年，罗斯福总统依照《麻梭浅滩与田纳西河流域开发法》，成立了田纳西河流域管理局，负责领导组织田纳西河和密西西比河中下游一带水力资源的综合开发和利用。此后，在开发管理局的基础上成立了经济开发署，进一步加强了对困难地区的经济开发支持。1998 年，通过《联邦受控区和受援区法案》，开始实施定点援助活动，旨在培育受援助地区的资源开发和自我发展能力，在创造就业机会、兴建公共设施、加强人力资源培训、保障住房、重视环保和公共安全等方面实施援助项目。

2. 财政、金融政策并举的产业开发支持

（1）军事工业与地方产业发展相结合。为了加快南部各州工业发展，美国在二战后把发展军事工业和促进落后地区产业发展结合起来。通过联邦财政对西部和南部的军事拨款倾斜，在西部和南部建立一系列拥有高端技术的国防工业基地，有效改善了贫困地区的基础设施。军事工业在当地的发展有效地促进了当地基础设施与产业基础，对当地可持续发展，增加就业，减少贫困人口具有重要作用。

（2）增加转移支付水平，出台信贷优惠政策。联邦政府的财政转移支付主要包括专项补助、分类补助和一般目的补助三种形式。同时，联邦政府还对在落后地区投资的私营企业和外国企业，给予长期低息或无息贷款的优惠。

3. 对产业扶贫项目支持实现农村发展　美国实施农村发展项目的目标是改善农民的生活质量和增加农村经济发展机会。重点通过实施能源项目资助、重点商业项目资助、社区项目资助、住房资助项目来完成。

二、法国的产业扶贫政策

法国政府的产业扶贫政策与美国相似，主要有以下几点：

1. 政府建立专门机构协调贫困地区扶贫开发　20 世纪 60 年代，法国政府先后成立了"国土整治和区域行动评议会"及"国土整治全国委员会"等常设机构，负责协调地区整治行动。此后，各地区相继成立"地区计划委员会"。各级政府一方面直接拨款到欠发达地区，通过加快基础设施建设，提高扶贫开发水平和效率；另一方面，设立了"地区开发基金"，对往落后地区迁厂、建厂的企业主，提供低息贷款、免税优待、现代化设备和科技人员，提高扶贫开发的可持续性。

2. 实施国土资源开发整治计划　法国的"国土资源开发整治计划"与我国的"整村推进"扶贫模式较为相似。法国的国土开发整治开始于 1950 年，经过不断调整和完善逐渐形成了包括国土整治城市发展政策、农村改革政策、山区开发政策、滨海资源开发与保护政策和老工业区"结构调整"政策等在内的一套比较完整的计划。这些计划在实施过程中，贫困地区的资源得到有效利用，生态脆弱性得以缓解，人民脱贫致富得到根本性改善。

3. 实施多层次的产业扶贫转移支付制度　法国中央财政对地方财政的转移支付规模较大，中央预算的转移支付占地方总收入的比例达 1/4 左右。中央对地方财政转移支付主要有一般性补助、专项补助、特定补助和替代性转移支付四种。

三、印度的产业扶贫政策

印度在加快贫困地区产业发展时，特别注重发挥政府的主导作用，政府通过制定产业开发战略、倾斜性布局开发项目、提供资金援助和政策优惠等途径，积极推动落后地区的产业发展和区域开发。

1. 确定重点扶持贫困地区范围，成立专门援助管理机构　1968 年，印度国家发展委员会根据人均粮食及经济作物占有量、农业劳动力占人口的比例、人均工业产值等 7 项指标，确定了 26 个县为落后县，制定优惠政策对其进行重点扶持。为加快贫困地区发展，1980 年印度政府成立了落后地区发展委员会，规定其任务主要是审查和鉴定落后地区，制订开发计划，并检查扶贫政策和资金的执行情况。

2. 加大对贫困地区资金援助　印度中央政府根据贫困地区的经济落后程度，对所属邦、县进行了一系列资金援助活动。资金援助主要通过三种渠道，即财政委员会、计划委员会及中央政府各部委。援助资金主要采取三种方式：税收分成、赠款及优惠贷款。例如，为加强对贫困人口的资金支持，印度推行了农村小额信贷服务。此外，印度工业发展银行等金融机构向贫困地区的工业发展提供优惠贷款、降低贷款利率、延长偿还期限。

3. 以优惠政策为杠杆，增强贫困地区的自我发展能力　为促进贫困地区的产业发展和私人投资向贫困地区的流动，印度中央政府采取了税收优惠、投资补贴、运输补贴等一系列优惠政策。从 1974 年起，在落后地区建设工业企业，允许扣除 20% 的利润后再征收所得税；从 1970 年起，对落后地区固定资本投资超过 50 万卢比者，中央政府按 10% 给予补贴，后来又提高到 20%；对无工业贫困县投资超过 2 000 万卢比的基础设施项目，中央补贴费用的 1/3。

四、德国的产业扶贫模式

德国产业扶贫模式的突出特点是依托一系列经济政策的制定实施，实现政府适度干预与市场调节的有机结合，并推动贫困地区与发达地区加强横向合作，依托自身比较优势，凝聚高级生产要素，实现产业升级和产品换代，提升企业活力和产品竞争力，逐步形成区域特色优势产业。

1. 实施产业调整援助政策　例如，为加快贫困地区的产业结构调整，对贫困地区企业设备更新提供补助，对结构转型企业所造成的失业人员提供失业救济金，加大对科研开发人员的工资补助和技术转让项目的资金补助；为增强落后地区企业的市场销售能力，对小型工商企业的产品外销距离超过 30 千米的给予投资补助等。

2. 实施金融支持政策　例如，对新建企业、中小企业的长期投资需求、环保项目等，由企业向欧洲复兴银行、复兴信贷银行和德国清算银行申请自由资本援助项目，可以获得占企业投资额 40%～75% 的投资性优惠贷款，期限可达 20 年。企业贷款由国家提供担保，最高担保率可达 90%。

3. 实施税收优惠政策，引导资金、人才向落后地区流动　例如，1994 年以前，德国政府对东部地区不征税，使得每年东部可以增加财政收入约 570 亿马克，有力地推动了东部地区的产业发展。

五、南非的旅游产业扶贫模式

南非产业扶贫的一个特点是以旅游业作为其资源开发和扶贫的重要方式。

1. 推出一系列旅游扶贫开发政策　1994 年开始，南非政府把旅游业作为国家主要产业之一，推出一系列宏观经济政策，为旅游业发展提供稳定环境的同时，将旅游业和扶贫结合起来。1996 年，南非政府发表《发展和推进南非旅游》白皮书，将一系列政府和半国营的旅游开发项目向贫困人口开放。2001 年，南非旅游局和环境事务局联合推出《减少贫困计划》，整合旅游发展和环境管理，作为旅游产业扶贫项目，其将增加就业、农村发展、减少贫困和旅游业联系起来。2002 年，南非旅游局和环境事务局进一步发表"可持续发展旅游指南"，指出人人都应该成为旅游业的参与者和主人，保障了贫困人口参与旅游业的权利。

2. 旅游企业参与扶贫予以激励　南非政府通过对旅游企业进行激励，给贫困人口创造更多的收入机会。比如南非政府允许企业在特定时期在国家公园规定的园区内建设旅游设施，但条件是提高贫困人口进入旅游市场的机会，并在雇佣当地适当贫困人数方面做出规定。此外，南非旅游企业根据旅游减贫项目的规定，能够获得为旅游扶贫拨发的资金，这些资金可以用于建设旅游基础设施，对贫困人口进行旅游知识技能培训等。

3. 设立旅游扶贫实验区　南非的很多景区被设立为旅游扶贫实验区，如斯皮尔休闲区、太阳城圣地、南部太阳城旅馆、克·唐狩猎场等。通过设立这些实验区，研究扶贫战略，可以更好地将其推广到全国。

第三章　如何选择扶贫产业

产业扶贫是中国特色扶贫开发模式的重要特征，是完成脱贫目标任务最重要的举措。在选择扶贫产业的过程中，我们要统筹考虑各方面因素，精准选择扶贫产业，根据贫困地区的资源禀赋、社会状况、经济环境、思想观念等，充分发掘自身的比较优势，因地制宜地选准选好适合自身发展的产业，确保"十三五"期间，通过产业扶持3 000万以上农村贫困人口实现脱贫，占全部贫困人口的43％；要明确贫困地区的产业扶贫思路和方法，选择地区特色优势产业，助力扶贫产业做大做强；要注重一、二、三产业的融合发展，避免扶贫产业选择过程中出现矛盾和问题，切实拓宽贫困户增收渠道。

第一节　影响产业扶贫的因素

目前，我国已进入扶贫开发的攻坚拔寨冲刺期，打赢脱贫攻坚战，必须进一步加大产业扶贫力度，这就要求各级扶贫开发部门在实施产业扶贫的过程中，充分考虑影响产业扶贫的各种因素。产业扶贫受自然条件、基础设施、经济条件等客观因素的影响，同时也与贫困地区的政府行为、贫困人口的思想观念、劳动能力、致富愿望等主观因素密切相关。总体来说，影响贫困地区产业扶贫的因素可以分为以下几类。

一、自然条件因素

自然条件因素是影响产业发展的基础因素，直接影响到产业的生产成本和要素凝聚能力。我国大多数贫困地区自然条件恶劣，自然灾害频发，而恶劣的自然环境和自然灾害等自然条件直接阻碍了产业扶贫的发展。这些自然条件因素包括气候、地形地貌、地理位置等诸多方面。

根据 2014 年国务院扶贫开发领导小组办公室公布的数据显示，全国共有国家扶贫开发工作重点县 592 个，其中中部地区有 217 个，西部有 375 个。2011 年国务院扶贫办公布了六盘山区、秦巴山区、武陵山区、乌蒙山区、滇桂黔石漠化区、滇西边境山区、大兴安岭南麓山区、燕山-太行山区、吕梁山区、大别山区、罗霄山区等区域的 11 个集中连片特困地区以及西藏、四川藏区、新疆南疆三地州等特殊政策贫困地区。大多数地区除自然条件恶劣外，都较为偏僻，远离经济中心地区，交通受阻，地理位置十分不利，如果按发达地区的自然条件衡量，这些贫困地区中有相当多的县区都被认为是处于人类不适合生存的环境。

从农业生产所需的自然条件看，这些贫困地区的人均宜农耕地少，影响了农业的发展。西部很多地区更是因为严重缺水，影响了更多工商资本参与产业扶贫，制约着贫困地区产业发展。从工业生产所需的自然条件看，这些贫困地区的矿产资源短缺，开发利用效率偏低，影响了第二产业的发展。由于不同贫困地区的先天条件千差万别，而且扶贫产业类型也是多种多样的，所以就贫困地区的产业扶贫来说，自然条件因素是影响产业选择、产业发展和扶贫脱贫的基础因素。

专栏　平顺县变劣势为优势　实现脱贫摘帽

山西省平顺县是国家级贫困县，全县 262 个行政村，有 230 个是贫困村。平顺，过去由于不平不顺而致贫；如今，同样是不平不顺，而全域性产业规划布局的实施，使得生态旅游、中药材种植、光伏风能等产业项目风生水起。分步骤、有节点地实现全县域的稳定、精准脱贫，全县设定 2019 年脱贫摘帽的目标。

那么，平顺县凭什么敢在同样的生态环境里立下提前一年摘掉贫困县帽子的军令状？产业介入是如何使平顺县变劣势为优势？产业发展又将如何带动千家万户实现脱贫致富呢？

海拔 300 米到 1 800 米的落差，造就了当地丰厚的中药材自然资源。独特的地貌和气候条件造就平顺县丰厚的中药材自然资源。全县有动植物中药材 300 余种，大宗中药材 67 种，还有潞党参、连翘、柴胡、黄芪等道地中药材 10 余种。独具慧眼的振东药业的加盟，规模化、标准化、产业化的种植生产带动了贫困山区农家增收致富。"公司＋政府＋专业合作社＋基地＋农户"的管理模式，规模化发展 50 万亩 GAP 中药材种植。推进标准化中药材种植，不仅药材性状相对均衡，而且整体质量安全可控，含量达标，疗效稳定，由此得到了市场多方的认可。截至目前，平顺县中药材种植户数 2 万余户，种植面积达 50 万亩，总收入 2 亿元，全县农民收入近三成来自中药材种植。

资料来源：山西法制报，2016 年 6 月 24 日。

二、基础设施因素

基础设施是指为社会生产和居民生活提供公共服务的物质工程设施，包括交通、邮电、供水供电、商业服务、文化教育、卫生事业等公用工程设施和公共生活服务设施等。它是产业经济赖以生存发展的一般物质条件。特别是对于地理位置不便、设施落后的贫困地区，更需要优先发展基础设施，所谓"要致富先修路"强调的就是基础设施的重要性。因为基础设施建设具有所谓"乘数效应"，即能带来几倍于投资额的社会总需求和国民收入。

贫困地区的道路、农田水利设施、电等基础设施主要影响产业扶贫的市场运作与销售链。水利方面，其直接影响生产能力；公共交通方面，其直接影响农产品的外销价格；信息建设方面，直接影响了农产品的宣传渠道，同时影响信息的搜集和对市场动向的把握。能够带动贫困地区工业、农业、旅游、物流等现代产业发展的高等级公路、铁路甚至航线还很欠缺，很多地方通讯设施还比较落后，信息化水平低，不具备发展电子商务等新兴产业的条件。目前，一些贫困地区的文化、商业服务等基础设施不够完善，条件还比较简陋，导致一些公共服务难以有效开展。

◆ 专栏 完善基础设施，发展旅游业

"九层之台，起于垒土"，说的是基础的重要性。基础设施是社会赖以生存和发展的基本条件。世界银行认为，基础设施即使不能称其为牵动经济活动的"火车头"，也是促进经济发展的"车轮"。发展旅游业也是如此，需要重视基础设施建设。很大程度上说，基础设施水平决定着一个地区旅游业的发展水平。纵观旅游业发展比较快的地方，基础设施建设都比较好。大力完善基础设施建设，可以为发展旅游业创造环境、增加后劲，反之，则会成为制约旅游业发展的瓶颈。

近年来，广西凤山县依托丰富的旅游资源优势，通过加强旅游基础设施建设，特别是交通路网建设等，加快推进旅游产业发展，积极融入巴马长寿养生国际旅游区建设。

长期以来，交通一直是凤山旅游发展的一个突出瓶颈制约。为加快推

进旅游业发展，优先发展交通基础设施建设成为了凤山县政府的共识。

除了加强交通路网建设外，该县还进一步加强旅游景区、酒店服务配套设施建设，以及加快建设旅游信息网络平台，建立信息发布系统，提供公益性、基础性旅游资讯服务等。

如今，凤山县正在大力推进旅游基础设施建设，不久的将来，凤山县将以更便捷畅通的交通推动旅游业发展，带动贫困群众致富。

三、经济条件因素

经济条件因素包括劳动力数量和质量、科技水平水平以及资金等方面要素。

1. 劳动力资源的情况直接关乎扶贫产业的选择　在我国贫困地区，人口资源相对缺少，受教育程度较低。因此，普遍存在劳动力不足或劳动力素质偏低的问题，而产业发展需要依靠具有一定劳动技能的人才。

2. 科技型产业成为扶贫产业的未来趋势　由于大多数贫困地区地理位置偏远，交通不便，很多地区近年来刚通路通电等，造成了这些贫困地区的信息滞后和科技水平落后，无法适应现代化产业发展，缺乏持续增收能力。

3. 扶贫资金的多少影响产业扶贫的规模和质量　在过去的扶贫阶段，我们大多数进行"输血式"扶贫，将大量资金直接救济或者补贴给贫困家庭，而一旦停止"输血"，贫困地区又会重新陷入贫困。因此，在扶贫资金分配和使用上，存在分散、细碎的现象，集中力量和资金解决深层次贫困问题的合力不够，扶贫资金发挥效益和辐射功能的彰显力不够。一旦将扶贫资金集中用于有"造血"功能的产业扶贫项目上，就能将资金效益发挥到最大化。

四、政府行为因素

在产业扶贫过程中，政府通常扮演着双重角色。一方面，政府出台专门的产业扶贫政策，引导企业、组织和农户参与到整个产业扶贫进程中来，在市场条件下最终实现这种选定资源、产品和服务的产业化生产和产业链建设。另一方面，政府直接派驻驻村帮扶队伍，直接帮助贫困群众进行技术扶贫。

1. 政府行为　我国的产业扶贫从政策制定到资源控制，再到计划执行，都由政府操持。这种大包大揽式的扶贫，容易轻视贫困人口的内生动力，忽视市场的决定作用，具有浓厚的计划经济色彩。

有的地方政府所从事的产业扶贫只是短期行为，注重扶贫政绩，缺少长远规划，注重当前能够脱贫摘帽的短、平、快种养殖项目，市场竞争力不强，一旦支柱产业发展受阻，整个区域脱贫工作陷入困境；有的地方政府在发展扶贫产业过程中，习惯于"输血式"扶贫，"造血式"扶贫考虑的少，贫困群众缺乏可持续发展，一旦没有了优惠政策，很容易返贫；有的地方政府未摸清市场规律，没有突出地域性、特色性，扶贫产业同质化严重，缺乏竞争力；有的地方政府在引进扶贫产业龙头企业时，要数量不要质量，对一些高污染、高能耗等不利于地区长期发展的项目一律来者不拒，给当地遗留严重的环境问题。

在产业扶贫的过程中，基层政府要着眼于提供更好的公共服务，建设好的发展环境，动员和支持当地经济组织来发展产业，而不能直接指导农民种什么养什么，更不可能帮农民去卖产品。可以发挥组织动员的作用，但不宜直接插手，更不能大包大揽。基层政府要发挥支点的作用，不能直接当杠杆。好的扶贫办法和产业，一定是来自群众的，也是要符合实际的，更重要的还得和市场联系起来。

2. 驻村帮扶人员的责任意识　有的帮扶人员在原住地和驻村地之间频繁穿梭，导致了高昂的帮扶成本。有的驻村帮扶人员反客为主，打击了当地贫困群众的积极性。这些都会影响扶贫产业的健康发展，也无法真正落实精准扶贫的思想。贫困人口是脱贫的主体，驻村帮扶人员的主要责任，是为激活贫困人口的发展潜力创造条件，为贫困人口将脱贫愿望付诸实践给予实实在在的帮助和指导，比如开展有针对性的培训活动，引导村民选择适合自身实际的致富产业，为村民提供必要的资金和技术支持等。驻村帮扶人员不宜有太强的功利性，不能把帮扶当作自己镀金的机会，也不能单纯按自己的理念指导产业扶贫开发。

五、思想观念因素

人穷最怕志短，扶贫必先扶志。扶贫的同时，关键要教育引导当地群众坚定战胜贫穷、改变落后面貌的信心和决心，克服"等靠要"的思想和畏难情绪。贫困群众要依靠自己勤劳的双手，积极参与扶贫产业的发展过程中，充分发挥脱贫致富的积极性和主动性。

产业扶贫过程中，部分贫困群众参与度不高。产业发展周期长、见效慢、风险大。一些地方干部群众思想僵化，因循守旧，怕担风险，害怕失败，不愿在产业结构调整、发展特色产业上动脑筋、想办法、谋出路、图发展，即使发展，也是被动接受。由于认识不同，群众参与程度不同，导致产业扶贫在不同乡镇、村组、农户推进的速度与成效也大不相同。有的地方束缚在传统农业的圈子内，没有一个优势突出的、非常明确的主导产业，农民脱贫没有一条好的路子。

◆ 专栏　实现精神物质"双脱贫"

新疆和田地区墨玉县普恰克其乡布达村共有388户1821人,2015年人均年收入5 646元,低于全县平均水平,全村人均年收入低于3 000元的贫困家庭75户。

新疆维吾尔自治区外办工作组住村伊始,就把精准扶贫要解决的"扶持谁,谁来扶,怎么扶"确定为重点,进行全面摸底调查。经过反复研究讨论,工作组与村两委决定,以精神脱贫为核心,以发展农民专业养殖合作社和转移农村劳动力为"两翼",最终实现物质和精神"双脱贫"的精准脱贫目标。

既要给产业给项目,更要扶思想观念。物质扶贫扶到点上,精神扶贫扶到根上。工作组与村两委在认识上达成高度一致,决定扶贫先扶志,致富先治心,导贫困群众自生动力,激发他们勤劳致富。

2016年3月6日,布达村"春雨夜校"正式成立,每周二、四、六上课,由工作组成员给村民们教授双语、讲解惠农政策、宣讲勤劳致富典型事例等,带动村民转变思想观念。5月,工作组邀请自治区农科院专家为村民实地讲解农作物种植技术;邀请自治区妇女干部学校的老师手把手地教给妇女们烹饪技能和糕点制作技术;7月,组织布达村的中学生参加国务院侨务办公室组织的"寻根之旅夏令营"和"国际少儿艺术节",让他们走出家乡,与来自不同地方、不同民族的同龄人一起交流,在不同文化的交流交融中种下民族团结的种子;8月,争取国务院侨务办公室"黄土计划"和大学生助学资金资助应届大学生;利用捐赠的电脑成立信息室,对80后、90后青少年进行计算机培训,提高其就业能力,引导青少年红色上网,促其转变观念,为村民提供农业科技信息咨询服务,利用互联网拓宽农产品销售渠道。

布达村人均耕地0.7亩,属于南疆地区典型的人多地少贫困村,土地一直是影响该村脱贫致富的掣肘。工作组了解到布达村在距离20千米以外的喀尔赛镇辖区内还有1 000亩土地长期没有有效利用,堪称"非地"。但是由于缺水缺电,村民们易地搬迁的积极性不高。前两批工作组住村时积极拉电打井,帮助村民解决了用水用电问题。2017年工作组在县乡国土、农业部门的帮助下,按照自愿原则,把布达村部分村民分期分批迁往该地建房并分配土地,每户平均约5亩地,因地制宜,因户施策,指导村民种植蔬菜、中草药、果树等经济价值较高的作物,真正让搬迁村民"搬得出、稳得住、有事做、能致富"。

同时，工作组积极组织村民外出务工，组建了布达村服务队，积极协调产棉大区，组织 400 位村民就近去新疆生产建设兵团农一师十三团拾棉花、摘红枣，仅此一项村民人均增收 1 万元。

第二节　扶贫产业选择的思路和方法

扶贫产业的选择直接关系到贫困人口的根本利益，也会在较长一个时间段影响该贫困地区的经济发展趋势，应当科学、慎重选择。总体来看，选择贫困地区产业发展方向，依据本地的实际情况，可以立足资源禀赋发展特色产业，也可以利用产业结构调整承接产业转移，还可以发挥后发优势选择新兴产业。

一、扶贫产业选择的三种思路

产业扶贫的目的是带动贫困群众脱贫致富，因此，扶贫产业选择的总思路就是以精准扶贫、精准脱贫为根本，以提高贫困人口的自我发展能力和增加贫困农户的收入为出发点，充分尊重农民意愿，将产业选择与农民利益结合起来，选择贫困群众最能接受、最受欢迎、最有特色、最有效果的扶贫产业，激发贫困群众的积极性。

由于不同贫困地区的实际情况不同，产业选择的条件因素不同，因此，选择扶贫产业的具体思路也有相对差别。主要有三种具体思路：

思路 1：立足资源禀赋发展特色产业

这种思路是立足本地优势资源，强化一个基础特色支柱产业，利用支柱产业涉及面广、辐射力强的特点，带动多个关联产业共同发展。特色产业往往具有一定的条件基础，能够为群众所接受，在各种政策和资金的支持下也能迅速做大做强。

多数贫困地区往往是没有经过现代工业开发的原生态地区，生态优势明显。这些可以进行生态旅游资源开发的地区大多数地理位置相对偏僻，远离城市，原生态环境保存较为完整。当然，除此之外，这些地区由于地理位置偏僻、交通闭塞以及工业程度较低，经济水平也相对比较落后。我们国家的贫困地区，一直以来都是我们国家扶贫工作的重点对象。随着国家经济水平的不断提高以及扶贫开发战略的实施，带动贫困群众脱贫致富已经成为当前脱贫攻坚的主旋律。而这些地区生态环境保存相对完整，原生态的人文生活习惯保留较多，因此，成为生态旅游资源开发的重点地区。生态旅游扶贫产业的兴起和蓬勃发展为贫困地区经济发展带来了新的希望。

◆ 专栏　生态旅游扶贫成效凸显

　　2017年4月，贵州岑巩县客楼镇作为第二届岑巩桃花文化旅游节的承办地，城乡到处车水马龙、宾客盈门，数以万计的海内外游客和方圆百里的各族群众络绎不绝，前来踏青赏花，乡村旅游异常火爆，生态旅游扶贫成效进一步凸显。

　　客楼镇位于岑巩县西北部，境内地势平坦，交通便利，生态环境优美，森林覆盖率在69%以上，犹以野生红豆杉数量多、树龄高。在70平方千米的土地上居住着汉族、侗族、土家族、仡佬族等各族人民，保存着浓郁的民族风情和悠久的农耕文化，具有发展乡村旅游的后发优势。近年来，客楼镇委镇政府围绕美丽新农村建设和扶贫大开发战略，打好"农文旅一体化"发展组合拳，大力发展农业生态观光旅游，走出一条脱贫致富的新路。一是打造万亩桃园胜境，依托春赏桃花、夏避酷暑、秋品蟠桃等自然资源，策划旅游节庆活动，以白家坝村大龙塘万亩水蜜桃产业园为中心，扩大水蜜桃种植面积，与陀子坳、丰坝、石阡、五德等地水蜜桃产业连片发展，开展农业生态乡村旅游，增加农民群众收入。二是建设黔东南大峡谷观光休闲旅游区，依托两江村丰富的水资源，历史悠久的地莲土司遗迹，远近闻名的白水滩、白马洞、三层洞风景区等，打造乡村休闲度假区，建设集垂钓、休闲、农家乐、水上乐园于一体的休闲度假山庄。三是打造避暑度假风情区，依托"红豆杉王国"下寨村亚洲最大的千年红豆杉及聚生群落、清朝飞山公主庙遗迹、仙境坡茶园云海，通过招商引资建设疗养健身休闲旅游胜地、艺术院校和创作团队的采风创作基地，增加农民就业，促进增收脱贫。

思路2：利用产业结构调整承接产业转移

　　如果贫困地区没有较为明显的优势产业，还可以承接东部乃至国外的产业转移。由于东部沿海地区人力和经营成本的不断上升，我国劳动密集型产业的生存环境日益严峻，劳动密集型产业向我国西部，特别是西部贫困地区转移还有很大的空间。我国政府也一直在推动产业的梯度转移。自2010年以来，国家先后出台了《国务院关于中西部地区承接产业转移的指导意见》和《产业转移指导目录》等政策指导性文件。中西部地区有序承接东部地区的产业迁入已成为我国推进区域间经济社会公平协调发展的重要路径。中西部贫困地区发挥资源丰富，要素成本低，市场潜力大，积极承接国内外产业转移，不仅有利于加速中西部贫困地区新型工业化和城镇化进程，促进区域协调发展，而且有利于推动东部沿海地区经济转型升级，在全国范围内优化产业分工格局。因此，针对我国精准扶贫的新形势，承接东部产业梯度转移，是贫困地区选择产业的一个可行思路之一。

◆ **专栏　承接产业转移　贫困县诞"华西村"**

2008年，金融危机来袭，东莞作为一个外向型经济突出的城市，迎来了前所未有的转型阵痛，转型升级的力度加大，加工贸易企业发展空间紧缩。"政府不再重视我们这些加工贸易企业。"谢玉辉苦涩地回忆道。回忆起世纪之交获评"东莞市优秀民营企业家"的情景，谢玉辉有些失落。

1989年，19岁的谢玉辉南下打工，用了8年时间，完成了从普通打工仔到"企业老板"的蜕变。1997年，谢玉辉用多年积蓄在东莞横沥镇创办了鑫盛手袋工艺公司，代工生产的女士手提袋远销欧美，年产值超亿元。

"随着土地、劳动力等生产要素成本的提高，东莞等沿海城市进行产业转型升级是必然选择。"谢玉辉开始认识到，东莞的一些劳动密集型产业向中西部地区转移是大势所趋，正如东莞多年的大发展得益于承接国外产业转移一样，这个大转移将为湖南等中西部省份带来机遇。他敏锐地抓住了这个商机。

权衡之下，谢玉辉于2008年在老家开设分厂，2009年正式投产，而东莞的工厂规模缩减到三四百人。"三五年内，东莞的公司肯定会保留。而三五年后，条件成熟的话，工厂可能全部迁出东莞。"谢玉辉说。

在他看来，分步转移，可综合利用两地优势。"新化的优势很明显，人工、土地、税收等各方面成本较低，地方政府对项目很重视。而东莞完善的产业配套、对外开放的窗口形象，是老家远远无法企及的。"谢玉辉因此选择将采购和销售留在东莞，生产部分则迁往老家。

近几年，像谢玉辉这样返乡创业的企业家不是一个小数目。新化县农业部门一名干部透露，刚刚敲定的一个总投资上亿元的农业休闲观光项目也是一名返乡创业企业家发起的。据不完全统计，目前引领新化农业集约化经营的企业家六成以上都是返乡创业者。

借着国家产业梯度转移战略的东风，曾经"穷山恶水"的新化迎来了全新的发展机遇。新化县相关部门负责人介绍，鑫盛手袋厂每年给水竹村创收1 100万元，相当于人均增收4 000元。据统计，加上其他收入，2012年水竹村村民年均收入上万元。在这个农民人均年收入才3 448元的国家级贫困县，水竹村成了远近闻名的"富裕村"，甚至被网友戏称为新化的"华西村"。手袋厂占地一万多平方米的三层厂房，在小山村里格外大气抢眼。厂房里食堂、值班室、休息室一应俱全。在该厂上班的一名女工告诉记者,村里像她一样在厂里上班的村民有600多人,几乎集聚了所有青壮年妇女,加上周边乡镇的劳动力,共有1200来人,"工资计件,每月差不多有2700块"。

工业兴村给水竹增添了无穷的活力。近年来,村里投资1000多万元搞基础建设,修通了8千米的村组公路;兴建了万人饮水工程;建起了娄底六大沼气发电站之一;建起了高标准的村小学和村部办公楼。

工业也带动了农业生产方式的改变。村里1200亩水田和2000亩山林全部实行了流转,村民每亩水田可得250千克稻谷的收益,还可得到国家的补贴。流转的土地全部进行规模种植或养殖,发展粮食、蔬菜、油茶和水果等生产。

资料来源:东莞时间网-东莞日报。

思路3:发挥后发优势选择新兴产业

如果贫困地区具有一定的特殊资源,对某种新兴产业、高新技术产业有较为明显的比较优势,可以考虑借助科技进步发展新兴产业,发挥贫困地区的"后发优势",实现弯道超车。

扶贫开发促进了贫困地区物质和人力资本积累及基础设施的改善,贫困区域要素禀赋结构同时也发生着变化,会产生新的潜在的比较优势,产业扶贫要抓住比较优势的变化来引导进行产业升级和技术创新,扶持从初期劳动、资源密集型产业逐步向资金、技术密集型产业发展,促进优化产业结构,促进扶贫产业向技术创新转变。

为贫困地区引进高新技术产业、先进制造产业、生态友好型产业能拓宽贫困地区发展空间,夯实和稳固贫困群众收入增长机制。"科技带动—产业发展—企业壮大—百姓受益"的新兴产业扶贫模式,成为贫困地区选择扶贫产业的一种新型思路。

◆ 专栏 中国数谷:贵州省大数据产业

外界眼里,内陆省份贵州欠发达,虽然山清水秀、资源丰富,但传统产业的结构性矛盾仍然突出,远远满足不了时代要求以及全面小康的发展目标。2013年,被业界广泛认为是具有跨时代意义的"大数据元年",也是贵州大数据产业的谋划之年。

在深入分析了自身优势资源后,贵州发现,自己跟大数据产业有着天然的"缘分"。冬无严寒夏无酷暑的宜人气候——数据中心可以直接换风降温，比其他同等条件下的数据中心节电10%～30%；煤炭、水力等能源丰富，电价较低，可直接降低企业生产成本；地质结构稳定，远离地震带，是数据容灾备份中心的安全选择。贵州是我国首个大数据综合建设试验区，在数据资源的积累和应用上有了一定基础。自2014年以来，贵州全面着手布局大数据产业，目标明确，就是要一步一步建成"中国数谷"。

贵州在大数据产业上的突破也得到来自国家层面的认可。2015年6月17日，习近平总书记在考察贵阳大数据应用展示中心后表示："贵州发展大数据确实有道理。"2015年8月31日，国务院发布《促进大数据行动纲要》，将大数据产业上升至国家战略，明确提出要在贵州建设大数据综合试验区。1个月后，贵州启动全国首个大数据综合试验区建设工作。

对大数据产业给予优厚政策的背后，是贵州省发展智能制造的需求。5年前，贵州拉开工业强省战略大序幕。"十二五"时期，全省规模以上工业企业由"十一五"末的2 963家增加到2014年的3 685家，实现总产值由4 206亿元增加到9 598亿元。2017年，一个全国智能终端产品生产制造基地将现雏形——贵州电子信息制造业规模以上工业总产值突破600亿元，软件和信息技术服务业收入260亿元，计划引进2家以上国际大数据核心企业、10家以上国内知名大数据龙头企业、50家以上国内有影响力的大数据优强企业落地贵州。

在大数据产业的背景下，"贵州智造"渐成气候，对国民经济的贡献率保持在32%以上，成为经济发展的主动力、财税增收的主渠道、带动就业改善民生的重要途径。

二、扶贫产业选择的方法

根据扶贫产业的特殊性，扶贫产业要立足贫困地区的特殊属性，能够代表贫困地区经济发展趋势，能够带动贫困群众持续增收，促进区域协调发展。在确定了扶贫产业的选择思路之后，具体考虑实施办法进一步落实扶贫产业。选择发展什么产业，要通盘考虑和论证，一般情况下，可以通过扶贫产业的区位商因素、扶贫产业与产业的关联度、扶贫产业的需求弹性和扶贫产业的技术先进性四个方面来考虑。

（一）区位商法

产业的区位商是一个地区特定产业的产值在地区工农业总产值中所占的比

重与全国该产业产值在全国工农业总产值中所占比重之间的比值。选择扶贫产业要充分考虑该产业的产值大小，从而确定该产业的发展潜力。区位商计算公式如下：

$$q_{ij} = \frac{\dfrac{e_{ij}}{e_i}}{\dfrac{E_j}{E}}$$

式中，q_{ij} 为 i 地区 j 产业的区位商；e_{ij} 为 i 地区 j 产业的产值；e_i 为 i 地区工农业总产值；E_j 为全国 j 产业的总产值；E 为全国工农业总产值。

一般来说，当 $q_{ij} > 1$，可以认为 j 产业是 i 地区的前途产业，q_{ij} 值越大，代表该产业的发展潜力越大，作为扶贫产业的效果越好。当 q 值 > 2 以上，则认为该产业能够满足本地的消费需求，同时还有剩余可以用于输出。

（二）产业关联程度法

选择的扶贫产业与其他产业关联度高，产业之间的联系越广泛，越能通过乘数效应 * 带动贫困地区经济的发展。所谓产业的关联度是指各产业之间的相关程度，在产业关联链中必然存在与其相关的产业，这个产业的发展对其前向、后向产业的发展具有较大的促进作用。因此，将这个产业作为扶贫产业有利于带动其他产业的协调发展。例如，以旅游产业为主导的扶贫产业，会带动与旅游产业相关的以旅游纪念品为主的制造业的发展、以特色食品为主的农业发展，以及交通运输业等的发展。

产业之间的关联程度通常用产业的影响力程度和感应度系数来表示，这两项指标都能够较好地反映产业间相互联系程度。影响力程度是指产业部门增加一单位生产要素时，对所有产业的生产要素影响程度。感应度系数是各产业增加一单位生产要素时，特定产业受到的需求感应程度。这两者都反映了一种产业的发展与其他产业发展的内在联系。

影响力程度公式为：

$$F_i = \frac{\sum_{i=1}^{n} b_{ij}}{\dfrac{1}{n} \sum_{j=1}^{n} \sum_{i=1}^{n} b_{ij}}$$

式中，b_{ij} 为完全消耗系数；$\sum_{i=1}^{n} b_{ij}$ 为列昂惕夫逆矩阵的第 j 列之和；

---

* 乘数效应是一种宏观的经济效应，也是一种宏观经济控制手段，是指经济活动中某一变量的增减所引起的经济总量变化的连锁反应程度。区域经济发展中它的概念：指通过产业关联和区域关联对周围地区发生示范、组织、带动作用。通过循环和因果积累这种作用不断强化放大、不断扩大影响。

$\dfrac{1}{n}\displaystyle\sum_{j=1}^{n}\sum_{i=1}^{n}b_{ij}$ 为列昂惕夫逆矩阵的列和平均值。

当影响力程度 $F_i > 1$ 时，表示 j 产业的生产对其他产业生产的波及影响程度大于各产业影响力的平均水平。影响力程度越大，该产业发展对其他产业的拉动作用也越大。

感应度系数公式：

$$E_i = \frac{\displaystyle\sum_{j=1}^{n}b_{ij}}{\dfrac{1}{n}\displaystyle\sum_{i=1}^{n}\sum_{j=1}^{n}b_{ij}}$$

式中，b_{ij} 为完全消耗系数；$\displaystyle\sum_{j=1}^{n}b_{ij}$ 为列昂惕夫逆矩阵的第 i 行之和；$\dfrac{1}{n}\displaystyle\sum_{i=1}^{n}\sum_{j=1}^{n}b_{ij}$ 为列昂惕夫逆矩阵行和的平均值。

当感应度系数 $E_i > 1$ 时，表示 i 产业的生产所受到的感应程度高于各产业感应度的平均水平。感应度系数越大，该产业越易受到其他产业发展所带来的拉动作用。

因此，在扶贫产业的选择过程中，要重点考虑产业的影响力程度和感应度，当某产业的影响力程度和感应程度分别大于 1 时，表明其具有较高的产业关联程度，能够发挥扶贫产业的带动作用，带动其他产业融合发展，形成扶贫产业链，打造区域经济发展的整体产业结构，扩大产业的规模效应，因此，可以将该产业选为扶贫产业。

◆ 专栏　投入产出相关系数计算方法

一、直接消耗系数：a_{ij}

直接消耗系数是指第 j 部门生产 1 单位产品所直接消耗第 i 部门产品的数量，用公式表示为：

$$a_{ij} = \frac{x_{ij}}{X_j} \quad (i,\ j = 1,\ 2,\ \cdots,\ n)$$

式中，x_{ij} 为第 j 部门对第 i 部门产品的消耗量；X_j 为第 j 部门的总投入。由直接消耗系数 a_{ij} 组成的矩阵称直接消耗系数矩阵，记做 **A**。直接消耗系数反映部门与部门之间存在的相互直接提供产品的依赖关系，直接消耗系数的值越大，表明部门与部门之间的经济技术联系越密切。

二、里昂惕夫逆矩阵

里昂惕夫逆矩阵也称完全需要矩阵，矩阵由里昂惕夫逆系数组成，可以用来计算投入产出模型中的影响力、影响力系数、感应度和感应度系数等，利用直接消耗系数矩阵 A 计算里昂惕夫逆矩阵 B 的公式为：

$$B=(I-A)^{-1}$$

式中，I 是 $n \times n$ 的单位矩阵。

（三）市场需求法

在市场经济的条件下，国民收入经过初次分配和再分配，最终形成了对各种产品的有支付能力需求。市场需求是产业生存、发展和壮大的必要条件之一。作为扶贫产业，必须拥有长期而广阔的市场容量。扶贫产业的产品应在本地区甚至国内具有较大的、长期的需求。如果没有足够的市场需求拉动，扶贫产业很快就会衰落，贫困群众的增收动力就会缺乏后续动力。判断某项扶贫产业是否有市场需求，可以简单地用需求弹性系数来判断。

需求弹性基准是从需求角度看某产业的变化对人均收入变化的反映度。需求收入弹性是在价格不变的前提下，反映该产业的产品社会需求随国民收入的增长而增长的趋势。产业需求弹性公式：

$$E=\frac{\frac{\Delta Q}{Q}}{\frac{\Delta M}{M}}$$

式中，E 是需求弹性系数；ΔQ 是产业产品产量的变化量；Q 是产品的平均产量；ΔM 是居民收入水平的变化量；M 是平均收入水平。

当 $E>1$ 时，代表该产业的产品随着居民收入的提高而更受欢迎，人们更愿意购买该种商品，从而该产业具有更强的市场竞争力。

产业是一个诸要素相互关联的系统，产业需求结构的任何一点变动都将触发到产业系统的方方面面。只有把产品需求的收入弹性系数最高或较高的产业作为扶贫产业，才能促进贫困地区收入水平的提高和消费结构的提升，才能保证贫困地区经济的持续增长。比如随着居民收入的提高，对于旅游的需求愿望就提高。

（四）产业科技度判断法

从供给角度，选择技术进步快，生产率和上升率高的产业为扶贫产业。一般地说，技术、知识密集型工业比劳动密集型产业技术进步要快。扶贫产业与其他产业的一个重要区别就在于它要保证贫困地区有持续的经济增长动力，这就要依靠科学技术进步，获得新的生产函数。因此，扶贫产业的选择必须特别重视技术进步的作用，从而提高产业的劳动生产率，增加产品的技术附加值，在市场竞争中获得技术优势，提高产业扶贫的质量。

生产率公式：
$$P=\frac{E}{Q}$$

式中，P 为某产业的生产率水平；E 为该产业的投入要素数量；Q 为该产业的产品总量。P 越小，代表较少的投入可以获得越多的产量，体现了较高的生产率水平和技术进步率。一般情况下，$P<0.5$，表明一个单位投入可以获得超过两倍的产出，具有较高的生产率水平和较大的规模报酬。

因此，在贫困地区，要把具有科技进步快、生产效率高的产业作为扶贫产业，提高产业竞争力，同步提升经济发展的效率和效益。

三、扶贫产业选择的实施步骤

扶贫产业的选择，可以参考以下步骤：

1. 深入调研、摸清家底 对贫困地区具体情况的深入把握，是选择扶贫产业的基础。选择扶贫产业，有必要成立专门的决策咨询小组，吸纳有关政府部门、企业、科技专家、经济学家对扶贫产业的有关决策提供决策支持。重点就以下几方面进行前期调研：

（1）调研资源禀赋，了解地区的资源优势。重点调研地理位置、土地分布、区位状况、气候条件、自然资源蕴藏等情况。

（2）调研现存的产业基础。重点调研现存产业的产业结构、总体规模、区域分布、市场前景、带动贫困人口增收能力等方面。

（3）调研劳动力状况。重点调研劳动力总量、年龄梯度、性别比例、区域分布、技能状况、学历层次、劳动力输出与输入情况。

（4）调研各类支持政策实施情况。重点调研国家各类产业发展支持政策在本区域的实施情况、产业发展效果以及脱贫增收效果。

（5）调研群众意愿。重点调研贫困人口的参与意愿、擅长技能、积极性，对贫困人口的个人技能、个人职业的发展意愿也要进行调研。

2. 明确发展思路 依据前期调研情况，立足本地实际，明确扶贫产业的具体发展方向。有一定资源优势、产业基础，或某种产业具有明显竞争优势的，可以立足本地资源，发展特色产业；有一定区位优势、劳动力资源优势明显的，可以考虑承接发达地区产业转移；区位优势明显、政策支持，具有高新技术、产业发展特殊优势的，可以选择发展高新技术，通过发展高新技术带动区域经济的发展，从而带动贫困人口增收。

3. 选择具体产业 明确发展方向以后，要明确几种具体产业作为贫困地区的具体主导产业。主导产业的选择，一般通过区位商法、产业关联度法、市场需求法、产业科技度判断法等方式来确定某种产业是否能够作为该贫困地区的扶贫产业。

4. 试点实施　确定了具体的主导产业之后，选择资源基础、劳动力条件、产业发展情况能够代表该地区一般水平的区域进行试点。试点对贫困人口要有一定程度的覆盖，要重点覆盖贫困人口、贫困户。试点期间，重点考察产业的市场前景、带动增收、环境友好程度、产业发展改进空间等。此外，试点期间要对该产业的发展在政策和资金上进行一定程度的倾斜。

5. 确定扶贫产业，全面布局实施　通过试点，观察产业能否达到脱贫攻坚的目的。如果效果较好，可以考虑全面布局实施推进。首先，成立专门机构制定产业发展规划；其次，进行有关配套基础设施的改进完善，提升产业发展效率；再次，明确各类保障措施，地方政府应该配合出台有关保障制度，在政策和资金上给予支持；最后，购买各类产业保险，对产业发展出现失败的情况通盘考虑，尤其是种养殖产业、家庭手工业，要积极引导贫困人口购买有关产业保险，防范产业风险。

第三节　如何克服和避免扶贫产业选择中的问题

产业是发展的根基，是扶贫的依托，也是脱贫的关键。产业扶贫是最有效、最根本的脱贫措施，也是难度最大的措施。产业经济学本身就是一门复杂的学科，将产业与扶贫脱贫结合在一起，就会使贫困地区的产业扶贫会面临更加复杂多样的困难和问题。如果在产业扶贫的过程中不能发挥产业规模的优势，那么将会造成扶贫资金、人力资源和时间成本的浪费，无法有效带动贫困群众实现脱贫致富，产业扶贫的效果也将会大打折扣。

贫困地区在扶贫产业选择中，主要会遇到以下五个方面的问题：

（1）选择的扶贫产业"水土不服"，没有结合贫困地区的实际情况选择产业，产业不能适应贫困地区的自然条件，从而无法做大做强。

（2）选择的扶贫产业"同质化"倾向明显，有的贫困地区只考虑脱贫期限内的事，没有选择能缓解土地、水等资源不足的有竞争力、高品质和高附加值的特色产业，而随意上马一批产业，造成各地区的扶贫产业千篇一律，没有突出特色，不具有可持续性。

（3）选择的扶贫产业缺乏市场竞争性，有些贫困地区的政府依靠行政权力主导扶贫产业的选择，没有将农民利益和市场机制考虑在内，背离了市场经济规律，从而导致扶贫产业市场竞争力低，缺少品牌效应。

（4）选择的扶贫产业没有形成完整产业链，确定扶贫产业时，没有对产前景开展精准的研判，缺乏严密的产业衔接，造成贫困地区的产能过剩、产品滞销，造成巨大的资源浪费。

（5）选择的扶贫产业没有将生态效益考虑在内，资源的开发利用和产业的发展对贫困地区的生态环境造成了损害，生态优势变成了经济劣势，对贫困地区和贫困群众的后续发展造成不利影响。

因此，在扶贫产业的选择过程中，我们要注意避免以上问题，具体做法为以下几点：

一、扶贫产业选择，要因地制宜

适不适合发展，适合发展多大规模，这是选择扶贫产业首先必须要考虑的问题，简单地说就是要"因地制宜"。例如，对于种植产业适不适合发展，要科学考察当地土壤、气候、环境、劳动力等诸多因素，有的地方适宜发展，但最适宜的区域规模只有几千亩，种出来的农产品可以进行产业化；有的地方能够发展，但不是最适宜发展的地区，种出来的农产品没有市场。有的地区不适宜发展，即便种上了，不是长势不好，就是产量不高，品质较差，既没有市场，又浪费了大量资源。对于扶贫产业，一是要考虑该品质适宜的区域，二是要考虑市场因素。市场是决定产业发展成败的关键，市场销路好，价格高，贫困户发展积极性就高。反之，产业扶贫就会失败，甚至导致越扶越贫。因此，扶贫产业的选择，必须因地制宜，对于自然资源丰富的贫困地区要立足资源禀赋，选择特色农业。对于自然环境恶劣的地区，要寻找资源，开发优势，如劳动力资源等。

二、扶贫产业选择，要突出特色

要结合当地的资源禀赋、产业基础和生态环境来选择好当地的特色产业。近年来，一些贫困地区在产业选择中，没有很好地在特色上做文章，没有注重研究市场，盲目跟风，片面追求短期经济效益，选准产业是农业产业扶贫的前提条件，一定要突出特色选产业。综合考虑资源禀赋、产业基础、生态环境等因素，选择适合当地发展的特色产业，宜农则农、宜菜则菜、宜果则果、宜草则草、宜牧则牧、宜林则林，向特色要竞争力，向特色要生产力。搞好特色产业发展规划，根据当地的资源优势，聘请各方面的专家组成专家组，结合自然条件、气候条件、市场需求、消费习惯、产品特性、运输贮存、加工等综合因素，确定当地发展什么产业，并配套规划好基础设施建设，力争做到一县一产业、一村一品牌，一、二、三产业融动发展。

◆ 专栏　**特色产业引领发展**

2012年，柘荣县被列为省级扶贫开发重点县。当时，该县农民年人均可支配收入只有7114元，贫困人口1.42万人，占全县人口的13.8%，扶贫任务非常严峻。柘荣县中药材资源丰富，自然生态环境优越，在发展生物医药产业方面具有独特优势，中药材产业也成了柘荣县的特色和亮点。2014年，该县太子参产量5232吨，是全国太子参最大产地。在做大"一根参"的同时，柘荣县推进中药材规范化、规模化种植，扶强做大现有的药业企业。养生养老产业是朝阳产业，柘荣县拥有良好的自然生态禀赋，还有"中国长寿之乡""中国老年人宜居城市"等品牌效应。因此，该县适时打造生态养生城，把养生养老产业纳入特色经济，作为加快扶贫开发的特色支柱产业。目前，健康养生园区项目已启动，并导入旅游观光、休闲避暑，运用市场化手段吸引客商投资。统计数据显示，柘荣县城镇居民年人均可支配收入从2011年的13933元提高到2014年的19871元，农民年人均可支配收入突破万元大关，2014年，贫困人口下降到5657人，选对特色产业，融合一、二、三产业，加速了柘荣县的扶贫开发工程。

三、扶贫产业选择，要突出市场

产业扶贫，关键在"产业"。产业具有鲜明的市场性，发展什么样的产业，怎样发展产业，应该由市场说了算。推进产业扶贫，首先要明确其经济属性，必须坚持市场导向，遵循市场和产业发展规律。无论是传统产业，还是电商、光伏、乡村旅游产业；无论"企业＋基地＋贫困户"，还是一乡一业、一村一品、一户一策，都必须要重视市场力量，宜农则农、宜工则工、宜商则商、宜游则游，让市场成为产业扶贫的指挥棒。产业扶贫，要真正面向市场、研究市场，指导、引导民众以市场为导向，因地制宜、因户制宜、因时制宜，尽可能选好、选准具有市场前景、收益预期的产业项目，这样才能实现有产有销、有投入有回报。把产业扶贫作为攻坚"突破口"，除了突出市场机制的关键作用外，政府的功能也不可或缺。对各级政府来说，引导企业积极参与扶贫，但不能没有原则，没有底线，更不能一味让利给企业，而是要强化法治思维，使有形之手和无形之手在法治轨道上同向用力，促进发展与环境和谐相处，实现企业和贫困户共赢。

河北省涞源县西道沟村是一个贫困村。该村在脱贫产业的选择上，经过村民代表的讨论，充分考虑市场需求情况，让市场选择产业，抓准市场需求，将目光瞄准市场上稀缺的"传统黑猪肉"。村里把计划买牛的扶贫款改为了养猪。结果每头猪年底纯利润达到了 800 多元，光这一项全村增收 10 万多元。这个村在脱贫的路上也是几经摸索，养过鸡、养过兔、养过牛，最后都没有形成产业。为什么？当了 30 多年的老支书任耀说："过去上边定项目，给什么我们养什么，农民愿不愿意都不能改，积极性上不来，死伤的情况难免发生，最后钱花了，眼瞎了。现在先问农民的意见，啥适合自己，就干啥，政府只给政策不拍板，一样的钱花出去，效果就大不相同了。"事实证明，他的说法是正确的。该县县委书记高文才说，扶贫是政治任务，但必须用经济手段来解决，所以我们按市场规律办事，发挥市场的作用，看市场的变化定产业。

四、扶贫产业选择，要突出融合

产业扶贫要坚持市场导向，遵循市场和产业发展规律，根据贫困县资源禀赋等确定特色产业，积极发展产品加工，拓展产业多种功能，大力发展休闲农业、乡村旅游和森林旅游休闲康养，促进一、二、三产业融合发展，把产业链连贯起来，拓宽贫困户就业增收渠道。因此，在产业扶贫规划时，必须要规划先行。做好全产业链的统筹布局。衔接好产品与市场之间的关系，建立和畅通与市场需求之间的信息渠道，及时掌握市场供求信息，及时对产业经营做出合理科学的调整，有效管控经营风险，通过市场经济实现脱贫致富。通过科学规划，加快发展农产品加工业，着力推进精深加工，着力打造区域公共品牌。发挥贫困地区自然环境优良、文化底蕴深厚、民俗特色突出的优势，打造扶贫全产业链，形成政府、企业和贫困群众的良性互动发展机制。

陕西省汉中市西乡县依托特色农业、田园风光、乡土文化等资源，走出一条以农业促进旅游业、以旅游业带动农业的农旅深度融合发展之路，开启产业扶贫新模式。该县大力发展农业主导产业，建设以茶叶和樱桃、葡萄等水果为主的休闲采摘园、循环农业示范园、特色养殖园、园艺作物园，培育休闲园区旅游业态，不断加快乡村旅游扶贫示范户建设，打造特色产业扶贫示范园及旅游扶贫重点村，辐射带动建成产业培育型、环境改善型、产业关联型的旅游配套服务村，培育峡骆路、柳桑路、316国道、210国道和牧马河沿线4条精品旅游线路，逐步发展为乡村旅游扶贫产业带，增强旅游产业吸引力和核心竞争力；大力推进茶叶良种规模化种植，通过"龙头企业＋专业合作社（加工厂）＋基地＋贫困户"的产业化经营模式，将茶园基地培育与观光旅游休闲有机结合，发展集茶叶采摘、加工体验、休闲旅游等为一体的综合茶叶园区和生态旅游观光园，推动旅游业与茶产业融合发展。

五、扶贫产业选择，要突出绿色

扶贫产业选择必须巩固习近平总书记"绿水青山就是金山银山"的思想，"饿着肚子，护不住好生态；瘪着钱袋子，守不住绿山青水"。牢固树立"绿水青山就是金山银山"的理念，用好用活贫困地区生态绿色牌，大力发展绿色产业，切实把生产优势转化为经济优势。立足资源环境承载力，加快转变发展方式，统筹生产发展与生态保护，确保扶贫产业可持续发展。扶贫产业的选择要紧随生态保护的基本原则，必须避开走传统产业扶贫的老路。在贫困地区开展产业扶贫更必须从绿色中发展价值，从绿色中提升价值，因为这才是最根本、最理想、最持久的脱贫方式。绿色减贫是通过与自然生态环境体系和自然生产力紧密相融，将自然资源、经济资源和社会资源寓于绿色发展体系循环之中，并以此提升资源配置效率，进而获得经济效益、社会效益和生态效益的全面提升。产业扶贫注重绿色可持续所带来的减贫效应，不仅仅体现在收入的提高，同时还体现在环境、生态、文化等综合效应上。绿色减贫不仅使贫困人口增加收入，也进一步能增强当地政府对于环境和生态保护的积极性，同时，也让周边非贫困地区的人口能体验到良好的生态环境，真正达到了成效人人共享。

◆ 专栏 绿色生态产业助力经济发展

"环境就是民生，绿水青山就是金山银山"，从"十一五"提出"绿色普洱、生态普洱、文化普洱"的发展思路，到"十二五"提出"生态立市、绿色发展"的发展战略，直至成为国家绿色经济试验示范区，普洱发展"绿色经济"初心不改。坚持生态立市、绿色发展，以国家绿色经济试验示范区建设为总平台，打造生态产业、弘扬生态文化、构建生态家园已成为普洱共识，近年来，生态文明建设取得初步成效，绿色步伐越发铿锵有力。

绿色生态是普洱最大的特色、最大的优势和最大的潜力。普洱顺应全球绿色发展新趋势，满足各族人民"盼环保""求生态"的新期待，全面贯彻落实习近平总书记考察云南时做出的重要指示精神，明确提出绿色、生态、惠民国内生产总值（GDP）的发展理念，避免重蹈"先污染后治理"的老路，积极推行绿色、低碳、循环发展，牢牢抓住基础设施、产业发展、对外开放、民生保障、维护稳定和党的建设六大重点，以建设国家绿色经济试验示范区为总平台，以率先建成民族团结进步示范区、争当生态文明建设排头兵、打造面向南亚东南亚辐射中心前沿窗口为抓手，着力破瓶颈、补短板、建平台，加快建设通畅普洱、绿色普洱、品牌普洱、效率普洱、幸福普洱，与全国全省同步全面建成小康社会。数据显示，全市森林覆盖率从 2010 年的 64.9％提高到目前的 68.7％，森林生态服务功能价值位列全省第一，绿色产业增加值占全市 GDP 的比重保持在 90％以上。"十二五"期间，全市生产总值年均增速达 12.3％，高于全国 4.5 个百分点，经济总量突破 500 亿元大关，GDP 和人均 GDP 实现翻番。

同时，以建设国家绿色经济试验示范区为载体，加快建立系统完整的生态文明制度体系，引导、规范和约束各类开发、利用、保护自然资源的行为，用制度保护生态环境。建立健全重大环境行政决策机制、环境保护"党政同责""一岗双责"运行机制和公众参与监督机制、落后产能退出机制，将环境保护工作纳入县（区）综合考评指标，将节能减排、生态破坏和环境污染事件作为考核"一票否决"事项，把资源消耗、环境损害、生态效益等体现绿色经济发展状况的指标纳入经济社会发展综合考评，制定发展绿色经济主要指标体系，以及产品和行业绿色化评价标准。

近年来，普洱以建设国家绿色经济试验示范区为总平台，切实用好国家和省级 44 条支撑政策，大胆探索，先行先试，组织实施绿色农业、绿色工业、绿色服务业、全社会绿色发展、生态建设和环境保护、绿色基础设施建设、科技创新驱动、绿色循环低碳示范城市（县、镇）创建共八大试验示范工程，初步走出了一条绿色崛起和快速发展双赢之路。

第四节　当前脱贫攻坚形式下选择 扶贫产业的策略

目前，正值打赢脱贫攻坚战的攻坚期，结合目前的脱贫目标和贫困地区的实际情况，我们认为当前选择扶贫产业应主要考虑以下策略：

一、重点考虑选择特色种养殖产业

贫困地区的产业发展重点考虑种养殖产业。种养殖产业是贫困地区长期从事的产业，技术难度小，贫困户上手快，容易取得比较好的效果。此外，国家近几年对于特色种养殖产业的扶持力度比较大，补贴政策多，也能在很大程度上降低特色种养殖产业的生产成本，生产效益较好。因此，贫困地区应该把特色种养殖产业作为重点考虑的产业方向之一。

二、选择当地有发展传统的产业

一些贫困地区某一产业有着悠久的历史，这些产业在长期的发展中，已经形成了比较成熟的种植经验，也形成了比较好的口碑和特色，有相对固定的市场和销售网络。更为重要的是，其中相当一部分存在"橘生淮南则为橘，生于淮北则为枳"的现象，使得这类具有历史传统的产业在市场上具有非常强的竞争力。这些产业以中药材、茶叶、烟草等种植业为主，有比较好的经济价值，可以重点选择这些产业作为扶贫产业。此外，这些产业在发展的过程中，要注意引进高端技术，延长产业链、提升产品的附加值，争取在原产地形成一定的深加工链条。

◆ **专栏　湖北蕲春县中药材扶贫产业**

蕲春县北倚大别山，南临长江，是著名的"教授县"，以人才辈出著称，伟大的医药学家李时珍即出自蕲春，李时珍因《本草纲目》享誉海内外，被誉为"医中之圣"，蕲春医圣故里因此而得名。蕲春自古为长江中下游地区中药材集散地，医药经济发展历史悠久，早在宋代就载誉九州，明清时期更为繁盛，素有"千门万户悬菖艾，出城十里闻药香"之说。

蕲春县是国家扶贫开发工作重点县、大别山片区县，自20世纪90年代以来，始终坚持"医药兴县"战略，将中药材产业作为全县支柱产业，经过十多年的努力，现已形成集中药材种植、交易、生产加工于一体的完整产业链。在发展中药材产业过程中，蕲春县积极探索依托支柱产业带动扶贫开发的新模式，中药材产业对扶贫开发的拉动效应逐年显现。

蕲春县委、县政府提出实施"医药兴县、药旅联动"战略，将中药材作为全县主导产业，已初步形成聚中药材种植、流通交易、生产加工于一体的较为完整的产业链，标准化种植基地、国家级专业市场、产业化龙头企业已成为带动蕲春中药材产业发展的三驾马车。2013年中药总产值达30亿元，占全县GDP的30%，中药产业成为蕲春县四大支柱产业之一。

1. **中药材种植**　中药材标准化种植形成了蕲艾、夏枯草、栀子、金银花、厚朴、药用牡丹等六大主导品种，重点发展100个1000亩连片药材基地和200个300亩以上中药材示范村，实行规模化、规范化、公司化、市场化种植，每年新增中药材面积3万亩以上，2013年全县中药材种植面积达到30万亩。蕲艾、夏枯草两个品种被国家食品药品监督管理局核准为中药材GAP认证，为蕲春中药材品种市场占有打下了坚实基础。

2. **国家级中药材专业市场**　蕲春县李时珍国际医药港项目是由卫生部、国家工商总局、国家食品药品监督总局批准的全国17家中药材专业市场之一，以现代医药和健康产品为主题的贸易物流平台，建筑面积为143万平方米，设有中药材专业市场、医药和健康产品交易区、医疗器械交易区、仓储物流区、会展区、产品研发综合服务区、药商配套生活区和百草药种植园等8个功能区，2013年中药材交易额25亿万元。李时珍国际医药港为蕲春县中药材产业的发展提供了重要的平台支撑。

3. **中药材龙头企业**　全县有中药加工企业6家，固定资产达35亿元，其中李时珍医药集团是医药行业生产全国百强和全省十强企业，是湖北省唯一一中药材产业化龙头企业，公司拥有19个药品生产剂型、209个国家药品批准文号，其中4个国家级中药保护品种，"本草纲目"商标被评为中国驰名商标，2013年公司年销售收入22亿元；李时珍生物科技公司开发的紫苏油、紫苏胶囊等系统产品处于全国领先水平，年可转化中药材加工能力达10万吨。

4. **中药材产业对扶贫开发的带动效应**　蕲春县依托完整的中药材产业链，带动全县扶贫开发，形成了产业发展带动扶贫开发，扶贫开发促进产业发展的良性格局。据统计，全县从事中药材种植的农户达到5.3万户（其中贫困户1.15万户），年均人均纯收入增加1300元；在中药材产业中务工的农民9.8万人（其中贫困户2.3万人），年均人均纯收入增加1900元，中药材产业对农民人均纯收入增长的贡献率到达26%。

资料来源：湖北省扶贫办官网。

三、选择政策支持较多、投工投劳投资较少的产业

贫困人口相对来说受教育程度低、掌握的生产技能少、初始资金量小、抵御风险的能力也比较低，因此，他们适合一些支持政策较多、投工投劳投资较少的产业。尤其是适合一些可以通过资产收益模式进行获益的产业，例如，目前各地积极发展的光伏产业，就是典型的支持政策多、投工投劳投资少的产业，特别适合解决无劳动力、弱劳动力的贫困家庭可持续增收问题。

> ◆ **专栏　重庆光伏扶贫案例《"太阳一出，老天就给我们送钱来了！" 重庆光伏扶贫让 6 944 户贫困户受益》**
>
> 重庆日报讯（记者颜安）　3 月 1 日，记者从重庆市扶贫办获悉，自 2015 年重庆市试点光伏扶贫以来，已在奉节、巫山、巫溪 3 个县接入光伏站点 881 个，总容量 13 290 千瓦，结算电费 361 万元，使 6 944 户无劳动力、无稳定收入来源的贫困户受益。
>
> "晴天出太阳的时候，看着电表读数噌噌地往上涨，心里就畅快。老天给我们送钱来了！"奉节县太和土家族乡石板村主任陈亮告诉重庆日报记者，2015 年 8 月，石板村用扶贫资金和各级补贴的 48 万元安装了 60 千瓦时的光伏发电站。截至目前已持续发电两年半，发电 7 万余度，村集体获得收益 7 万余元，这些钱将用于所有农户的分红、临时救助和产业发展。
>
> 贫困户从中受益巨大。巫溪县胜利乡洪仙村贫困户谭亚林家里安装了 3 千瓦时的光伏发电板，并接入国家电网，两年多过去，谭亚林每年都可从中收入近 3 000 元。
>
> 光伏发电是利用光能发电，一般以 3 千瓦时为一组，每安装一组设备需 2.4 万元，其中市扶贫办帮扶 0.8 万元，县扶贫办帮扶 0.8 万元，贫困户自筹资金 0.8 万元。这样一组光伏发电设备每天可发 8～10 度电，国家电网按每度近 1 元予以收购，贫困户每年可获利近 3 000 元，投资一次，可享受 20 年以上的效益。
>
> 绿色可持续、回报周期长等特点，让光伏扶贫成为了我市精准脱贫的新途径，特别是对于那些家中无劳力、缺资金、无技术的贫困家庭而言，

光伏扶贫可在相当长一段时间内为其提供基本生活保障。

目前，我市已在奉节、巫山、巫溪3个县投资近3000万元，接入光伏站点881户，总容量13290千瓦，已全额接收光伏扶贫上网电量273.24万千瓦时，结算电费361万元，使272个村的6944户村民受益。未来，全市将主推村级光伏电站，助推贫困村解决村级集体经济薄弱问题。

资料来源：重庆日报，2018年3月9日。

四、选择劳动密集型产业

就业是解决贫困人口脱贫的重要抓手之一，因此，贫困地区的产业选择可以把解决农村贫困劳动力就业作为选择产业的重要指标。地方政府应该大力支持贫困劳动力就地就近就业，引导和支持劳动密集型行业企业到贫困县投资办厂或加工项目分包。

近年来，东部沿海城市的企业不少都遭遇发展瓶颈，这个瓶颈就是劳动力价格的快速上涨，让企业不堪重负。如果政府出台优惠措施，鼓励企业，特别是劳动密集型行业企业，到内陆地区去，到贫困县去投资办厂或加工项目分包，就可以形成双赢：一方面，在贫困地区，有大量廉价的劳动力，有利于劳动密集型企业的发展。另一方面，劳动密集型企业通过大量招收贫困户群众，让他们从农民摇身一变成为产业工人，有了稳定的收入，对于脱贫的作用也很大。

 专栏 "扶贫车间"探索中国产业扶贫新模式

新华社济南12月6日电（记者陆芸 闫祥岭） 山东省菏泽市鄄城县西曹村村民石翠平在63岁这年成为了一名产业工人。

去年以来，只要家里没事，石翠平都会来村里新建的车间编织藤椅。车间实行计件工资制，石翠平平均每个月可以赚到2000元左右。

比起远在宁波打工的儿子，这点工资并不起眼。但石翠平说，这工作不算太累，又能和一起工作的工友聊聊天。最重要的是，弹性工作制让她可以按时接送上学的孙女。

在这个约400平方米的"扶贫车间"里，像石翠平这样的"新晋"工人约有60人，其中20多人是建档立卡的贫困户。过去两年里，菏泽市建成运营2800多个这样的扶贫车间，帮助有就业愿望但难以外出打工的农村妇女、老人、残障人员实现"挣钱顾家两不误"。

"扶贫车间让贫困群众在家门口参与体面劳动，凭自己的双手脱贫致富，实现了'扶贫不养懒汉'的扶贫宗旨。"菏泽市扶贫办主任蔡维超说。

"经过多年努力，容易脱贫的地区和人口解决得差不多了，剩下的都是'硬骨头'，越往后脱贫攻坚成本越高、难度越大、见效越慢。"国务院扶贫办主任刘永富日前在接受新华社记者采访时说。

扶贫车间作为地方产业扶贫的探索，为帮助剩下的"贫中之贫""困中之困"稳定脱贫提供了新思路。

蔡维超说，扶贫车间既承担着帮助留守人员就业的任务，又支撑着当地的户外家具、发制品加工等劳动密集型产业发展，为村集体增加了租金等收入，实现多方共赢。

在郓城县发制品产业园，"招工"的字牌随处可见。长期的劳动力外流使得许多当地企业在城区招工困难。郓城泓聚源工艺品有限公司经理范继福说，公司把发制品加工程序中最简单的撕发、拉发等工艺下放到 6 个村里的扶贫车间，比起请工人来工厂做工，成本节省了近 20%。

扶贫车间也为当地企业扩大生产规模带来了机遇。菏泽市郓城县顺城玩具有限公司负责人李继元告诉记者，自从去年企业入驻了由青岛市工商联援建的扶贫车间，公司由一个 10 个人的小作坊扩张成了近 50 人的玩具厂，产品销往全国各地和东南亚、德国等海外地区，年利润 60 余万元。

看到家门口的脱贫致富机会，越来越多的外出务工人员带着信息、技术、资金和项目返乡创业，承租扶贫车间。据介绍，目前菏泽市有 7.5 万名返乡创业人员，领办创办企业 3.8 万家，其中承租扶贫车间 567 个，带动 7 956 名贫困群众脱贫。

资料来源：新华社，2017 年 12 月 6 日。

五、选择能够解决农产品过剩的产业

进入新世纪以来，我国各类农产品产量不断增加，粮食、水果、蔬菜、豆类等作物的生产都存在过剩的情况。此外，精准扶贫以来，各地对于种养殖产业的大力投入，一定程度上也加重了农产业过剩的程度。扶贫项目很多都集中在农业生产上，这就形成了一个巨大的问题，由于经济作物，如水果、特色农产品、肉禽类，这些产品在国内基本都属于产能过剩，产业扶贫以后，增加了产量，增加了供给，但是市场没有进一步的扩大。因此，会造成大量的农产品销售不出去，甚至连生产成本都收不回来。这不仅大大挫伤了农民的积极性，更是让产业扶贫的效果大打折扣。在农产品产量较大、较为丰富的地区，可以选择一些能够解决农产品过剩问题的产业，例如各类食草动物的养殖，各类水果、蔬菜的深加工产业。在总需求很难在短时间内取得明显突破的情况下，改善"供给侧"的供应状况，通过发展能够解决农产品过剩的产业减少过度供应，是最为有效的办法。

六、选择绿色产业

绿色产业既是扶贫的方向，也是未来产业发展的方向。贫困地区在选择产业的时候，重点要选择无污染、低能耗的产业，最好是能实现生态保护与经济发展、扶贫脱贫同步发展。因此，可以探索一些在产业发展过程中，对环境改善作用较大的产业，可以参考"晴隆模式"。"晴隆模式"通过在石漠化地区人工种草，大幅改善了石漠化地区的生态环境，再在草地上开展各类畜牧产业，走出了一条经济、生态、扶贫效益三同步的道路，非常值得贫困地区借鉴。

专栏 "晴隆模式"：经济、生态、扶贫效益三同步

晴隆，是石漠化最为严重的区域，是贵州全省同步小康重点扶贫的4个贫困县之一，全县25度以上坡耕地占土地面积的65%，曾经是屙屎都不生蛆的石旮旯。晴隆的发展，省委、省政府特别牵挂，州委、州政府特别关心。

进入21世纪，晴隆人穷则思变，集中智慧，以满山的草，满坡的羊宣战石漠化，挑战贫困，创造了"晴隆模式"，被国务院扶贫办树立为全国的典范。

早在2006年6月，全国南方草地畜牧业现场经验交流暨培训会议就在晴隆召开，总结和推广"晴隆模式"。时任国务院扶贫办主任刘坚高度评价"晴隆模式"：一是思路好，二是模式好，三是机制好。

继2006年现场会议后，2010年9月，再次在晴隆召开"石漠化地区种草养畜产业化扶贫贵州试点工作现场会"，决定在全国13个省和贵州43个县全面推广和继续巩固"晴隆模式"。在全国首批100个石漠化综合治理试点县中，有33个推广"晴隆模式"，都收到了较好的效益。何为"晴隆模式"？"因地制宜，靠人工种草养羊，实现经济效益、生态效益和扶贫效益同步发展的模式，这是一个富民的模式。"晴隆县委书记姜仕坤说。

2000年，国家实施草地生态畜牧业产业化科技扶贫项目，晴隆县抢抓机遇，在国务院、省、州的大力支持下，积极发展种草养羊，由草地中

心发放基础母羊到养羊户，生产羊羔后分成，母羊产权归草地中心所有。这样做的好处是减轻养羊户的负担和风险，但是随着时间的推移，弊端也显现出来，少数养羊户不珍惜母羊，捡得的娃儿当球踢，小病不说，病入膏育才说，甚至死了才说，给国家造成了不必要的损失。

对富民工程，国家舍得花钱。到2010年，累计投入资金7 870多万元，种草29万亩，改良草地19万亩，建成优良种羊繁育基地示范点35个，覆盖14个乡（镇）、86个村。羊存栏达23.5万只，扶持11 800户养羊，收入最高的达13.8万元，经济效益明显。

在晴隆的山山岭岭，多种牧草共生共荣，绿色逐步覆盖了裸露的石头，山变绿了，地有生机了，生态不再脆弱，这些有效遏制石漠化蔓延，明显改善生态环境。

十年的传道授业，在晴隆村村寨寨，涌现了5 000多名专业技术人才和致富能人，他们积累了动物疫病防治等专业技术，为做大做强"晴隆羊"品牌奠定了坚实的基础。

七、选择贫困户收益更多的产业

资产收益扶贫可以通过产业发展激发生产经营活力，是确保贫困户受益的关键，既事关生产力发展，又涉及生产关系调整。近年来，不少地方都在积极探索，取得了较好的成效，积累了不少经验，为产业精准脱贫奠定了坚实基础。比如在河北威县实施的"金鸡产业扶贫计划"，将扶贫资金量化为股本分配到每个贫困人口，以合作社为依托，实行公司化管理，确保了贫困人口长期稳定收益。

第四章　扶贫产业如何稳定和可持续发展

随着全面小康社会的临近，脱贫攻坚成为了各地区的头等大事和一号民生工程。在扶贫脱贫的过程中，产业扶贫成为贫困地区从"一次性扶贫"迈向"可持续性扶贫"的首要选择。保持扶贫产业的稳定、可持续发展成为未来时期精准扶贫、精准脱贫工作的出发点和落脚点。扶贫产业的稳定和可持续发展需要保持各地区扶贫产业的差异化，体现不同扶贫产业的特色，突出各自优势；要运用市场规律选择合适的扶贫产业，保持产业的市场适应性和竞争性；要探索扶贫产业的健康运行机制，促进扶贫产业良好可持续发展，带动贫困群众持续稳定增收。

第一节　扶贫产业的特色化与差异性

不同地区的产业基础、条件和规模等各不相同，在扶贫过程中，要充分利用贫困地区的产业差异性，集中力量扶持特色优势产业，实现产业规模化经营，形成规模报酬递增效应。发展特色支柱产业是实施精准扶贫的重要抓手，发展贫困地区特色支柱产业，能够发挥示范带动作用，形成产业品牌优势，扩大产品知名度；而扶贫产业的差异性正是产业特色化的基础，不同的产业类型才能实现地区间的优势互补，避免出现"千村一面"的同质化现象，造成资源浪费。因此，扶贫产业的特色化与差异性是互为依存和互为补充的关系。

一、扶贫产业特色化

所谓扶贫产业的"特色化"，就是指因地制宜，深入挖掘本地特色的自然资源、旅游资源和文化资源等，探索契合本地实际的产业发展模式，充分利用贫困地区优势资源，实现跨越式发展。科学确定特色产业，就是要科学分析贫困县资源禀赋、产业现状、市场空间、环境容量、新型主体带动能力和产业覆盖面，选准适合自身发展的特色产业。

（一）发展特色扶贫产业的原因

发展特色产业是提高贫困地区自我发展能力，促进精准脱贫的关键。当前贫困地区特色产业发展总体水平不高，很多地方资源优势尚没有有效转化为产业优势、经济优势。而特色产业具有示范效应，特色产业的发展有利于带动上下游相关产业的协同发展，形成区域产业优势，促进贫困群众持续稳定增收。

（二）如何打造可持续发展的特色扶贫产业

在扶贫实践中，我们要从特色产业的规划、效益和利益关联机制等方面打造具有可持续发展能力的特色扶贫产业。

1. 要做好特色扶贫产业规划　选择精准合适的特色产业纳入扶贫范畴，并制订相应的产业扶贫方案，组织具体实施，不可一蹴而就。着力构建现代产业体系、生产体系和经营体系，以特色产业为主导，多业并举，形成一主多副的产业格局。

2. 要提高特色扶贫产业的投资效益　遵循市场和产业发展规律，因地制宜合理确定扶贫发展方向、重点和规模。充分利用当地的生态、资源等优势，找准特色产业开发的重点、难点和切入点，在实施中不断提高产业扶贫的精准性、效益的持续性和增收的有效性。实现精准至要、扶贫为本、效益优先、利益共享、风险可控、影响久远的导向与组织引领机制，警惕和避免贫困户因投资失效而陷入新的贫困。

3. 要找准特色产业与脱贫增收的结合点　将产业发展与建档立卡贫困人口的脱贫衔接起来，通过股份制、股份合作制、土地托管、订单帮扶等多种形式，建立贫困户与产业发展主体间利益联结机制，让贫困人口分享产业发展收益。要提高贫困户在特色产业发展中的质量安全意识、长远发展意识和积极参与意识，培养新型现代农民。推进产业扶贫，加快脱贫步伐。

> ◆ **专栏　发展特色产业显成效**
>
> 　　河北省按照多元培育、开发产业优势的思路，因地制宜发展区域特色产业，贫困县初步形成具有区域特色的产业扶贫模式，包括股份合作制经济、家庭手工业、现代农业园区、山区综合开发在内的多种产业扶贫模式，分别满足不同贫困地区产业发展的需求。河北省构建的多元化产业扶贫体系使产业扶贫政策因人因区域而异，产业扶贫显现出特色化的趋势。特色化的产业扶贫正在改变着河北省的贫困格局。

阜平县地处太行山区，是河北省贫困程度最深的地区之一，当地没有利用的荒山面积达到 256 万亩，占全县总面积的近七成。通过采取扶持特色扶贫产业的策略，一些导致区域贫困的因素变成地方经济的有利条件。涞水县东部地区的 8 个乡镇有 52 万亩适宜开发的未利用地。地方政府通过土地承包经营权流转入股，引进龙头企业，实施高标准整治开发，进行规模化、产业化经营，农民通过土地流转底金、入股分红、项目区务工等多渠道稳定持续增收。

而对于一些毗邻北京和天津，交通相对方便的贫困县，大多发展了一批以都市农业、休闲观光农业为重点的现代农业示范园区，农民通过土地承包经营权流转向园区集中，一些农业产业化龙头企业、城市工商资本参与到园区建设中，有效解决园区建设的资金和机制问题。河北省在环京津地区、城郊地区和特色农业地区兴建一批农业示范园区，几乎每个贫困县都已建成一个有一定规模的特色示范园区。

截至 2016 年底，河北省出现了赤城县股份合作开发、平山县葫芦峪农业园区、曲阳县山区综合开发、武强县龙头带动产业、阳原县家庭手工业、阜城县引进工商资本推进农业规模开发等一批成功模式，建设了太行山区优质干鲜果品产业带、黑龙港地区"富民大菜篮"、燕山地区食用菌产业集群、坝上地区错季蔬菜和各类养殖等一批成特殊规模的扶贫产业片区，同时这些片区的产业类型各不相同，差异化特征明显。河北省探索出了针对不同贫困人口实施差异化的产业扶贫模式，既增强了产业集聚能力，又符合不同贫困家庭的实际情况，这些扶贫产业与贫困乡村的特色优势相结合，与地区劣势相互补，通过不同扶贫产业的规模化经营达到了效用最大化的目的。

二、扶贫产业的差异性

扶贫产业的差异性是指基于不同自然条件、社会条件和经济条件基础上，由于产品差异、发展方式和市场选择等因素形成的具有不完全可替代性的产业类型。差异化扶贫产业的不完全替代性保证了贫困地区产业的独特优势，具有较强的市场竞争力。

（一）发展差异化扶贫产业的原因

发展差异化扶贫产业是提高产业竞争力的重要环节。有的贫困地区扶贫产业规划出现"千村一面、千户一面"，导致产能过剩和后端销路问题，影响产业扶贫的整体效果。有的贫困地区发现周边什么产业"火"，就上马什么产业，盲目跟风，缺少差异性思维，导致种植数量上涨，产品滞销，农民不仅挣不到钱，还对发展产业和脱贫致富越发迷茫。

（二）如何打造可持续发展的差异化扶贫产业

差异化扶贫产业的获得关键在于产业因地制宜发展和产业创新两方面。做到了因地制宜和创新发展产业，就能避免出现产业同质化现象。

（1）要根据各自的资源禀赋和产业基础，因地制宜，打好特色牌、优势仗。俗话说，一方水土养一方人；其实，一方水土也养一方产业。贫困地区的产业扶贫要因地制宜，要把区位优势、资源优势转化为发展优势，要客观认识当地的市情、县情、乡情，不能脱离地方实际发展扶贫产业。因此，政府在引导扶贫产业时应避免贪大求猛，避免扶贫产业同质化，造成内部资源虚耗，增加无效供给。应当实行差异化竞争，让每个产业向优质发展，具有不可替代性。

（2）扶贫产业的差异性，要通过不断创新来实现。习近平总书记指出："企业持续发展之基、市场制胜之道在于创新。"一个地方、一个企业，要突破发展瓶颈、解决深层次矛盾和问题，根本出路在于创新。对于贫困地区而言，创新是要让扶贫产业能够可持续发展。从本地区的人力物力条件出发，根据本地区自然和人文优势创新，根据本地区的产业链优势创新。产业创新、企业创新、市场创新、产品创新、业态创新、管理创新、模式创新等都是创新。通过创新产业扶贫模式，依托农业，以工业强产业、以产业强经济、以经济强民生，用新的发展产业模式保持产业的差异性和竞争力，激发扶贫产业持续的生命力。

◆ **专栏　坚持差异化发展战略　力促特色产业集聚**

宁乡经济技术开发区是中西部地区首家由县级政府主导创建的国家级经济技术开发区。面对经济新常态，近年来，园区坚持招引大项目、打造大平台、做强大产业、推动大开放，为园区快速高质发展装上了强劲引擎，加速打造了3个湖南唯一的"特色产业园"。

一个地方经济的发展，必须有产业集群的支撑。而坚持"差异化发展"道路，是园区实现可持续发展的根本。一直以来，园区围绕食品、机电、新材料和现代服务业——3＋1主导产业，实施"强链、健链、补链"工程，采取引上游、接下游和抓龙头、带配套的方法，重点引进产业龙头、领军企业和重大配套补链项目，拉长产业链条，推动产业优化升级。园区着力打造成为湖南唯一的"食品加工特色产业园"，打造湖南唯一的

"智能家电特色产业园"，打造湖南唯一的"绿色建材科技产业园"。形成园区产业差异化发展战略，避免造成同质化竞争的恶性局面。

在食品饮料产业方面，宁乡经开区依托华润饮料等龙头企业，力促国内PET包装容器最大研发生产企业——信联智通、最大饮料瓶盖生产商——金富包装、包装一体化领先供应商——美盈森、湖南首家金属罐生产企业——六和通等高端配套项目成功进驻，获得了喜之郎食品、卡士乳业、长江茶油、湘茶集团等龙头企业的青睐。

在智能家电产业发展方面，园区依托格力电器——全球第十大生产基地，高标准规划了1700亩的中部地区规模最大、功能最全智能家电配套产业园，吸引了泰川、悦翼等优势配套企业入驻，有效提高园区智能家电产业本地化配套水平，有力推动园区智能家电产业集聚和传统产业的转型升级，为园区打造中国家电产业第四极和重振湖南家电产业雄风奠定坚实基础。

在绿色建材产业方面，"互联网＋"战略是园区产业发展的重点，宁乡经开区积极引进中国金融支付信息安全领域的行业领跑者——证通电子；加快新材料发展，引进斯洛科高分子有机硅材料项目、纳菲尔钨合金项目、吉成新材料特种陶瓷生产基地等重点项目。

第二节　扶贫产业的市场适应和竞争性

选择扶贫产业要尊重市场规律，适应市场发展。减少盲目生产，要从向产量、规模要效益，转变成向质量、品牌要效益。在与市场相适应的同时，还要提升产业发展和成长的市场竞争力，为贫困地区产业发展创造市场竞争优势，这也是产业扶贫最大的效能所在。

一、扶贫产业的市场适应

提升扶贫产业的市场适应能力，就是要坚持以市场为导向，遵循市场和产业发展规律，找准扶贫产业的市场定位，从而确定其发展方向、重点和规模，提高扶贫产业的致富能力，增强扶贫产业对于贫困地区发展的持续性和有效性。

（一）提高扶贫产业市场适应性的原因

市场经济条件下产业扶贫的核心是如何引导产业适应市场经济，在市场竞争中生存和发展。我国的扶贫攻坚是建立在社会主义市场经济体制环境下的行动，是与市场经济逐步深化紧密联系在一起的。市场是扶贫攻坚的外部环境和重要关口，要真正实现产业扶贫的目标，达到稳定解决收入来源和收入增长的目的，必须在适应市场经济要求的前提下去解决问题。因此，在市场经济条件下，扶贫产业必须是在社会主义市场经济环境中获得生存与发展，贫困地区必须立足本地优势进入市场大循环，促进贫困地区经济发展和社会全面进步。

（二）如何提高扶贫产业的市场适应能力

投资有风险，产业发展要充分考虑市场供求关系。供求影响价格，各级政府在选择扶贫产业时，必须瞄准市场定位，坚持以市场需求为导向，充分运用信息条件，搞好市场调查、前景预测。不能以行政手段代替市场规则，盲目追赶市场。找准市场定位就是在选择扶贫产业时以调查研究为基础，在产业精深加工上做文章，打造高端产品，增加附加产值，适应市场发展需要。

◆ 专栏　适应市场发展产业

河南省宜阳县山多地少，为了让广大村民脱贫，县里从 2013 年开始，动员村民因地制宜种植果树。2016 年，种植的水蜜桃全面挂果，但由于山路崎岖偏僻，加上没有营销手段，丰收的果实虽然质好面艳，却售不出去而大量烂在地下。广大村民的收入变成了泡影，脱贫如何实现，村民愁政府也愁。

近年来，产业扶贫工作投入前所未有，但遗憾的是，一些地方花钱不见成效，有的不看资源禀赋和地方特色，盲目复制成功经验，引进水土不服的产业；有的只管种、不管卖，农民自产自销变成严重滞销，反受其累。于是，扶贫羊因"无法养"被吃、扶贫桃因"路不通"滞销、扶贫菜因"价贱"烂在地里……

无论是水土不服，还是价跌伤农，抑或是产品滞销，归根结底就是一条：扶贫项目与产业链脱轨，扶贫产业无法适应市场发展。

产业扶贫，关键在精准定位，既要瞄准市场，又要突出特色。要熟悉市场经济规律，能把"小农户"与"大市场"，"小生产"与"大需求"联系起来，是推动扶贫产业发展的重要力量。

不谋全局者，不足谋一域。站在市场经济之中，不管什么发展产业，首先必须找到市场经济中产业的位置，主动深度融入产业链，才能从市场中获得自己应得的回报。

二、扶贫产业的竞争性

产业的竞争力概念：从广义角度来说，是指一个国家的某一产业能够比其他国家的同类产业更有效地向市场提供产品或者服务的综合能力，体现的是这类产业在生产效率、满足市场需求、持续获利等方面的竞争能力；从侠义角度来说，是指在竞争性市场中，一个区域性的某种产业所具有的能比其他类型产业更有效地满足人们的效用水平，获得持续性盈利和自身发展的优势，这是一种比较优势和竞争优势。

（一）提高扶贫产业竞争性的原因

产业竞争性的强弱是由生产要素、国内市场需求、相关支持性产业的战略和同行业竞争四个主要因素，以及政府行为、机遇两个辅助因素共同作用而决定的。其中，前四个因素是产业竞争力的主要影响因素，是构成产业竞争理论"钻石模型"的主体框架。四个因素之间彼此相互影响，形成一个整体，共同决定产业竞争力水平的高低。

由于中国绝大多数贫困地区位于"老、少、边、穷"地区，这些地区资源禀赋条件差、人力资源弱，不具有产业发展的绝对优势。根据产业竞争性相关理论，只能发挥这些区域的相对比较优势，才能体现区域产业的竞争优势。也只有拥有竞争力的产业才能在经济市场上稳定发展，为贫困群众的增收提供持久的动力。

（二）如何提高扶贫产业的竞争能力

扶贫产业首先要面向市场需求，选定开发项目，组织农户连片开发，建立产业基地，实行一体化经营模式，形成区域性优势产业。其次，市场经济条件下的产业扶贫必须保证产业的竞争优势，寻求创新发展，实现收益最大化，扶贫产业才能获得可持续发展，保持较强的市场竞争力。通过扶持有相对优势、有市场需求、有市场竞争力、有可持续的经济效益的产业，把这些扶贫产业引向市场。最后，经济市场就意味着竞争，贫困地区产业要想在竞争中不断发展，其产品结构、产品质量和产品价格必然会有重大变化，这就要求农村资源配置更多地靠市场进行合理优化，以较少的资源投入获取最大的效益，小型分散经营要与统一市场对接。

◆ **专栏　适应市场需求　提升产业竞争力**

贵州省贵阳市开阳县立足山地资源和市场需求，在产业市场竞争力上做文章，推进茶叶、生态畜牧、精品水果、蔬菜、生猪、蛋鸡等特色产业，加快农业转型升级。根据市场适应性原则，该县基本实现了东部种植水果、北部放大传统农业、南部茶旅并进、西部抓实示范农业的四向产业集群布局。

2016年全县产业扶贫在市场的推动下取得了明显效果，稳定实现富硒粮油基地58万亩，蔬菜保供基地15万亩，精品水果14.7万亩。并巩固以20万亩富硒茶叶种植为主的茶旅一体化示范带。全县完成农林牧渔业总产值48.29亿元，增长6.4%，第一产业增加值29.38亿元，增长6.4%；农村居民可支配收入达12 366元，比上年增长9.4%；全县64 873名农村低收入人口人均可支配收入全部超过4 300元，16 866名农村低收入农户超过6 500元。

目前，根据市场的优胜劣汰原则和产业的竞争性规律，全县重点扶持产业扶贫项目38个，精品水果种植项目10个，蔬菜种植项目12个，养殖项目14个，十里画廊扶贫园区项目2个，完成投资额0.54亿元，项目覆盖农村低收入户3 200户11 200人。

让扶贫资金跟着扶贫对象走，扶贫对象跟着特色产业走，特色产业跟着市场走。开阳县促进产业发展主体与市场主体面对面的对接合作，让一大批扶贫产业迅速适应市场，并且具有了产业竞争力，做到哪里有市场需求，哪里的产业就能迅速适应发展。

总之，在市场经济条件下，扶贫产业的发展必须遵循市场规律，适应市场规律。要以市场为中心，围绕市场抓产业，根据供求关系、价值规律和产业竞争理论搞发展，把扶贫产业建立在市场之上，降低风险，增大脱贫概率。

第三节 扶贫产业发展组织运行机制

产业经济本质上是一种市场化的经济活动，遵循市场规律，但是产业扶贫就不同，产业扶贫是一种经济行为，但它更是一项民生工程，如果仅依靠市场机制进行调节，会导致市场失灵，无法完成扶贫脱贫这一终极目标。良好的扶贫产业发展组织运行机制离不开政府的积极作为，政府的管理、服务和资金支持在产业扶贫项目中起到了重要的作用。因此，本文研究的扶贫产业发展组织运行机制主要从政府管理、服务和资金支持方面进行分析。

一、扶贫产业发展组织运行机制的第一个环节 是政府的有效管理

具体表现就是优化扶贫产业村发展环境，政府在产业扶贫过程中始终把管理职能落在优化产业发展环境上。依照"标准化生产、品牌化经营、基地化管理、产业化发展"的思路做好科学的产业规划。从长远来看，加大绿色县市、旅游县市、产业县市等的建设力度，加快探索出真正形成相对稳定、滚动发展、利益分享的经济联合体和生态产业等多种现代产业生产经营方式的新机制，因地制宜发展乡村光伏、旅游、电商等扶贫新产业，改变贫困户在市场风险中的弱势地位，使他们真正分享到扶贫产业发展所带来的实惠。同时，政府要实施扶贫产业的督查考核机制，动态跟踪贫困户参与产业脱贫信息，对产业扶贫进行精准化管理。建立产业扶贫考核指标体系，对重点部门、重点地区产业扶贫情况进行考核。加强对产业扶贫资金项目的监督检查，委托第三方机构对产业扶贫工作开展效果评估。

产业经济学理论中，产业政策本身就是政府制定的关于产业保护、扶植、发展等方面的政策总和。扶贫产业的发展本质上是一种产业经济学行为，但是它被赋予了维护公平正义的社会责任和区域协调发展的历史使命。政府是实施产业扶贫的主体。从产业规划、产业发展战略、产业扶植政策、招商引资政策等几个方面进行指导规范，体现了政府在产业扶贫方面的管理职能。

在资源配置过程中起决定性作用的市场经济体制下，服务型政府更加符合市场规律。

二、扶贫产业发展组织运行机制的第二个环节 是政府的公共服务

政府的公共服务即改善扶贫产业发展相关的配套条件，比如公共基础设施建设，人力资源开发与培训以及其他形式的政府政府支持与服务等。由于贫困地区的扶贫产业绝大多数是劳动密集型产业，对于地区的交通运输条件、水电设施等基础设施以及产业工人的劳动技能等具有一定要求。因此，政府在扶持扶贫产业发展的过程中，要着力破除阻碍扶贫产业发展的交通不便、水力和电力等基础设施难题。同时，完善产业工人技能培训机制，健全贫困家庭劳动力参与产业培训对接政策，统筹使用各类培训资源，提高贫困人口产业培训的针对性和有效性。鼓励职业院校和技工学校招收贫困家庭子女，明确转型农民培训工程为贫困人口参与培训提供名额，对参与就业培训或特色产业专项培训的

贫困劳动力要给予财政补助。引导和支持用人企业在贫困地区建立劳务中介及产业培训基地，开展技能就业定向培训、按区域培训产业、按人口培训项目的精准脱贫培训计划。确保贫困家庭人口掌握一门致富技能，选择增收脱贫项目。

此外，还可以根据当地扶贫产业的发展需求，增设为非政府扶贫主体提供服务的部门，提供法律咨询、调整仲裁等服务，保障扶贫产业更好地发展，充分发挥政府的服务职能。

三、扶贫产业发展组织运行机制的第三个环节 是政府的扶贫产业资金支持

我国农村扶贫资金主要来源于四个途径：一是中央扶贫资金；二是地方扶贫资金；三是社会各界援助；四是海外资金援助，其中中央和地方政府扶贫资金占据总数的80%以上。所以财政部门要逐步加大扶贫产业专项资金投入力度，国家的一般性转移支付资金、各类涉及民生的专项转移支付资金的支持力度，向贫困地区和贫困人口倾斜；扶贫产业综合开发和农村综合改革转移支付涉农资金要向精准脱贫项目倾斜。在不改变扶贫产业资金用途的情况下，产业精准脱贫相关专项资金投入设施农业、养殖、光伏、水电、乡村旅游等适合贫困地区和贫困群众脱贫致富的绿色产业扶贫项目。同时，要改善扶贫产业项目投资、融资环境。整合各类帮扶产业资金，调整财政资金投入的投向，把有限的资金投入到真正的龙头企业、集中到有比较优势的特色产业，使有限的财政资金发挥尽可能大的引导作用。协调金融部门和中小企业担保机构加大对扶贫产业的信贷支持力度，改革贷款抵押方式，建立产业发展抵押担保机制，提高贷款额度，加大贴息补贴，适当降低贷款利率，简化贷款手续，切实解决扶贫产业项目融资难的问题。图4-1为扶贫资金数量。

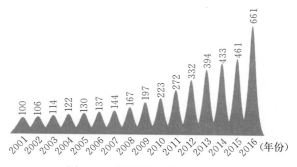

图4-1　扶贫资金数量（万元）

◆ 专栏 发挥金融优势 促进产业合作社快速发展

甘肃省临夏县南塬乡是一个传统农业地区，自然条件较差，生产基础薄弱，传统种植业难以满足群众增收致富的迫切愿望，发展畜牧养殖业就成为唯一现实选择。但散户养殖受市场信息、养殖技术等因素制约，加之受市场中间商利益排挤，养殖收益难以得到保障。2011 年，该乡由致富带头人牵头，组织养殖大户成立了金果养殖农民专业合作社，主要从事良种羊繁育和肉羊育肥，自身规模不断扩大，生产效益逐步提升，同时有效地带动了农户增收。

加大信贷支持力度。在金果合作社建立发展过程中，农村信用社给予大力支持。2012 年发放贷款 200 万元，2013 年《甘肃省草食畜牧业和设施蔬菜产业发展贴息贷款管理办法》出台后发放牛羊蔬菜贷款 300 万元，享受财政贴息，减轻利息负担，为合作社发展壮大提供了有力的资金支持。

积极跟进金融服务。政府引导商业银行将金融服务融入信贷支持之中，充分利用贷款客户较多、从事行业各异、分布区域面广、通过贷后检查与各类客户沟通充分、信息灵通的专业优势，及时收集市场信息，从金融角度分析判断后及时向合作社反馈，有效弥补合作社生产经营局限于一隅的信息短板，为引进先进养殖技术、开拓销售市场等提供了信息支持。积极开展政策和金融知识宣传，对国家和省州政府及各行业管理部门出台的各类优惠政策及时进行宣传讲解，帮助合作社充分运用优惠政策做大做强。加大财务辅导力度，帮助合作社根据《中华人民共和国会计法》和各种财务结算制度要求不断完善各项财务制度，真实反映企业经营状况，促进经营规范化，为精细化管理夯实基础。

构建支持农户发展合作机制。通过农户评级授信工作，逐村逐户调查摸底农户生产经营、家庭收入、财产及债务、个人品行等基础信息，建立规范的农户资信档案，确定信用农户授信限额，全力推广农户小额信用贷款，帮助解决农户养殖资金不足的困难。探索引入"合作社＋农户"的担保方式，对确有发展潜力但缺少抵押品的农户由合作社担保发放小额贷款，密切合作社和农户的利益联结，降低贷款风险，形成了信用社、合作社、农户三方共赢的良好合作关系。同时，认真执行利用支农再贷款发放涉农贷款利率加点幅度不得超过 5 个百分点的政策规定，切实做到让利于民。

2014 年，金果养殖农民专业合作社出栏肉羊 4 万余只，基础母羊存栏达 1.2 万只，销售收入 4 500 万元，净利润达 1 500 万元。目前，该社社员达 250 多人，成立以来分红总额达到 1 350 万元，分红比例连年保持在 20%左右。与该社签订用工合同、从事种植养殖的农民近 60 人，人均年收入 3 万元左右。

在产业扶贫过程中，只有将政府的管理、服务和资金支持职能与市场的优越性结合起来，建立产业化扶贫机制，将扶贫资源投入到扶贫产业企业中，与当地贫困农户建立稳定持久的互动关系，从而为贫困农户的发展提供机会，使贫困农户自我发展能力得到提升，才能保证扶贫产业发展组织机制的顺利运行，最终实现减贫的目标。

第五章　产业发展如何扶贫脱贫

　　产业扶贫的实质就是为贫困地区、贫困人口找到一个适合发展的产业。在目前市场经济条件下，贫困地区农民缺乏提高收入的能力，仅靠小农单干式的生产方式已经无法实现脱贫目标，根本出路还在于尽早完成产业化结构调整。推进产业扶贫，要坚持市场导向，遵循市场和产业发展规律，因地制宜合理确定产业发展方向、重点和规模，提高产业发展的持续性和有效性。要将产业发展与脱贫攻坚有机结合，做到产业选择精准、项目设计精准、支持投向精准、贫困人口收益精准。围绕建档立卡贫困人口增收脱贫，发挥新型经营主体和龙头企业带动作用，整合财政涉农资金，加大金融支持力度，加快培育一批能带动贫困户长期稳定增收的优势特色产业。大力培训贫困农民也是产业扶贫的重要因素，加强现有农民的职业培训。通过职业培训，让农民成为"明白人"，并有一技之长，能够顺利就业和创业。通过股份制、股份合作制、土地托管、订单帮扶等多种形式，建立贫困户与产业发展主体间利益联结机制，让贫困人口分享产业发展收益[①]。

第一节　如何精准选择产业扶贫类型

　　产业精准选择是取得脱贫效果的前提条件。产业扶贫涵盖面大、带动力强，可有效激发贫困地区和贫困人口脱贫的内生动力，提高自我发展能力，变"输血"为"造血"，确保脱贫效果持续性。2015年6月，习近平总书记在与部分省（自治区、直辖市）党委主要负责同志座谈时强调："扶贫开发推进到今天这样的程度，贵在精准、重在精准、成败之举在于精准。"经过多年努力，

---

① 张旭.产业扶贫机制是关键［N］.辽宁日报，2016-6-2第9版.

容易脱贫的地区和人口已经解决得差不多了，越往后脱贫攻坚成本越高、难度越大、见效越慢，减贫边际效应不断下降，增收难度不断加大，贫困代际传递趋势明显，是难啃的"硬骨头"。按照投入 2 万元大体解决 1 个农村贫困人口的脱贫问题测算，7 000 多万农村贫困人口脱贫需要投入 1.4 万亿元，如果2015 年脱贫 1 000 万人，未来五年每年平均需投入 2 400 亿元左右，投资量非常巨大[①]。特色产业扶贫必须改变以往大水漫灌、跑冒滴漏、"手榴弹炸跳蚤"的帮扶方式，切实提高扶贫效率，做到对症下药、靶向治疗、量身定制、精准投放，集中人力、物力、财力，打好脱贫攻坚战。

一、精准选择产业扶贫类型的基本原则

在精准选择产业扶贫类型的过程中，由于贫困地区自然地理条件差异极大，各地的风俗习惯和人文社会风貌又相对各异，因此，切忌在推进产业扶贫进程中套用既定类型，不创新，不考虑地域环境因素。

> ◆ **专栏　立足资源选产业**
>
> 　　山西省岚县是国家扶贫开发工作重点县，气候寒冷，无霜期短，十年九旱。如何变劣势为优势，该县瞄准马铃薯产业，唱响了一曲产业脱贫之歌。目前，全县马铃薯种植面积达到 25 万亩，并已成为该县种植面积最广、产量最大的农作物。而种植脱毒马铃薯的收入占农民人均纯收入的比例近 50%。
>
> 　　山西省天镇县近年来利用其独有的区位优势，大力发展设施蔬菜，实施"政府支持、公司和合作社搭台经营、农民唱戏"的产业扶贫新模式，设施蔬菜园区数量迅速增加、规模和质量不断扩大提升，参与蔬菜产业的农民收入显著增加、脱贫步伐明显加快。据悉，项目区农民年人均纯收入达到 5 900 元。目前，全县已建成无公害蔬菜大棚 2.3 万栋，设施总面积近 2.1 万亩；1.1 万农户直接参与了设施蔬菜的生产经营，1 300 户间接在产业链上受益。
>
> 　　资料来源：产业扶贫路该咋走［N］. 山西日报，2015 年 1 月 12 日第 C03 版。

1. 因地制宜，尊重贫困地区产业禀赋　任何产业的发展，都要有基础，产业扶贫要做到"量体裁衣"。重点支持贫困村发展种养业和传统手工业，大力推进"一村一品""一乡一业"，宜农则农、宜菜则菜、宜果则果、宜草则

[①]　余欣荣. 特色产业扶贫重在"精准"［J］. 行政管理改革，2016 年第 4 期：25 - 28。

草、宜牧则牧、宜林则林，适合什么就发展什么，同时积极发展休闲农业和乡村旅游等新业态。产业化要靠千家万户，不是几个科研成员能够发展壮大的。而且对于产业来说，最好是过去就有的零星产业，是已经具有一定简单历史的地方性产业，最好是密集型产业，因为只有这样，产业扶贫的效果才能更好地得以展现。如果一个地方根本没有某种产业，说明这种产业在该地或者不适宜自然条件，或者当地没有这种生产技术，或者老百姓没有这种生产习惯，那么在精准选择产业扶贫类型的过程中就要放弃这种产业。一个地方是发展种植业、养殖业，还是加工业？是要通过旅游促进脱贫致富，还是要选择基础性工业化道路？这要因地制宜，要根据一个地区具体的土壤、气候条件进行科学论证，不能搞行政命令，不能单纯强调"市场需要什么就种什么，市场紧俏什么就产什么"。要区别开发产业扶贫和产业发展地方经济的不同。前者重在通过产业发展增加贫困户内生脱贫动力机制，是社会效益远大于经济效益；而后者更强调的是经济效益，这是当扶贫产业发展到一定阶段后的必经之路。

2. 以市场为导向，以贫困群体受益为目标　产业精准扶贫具有市场性，产业规模在不同地方、不同产业具有不同的要求，要从经济学角度来考量特色产业发展的规模和质量。销路是产品的生命线，不能否认的是，一些地方在扶贫产业选择上没有因地制宜、因人而异，导致一些扶贫产业搞到最后却没有销路，很重要的原因是忽略市场规律。虽然愿景很美好，但由于缺乏深入调研，对市场行情研究较少，导致所选择的扶贫产业趋同，造成一些扶贫项目搞啥亏啥。精准扶贫要在寻找农产品销路上多下功夫，须因地制宜找准时机和特色。同时，突出精品化，围绕市场、订单等提高农产品的附加值和竞争力，避免落入低水平不良竞争[①]。市场研究过程中，既要研究当下市场，更要研究潜在市场。尽可能发展最具优势的产业项目，突出产品的地方特色，让扶贫产业实现可持续发展。除此之外，农业扶贫产业还要考虑市场半径和运输成本，农副产品的销售受市场半径的制约很大。

3. 发挥科技支撑作用，提升品牌和产品竞争力　不论是种植业、养殖业，还是加工业，都要设法提高科技含量。防灾减灾靠科技，提高产量靠科技，提高品质靠科技。与此同时，扶贫产业也要不断创新。产品再好，也不能一成不变，而要不断创新。在种类上要创新，在品质上要创新，在包装上要创新。

---

① 方炜杭．"量体裁衣"断穷根［N］.福建日报，2016－6－2第002版.

二、政府、企业、村集体组织、贫困户四位一体

专栏　山西隰县科技造就"玉露香"

隰县地处吕梁山南部，土地零散瘠薄，农民增收困难。

2013年，隰县做出"主攻'玉露香'，八年达小康"的重大决定，争取2020年达到30万亩，挂果面积达到20万亩，为果农人均年收入3万～5万元奠定基础。为扶持"玉露香"产业，该县挤出500万元为果农买了"玉露香"苗子，拨出120万元对高接换优的农户进行了补贴。2014年县财政又拿出1000万元的专项资金用于梨果产业升级和提质增效配套工程建设。目前，全县梨果总面积达到35万亩，产值达4.5亿元，成为带动贫困群众脱贫增收的第一大产业。

多数基层干部认为，不论是种植业、养殖业，还是加工业，都要设法提高科技含量。防灾减灾靠科技，提高产量靠科技，提高品质也要靠科技；产品再好，也不能一成不变，一定要不断创新，而创新就离不开科技的支撑。

资料来源：产业扶贫路该咋走［N］.山西日报，2015年1月12日第C03版。

贫困群众是产业发展的主体，选择产业应当他们自己说了算[1]。然而，现实情况是，很多贫困户只知道附近种的几种作物，让他们独立选择效益好、前景好又适宜自身发展的产业，面临很大的困难。另外，政府部门干部掌握的信息多、见识广、素质高，相比之下，更能做出正确的选择。基于这样的考虑，再加上一些工作方法上的欠妥，很多干部有意无意地"帮农民做了主"。然而，农业生产周期较长，市场行情眼下看涨的，到了收获时，很可能是另一番光景。政府"帮农民做主"，很容易好心办坏事。"政府让你养羊，你养鸡就对了"，看似一句笑话，一定程度上也是现实的写照。应尽快改变"政府之手伸得太长，市场机制作用发挥不充分"的现象。

相比之下，龙头企业、合作社等新型市场主体，在市场经济最前沿摸爬滚打，决策往往更靠谱。政府通过支持他们带动贫困户发展产业，可以让市场机制更好发挥作用，同时又能提高扶贫产业的组织化、专业化水平，更好满足市

---

① 顾仲阳.《"脱贫树"莫成"伤心树"》［N］.人民日报，2016-1-10第009版。

场需求，因而常能取得更好的减贫效果。政府、企业、村集体、贫困户三者之间的关系如图5-1所示。

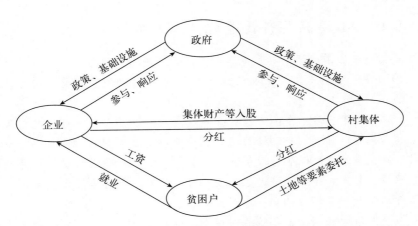

图5-1 政府、企业、村集体、贫困户四位一体关系

需要指出的是，这并不意味着政府可以对产业扶贫放手不管，相反，政府要更好发挥作用。但着力点不是越俎代庖替市场主体做主，而是做好服务。比如产业选择上，政府可以组织参观学习，可以及时准确地提供信息服务，帮助市场主体更好决策。产业发展中，政府可以通过提供扶贫贴息贷款、设立贷款风险补偿金等，帮助市场主体缓解融资等实际困难。在保护贫困农户利益上，政府应该通过机制设计，在支持市场主体发展的同时，确保他们真扶贫、扶真贫；通过扶贫资金入股等形式，让贫困户更好分享产业发展成果，通过推行价格保险、设立产业风险基金等，降低贫困户的风险。类似的政府服务，空间还很大。

专栏　贵州省务川县构树产业开启致富之门

构树扶贫工程是2015年我国十项扶贫工程之一，由国务院扶贫办牵头，重点在全国贫困地区实施杂交构树"林—料—畜"一体化畜牧产业扶贫。中国南方杂交构树组培中心、贵州务川科华生物公司总裁再贤说，该中心由务川县与中科院植物研究所合作建立，旨在从产业链最顶端切入，掌握杂交构树知识产权，并向下游产业延伸，最终实现杂交构树产业从组培、栽种、饲料、养殖、消费品生态闭环，形成高效、现代化构树产业链，实现构树产业扶贫。目前，已有成品苗 2 000 万株，已实现培育产能达每年 1 亿株。

目前，该县通过完善利益联结机制，建立了"四统三制"精准贫困农户脱贫，推广以"公司＋农户"的组织模式发展构树产业，公司与农户签订产供销协议，实行订单生产。推行统一供苗、统一技术服务、统一生产管理、统一回收"四统一"产销模式，确保实效；采取统一核定苗木价位后，按照公司负责 1/3，政府扶持 1/3，农户自筹 1/3"三三制"，确保资金安全，其中，农户是精准扶贫建档立卡中的贫困户，自筹部分先由企业赊销，回收时进行抵扣。通过这种模式，精准解决了贫困户投入难、技术难、市场难"三难"问题，群众增收有了可靠的保障。

目前，企业示范种植构树 0.5 万亩，农户（大户）、合作组织订单种植构树 4.5 万亩，创建构树组培育苗基地、扦插育苗基地各 1 个，建成年产 20 万吨构树饲料加工厂 2 个以上，培育构树产业龙头企业 3 家以上，专业合作组织 10 个以上，建设构树饲料粗加工厂及收购点 6 个以上；全县集中连片打造 300 亩以上构树种植基地 30 个以上，500 亩以上的种植基地 10 个以上；建成构树羊示范养殖基地 30 个，构树猪示范养殖基地 5 个，构树牛、鸡、鸭、鹅、鱼示范养殖基地各 2 个。培育 100 亩以上构树种植大户 200 户以上，以构树产业为主发展村集体经济的行政村 20 个以上；计划实现构树产值 2 亿元以上，带动精准扶贫建档立卡贫困农户 2 000 户以上。

资料来源：产业扶贫探新路 筑牢致富新基石［N］.农民日报，2016 年 8 月 25 日第 003 版。

三、理顺六大关系，助推产业精准扶贫

在选择产业扶贫类型时，除了上述提及的产业扶贫原则和"四位一体"的关系，还应考虑到产业扶贫内在的关系，立足于产业扶贫与发展目标，从制度和工作层面主要把握六个方面的关系[①]。

（一）目标精准与措施精准的关系

关键是坚持以建档立卡贫困户和贫困人口为本，精准帮扶，明确建档立卡贫困户稳定、长期受益作为产业帮扶边界，避免扶农不扶贫。赋予贫困县更多

---

① 余欣荣 . 特色产业扶贫重在"精准"［J］. 行政管理改革，2016（4）：25 - 28。

的自主权，以县为单位编制脱贫规划，坚持一张蓝图干到底，通过规划引领，实现产业扶贫措施精准化。

（二）目标一致与资金多渠道的关系

扶贫资金管理多头、小且散乱、整合难度大，是贫困地区反映最集中、最迫切的问题之一。要坚持"渠道不乱、用途不变、权力归县、各计其功"的原则，统筹整合财政资金、社会资金等，提高资金使用效率，支持贫困县集中资源打赢脱贫攻坚战，重点支持特色产业精准扶贫。

（三）"长"与"短"的关系

在扶贫措施上，要处理好脱贫增收这个短期目标和建成小康这个长期目标的关系。当前看，要重点鼓励和支持有实力的农民合作社、龙头企业等新型经营主体开发贫困地区优势特色产业，带动贫困人口较快增加收入。长远看，要着力优化农村产业经济结构，实现农、林、牧、渔统筹，种养加一体、一、二、三产业融合发展，形成农民增收的长效机制。在扶贫效果上，处理好传统模式见效慢和脱贫攻坚时效紧的关系。创新扶贫模式，科学统筹施策，兼顾时效性和长期性。通过现代股权方式，提高农村集体资源、资产的收益率，让贫困农民既可以获得产业发展的经营性收入或到产业基地打工的工资性收入，又可以通过股权及其分红获得长期稳定收益。

（四）中央和地方的关系

总的关系是，中央统筹，省（自治区、直辖市）负总责，市（地）、县抓落实，层层落实责任，创新组织方式，共同发力，形成合力。中央层面：要加强顶层设计，明确责任分工，总结经验做法，推广典型模式，及时研究问题，强化督查考核。省级层面：要推动建立"党委领导、政府负责、部门协同、社会参与"的工作机制，把特色产业精准扶贫工作摆上重要议事日程，制订行动方案，明确路线图、时间表。县级层面：要强化主体责任，切实担当起"前线指挥部"的重大职责，党政一把手要亲自抓，扎实做好进度安排、项目落地、资金使用、人力调配、推进实施等工作。

（五）财政手段与其他手段的关系

在统筹整合使用现有各类财政扶贫资金的同时，创新金融和保险扶持机制，撬动更多的社会资本支持贫困地区特色产业发展。充分利用好国家已有的扶贫小额贷款、扶贫再贷款、专项建设基金等金融扶贫政策。鼓励地方积极创新金融扶贫模式，引导金融机构加大对贫困户和新型经营主体支持力度。积极探索特色产业扶贫的政府和社会资本合作模式（PPP模式），鼓励私募、众筹、慈善等社会资本参与特色产业扶贫。要加大保险支持力度。根据贫困地区特色产业发展需要，积极发展特色产品保险，探索开展价格保险试点。鼓励保险机构和贫困地区开展特色产品保险和扶贫小额贷款保证保险，加大产品创新力度。

(六)经济、社会与生态的关系

特色产业扶贫要综合考虑经济、社会、生态等多方面的综合效益。贫困县要将产业扶贫作为县域经济发展的重点，坚持产业发展与生态保护互促共赢，始终把保护生态、绿色发展作为脱贫之基、致富之道，以资源环境承载力为基准，开发绿色有机产品，探索绿色产业扶贫新路子，实现产业强、百姓富、生态美。

◆ 专栏 湖南省炎陵县产业扶贫落地

湖南省炎陵县地处罗霄山脉集中连片特困地区，坐拥高山气候、高山生态等一系列资源优势。在炎陵这片2 000多平方千米、20多万人口的革命老区，从产业选择，到产业扶持，再到市场培育，产业扶贫如何真正落地呢？

产业怎么选？近两年，炎陵黄桃声名鹊起，风靡湖南省内外。一到七月上市的季节，炎陵黄桃便火得不行。据统计，截至目前全县黄桃种植面积2.1万亩，投产面积5 200亩，2015年总产量为3 645吨，总产值过亿元。全县果农发展到0.85万人，人均年增收8 500元。

摸清家底：炎陵人均耕地少，高山地区耕地碎片化，大规模的粮食种植和养殖产业成不了气候。如何把劣势转化为优势？政府引导当地发展特色农业，走精细化管理之路。外地黄桃种植，一个人可以打理几十亩，在炎陵一个人只能打理一亩；炎陵种植的高山茶叶，市场上每斤*毛茶卖到几十元甚至上百元，外地茶叶只有十几元。

产业怎么扶？组建农业合作社，培育扶贫龙头力量。截至2015年底，政府引导组建在工商登记注册的合作社238家，注册资本2.05亿元，合作社成员3 840人，带动农户13 120户。炎陵县黄桃协会所属15家合作社带动了当地整乡整村脱贫，神农生态茶叶共带动541户贫困户种植茶叶，金紫峰粮油公司吸收124户贫困户参与经营。

政府的角色？产业扶持中，政府要做广大农民以及合作社、公司等做不了的事情。例如，建基础设施，抓技术培训，做产品推广，引资金活水等。近年来，炎陵县经济结构进一步优化，发展韧性持续提高，文化旅游、

---

* 斤为非法定计量单位，1斤＝500克。

生态工业、特色农业持续发力，不仅提升了对经济发展贡献率，同时也成为脱贫攻坚的"主战场"。炎陵县投资6.34亿元的游客环线，去年建成通车，途经7个乡镇，惠及全县将近一半的人口，改善了沿线群众的生产生活条件，带动了沿线的产业发展，促进了农民脱贫致富。

市场怎么找？"网线一牵，山外的市场也是我们的主场。"山垅村村支部书记陈远高说。截至目前，全村通过网络平台销售时鲜水果10余万千克，土特产2.5万余千克，销售额达到了400万元，山里的产品实现了更好更快地"走出去"。数据显示，2015年炎陵黄桃线上销售总量达1 500吨，占总产量的40%，4 662人因种植黄桃而脱贫。

资料来源：产业扶贫，如何真正落地［N］.人民日报，2016年2月14日第011版。

第二节 产业扶贫模式类型及有效性分析

西方有句著名的谚语"一千个读者眼里有一千个哈姆雷特"，同样的，每个贫困地区也有各自风格迥异而行之有效的产业扶贫模式。贫困地区因自然禀赋、致贫因素、劳动力条件、地理区位等因素的差异，产业扶贫模式的选择也应该因地制宜，以精准为导向因势利导。因此，从这个层面上讲，合适、符合地区实际的产业扶贫模式就是最有效的，并不存在通用的一般意义上的最有效模式。该部分将从不同维度总结梳理产业扶贫模式，并对其优势和存在问题进行分析探讨。

一、以产业扶贫带动主体划分

主要有龙头企业带动型模式和专业合作社带动模式（表5-1）。

（一）龙头企业带动型模式

以大型企业为龙头，以农户为主力军的产业化经营模式，企业和农户双方通过签订合同建立委托代理关系，企业下订单给农户并进行产品收购，农户则按合同要求完成产品生产任务。该模式有效地带动了农业产业化发展，但企业与农户之间的委托代理关系很不稳定，且容易产生逆向选择和道德风险问题。逆向选择主要是企业可能会隐藏或以虚假的信息欺骗农户，道德风险是指农户可能利用企业无法观测自身行动而采取机会主义行为。逆向选择和道德风险存在的主要原因是产业链条的上下游主体之间利益联结不紧密。

表5-1 专业合作社模式与龙头企业带动模式比较[①]

项 目	专业合作社带动型	龙头企业带动型
基本模式	合作社＋农户	龙头企业＋农户
内源资金	主要来源于农户（资金相对分散）	源于企业（资金雄厚）
外源融资	主要依靠政府政策支持、专业大户联保贷款	主要依靠银行贷款和股权融资
稳定性	需要靠惠顾额返还和入股分红保持稳定关系，一旦出现亏损或风险，易出现退社现象	农户和企业签订合同，关系比较稳定，但容易出现道德风险和违约风险
前提条件	由能人或大户带动，社员发展为专业农户，积极入股合作社	由大型龙头企业带动，广大农户积极参与
发展空间	有动力，但受资金限制，产业链条延伸不够，生产合作社很少涉及加工项目	有动力，有能力，产业链易延伸
农户参与度	产业化经营参与度高，按一人一票或投资额参与合作社管理	产业化经营参与度低，按合同完成生产任务
农户收益	获得生产劳动收益、惠顾额返还收益和入股分红收益	获得劳动收益

（二）专业合作社带动模式

由能人、专业大户或村委会等机构组建合作社，通过吸纳农户入社，实现农业产业化经营。专业合作社是农户自愿联合、民主管理的互助性经济组织，能够最大限度地实现农户利益。但在中国农村社会缺乏西方国家的法治契约精神、民主基础与产业合作意识，故在合作社发展过程中出现"建立容易，运行难"的问题，目前运行的绝大部分合作社内部治理混乱，农户与合作社利益联结松散，无法实现风险共担和产业共兴、利益共享。

除此之外，也有"公司＋合作社＋农户"模式。第一，有了合作社这一中介，避免了公司组织分散农户的困难，降低了公司与分散农户的交易成本；第二，公司的支持带动能够促进合作社的长远发展；第三，此模式能够快速提升农业产业化水平和产业规模，形成一定规模的产业带和产业链。而产业带和产

① 白丽，赵邦宏．产业化扶贫模式选择与利益联结机制研究［J］．河北学刊，2015，35（4）：158-162。

业链的形成是扶贫产业长久发展的关键；第四，三方积极性的充分调动，实现了三方共同发展、共同受益。实践中，多地在此模式的基础上衍生了"公司＋合作社＋金融机构＋农户"模式[①]。此种模式融合了前两种模式的优点，也在一定程度上克服了前两种模式的弱点。如若探究其不足，主要表现为一点：公司（龙头企业）的市场主体性质使其不可避免地具有较强的自我逐利性，如果没有政府有力的支持和监督，其扶贫责任很可能难以有效兼顾。

◆ **专栏　广西柳工集团产业扶贫实践**

　　从 2011 年起，广西柳工集团就为三江侗族自治县林溪镇美俗村兴建了一座 300 多平方米的茶叶加工厂，安装了 14 台炒茶机，使得这个"九山半水半分田"的边远贫困村生机勃勃。目前，全村的茶叶种植面积由原来的 200 多亩增加到 700 多亩，村民收入逐年增长，去年人均纯收入达 7 000 元，来自茶叶产业收入比例达到了 60％。在夯实基础设施、打好产业发展基础上，柳州工业企业还为贫困乡村注入了新的理念，调动村民的生产积极性，保证了产业发展效果，并逐渐形成柳州市工业扶贫中极具特色的"柳州模式"。"自从我们成为了合作社的主人后，参与经营的责任心和脱贫致富的自信心都更强了。"鹿寨县古木村贫困群众如是说。在柳州，还有许许多多的企业援助贫困地区教育事业，努力帮助贫困群众从思想上"拔穷根"，保证精准脱贫的持续、长效。10 多年前，广西花红药业股份有限公司就资助融水苗族自治县红水乡芝东村芝了屯兴建花红融水芝了小学，解决贫困山区孩子读书难问题。现在，许多当年获得帮助的孩子从学校毕业，或参加工作，或自主创业，真正实现了脱贫。

　　资料来源：企业成为脱贫攻坚生力军［N］.柳州日报，2016 年 9 月 2 日第 001 版。

二、以部门参与为特色划分

（一）"金融服务＋"产业扶贫模式

　　以江西赣南为例，通过银政合作，探索金融与财政的合作扶贫机制，以增强贫困地区的自我造血能力，引导银行业机构对接因"缺产业、缺资金"致贫的贫困地区和贫困户，支持果业、林业、油茶、生猪等特色农业和新型农业经

---

　　① 李荣梅．精准扶贫背景下产业扶贫的实践模式及经验探索［J］.青岛农业大学学报（社会科学版），2016，28（4）：1-5。

营主体。通过创新"创业信贷通""扶贫信贷通""油茶贷""金穗光伏贷"等金融扶贫新产品，发挥创业担保贷款在鼓励创业、推动扶贫方面的作用。2014年直接扶持创业1.4万人以上，带动就业6.5万人以上，在帮助老区人民通过创业、就业脱贫方面，取得了良好的效果①。

(二)"特色旅游＋"产业扶贫模式

以国家旅游扶贫试验区建设为契机，充分发挥旅游业的拉动力、融合能力及其催化、集成作用。以90个"美丽乡村旅游扶贫重点村"为重点发展乡村旅游，让更多游客体验赣南老区生态、红色、客家文化旅游，借助体验式旅游平台销售脐橙、油茶等原产地品牌农产品，把乡村旅游与特色产业相融合，为贫困人口创业、就业、增收提供平台。通过旅游大项目的建设带动就业扶贫，发展乡村旅游带动创业扶贫，通过旅游资源如山林、果园、土地、房产等生产资料和资源合作参股、投工投劳等运作模式带动创收扶贫。"旅游＋"的扶贫模式，贫困户参与性强，能有效拓展农业的多重功能，具有创造价值并放大价值的作用，有利于打开贫困地区的封闭状态，有利于提升人口素质和带来开放观念，带来贫困地区人口物质上和精神上的双脱贫。

(三)"互联网＋"产业扶贫模式

通过搭建电商平台，让生产特色农产品的贫困群众与买家无缝对接，带动贫困农户脱贫致富。江西省宁都县和于都县作为国家级电子商务进农村综合示范县，大力发展电商产业平台，与阿里巴巴集团开展战略合作，优先选择贫困户为村淘、京东、农村e邮的乡村合伙人，统一进行岗前培训。依托点对点电子商务销售模式，探索电商扶贫新路径，于都县已吸纳200余名贫困户为合伙人。兴国鼎龙乡引入电子商务新模式后，在13个村设立了村级电商服务站，并创建统一销售平台，将原来只在线下销售的生态土鸡等农产品，统一包装上网，并进行物流配送。目前，赣南老区搭建并利用电子商务平台销售"赣南脐橙"的数量已超过销售总量的10%。从实践效果来看，该模式将生产、流通以及消费带入了一个网络经济、数字化生存的新天地，有效地降低了交易成本，增加了贫困农户收入。

(四)"移民搬迁进城进园"产业就业扶贫模式

结合新型城镇化和工业园区发展，扶持贫困农户进城进园务工就业。以户籍改革为契机，于都、安远、瑞金等县（市）按照群众自愿、规模适度和梯度安置的原则，开展整体移民搬迁。于都在深山区搬迁移民扶贫"进城进

---

①　李志萌，张宜红. 革命老区产业扶贫模式、存在问题及破解路径［J］.江西社会科学，2016(7)：61-67。

园"工作上，先行先试，创造性地提出并推进县城工业园区、中心镇、中心村三级梯度安置模式，成为江西省移民搬迁"进城进园"试点示范县。截至2014年底，赣州市12个县（市、区）进城进园试点项目稳步推进。从实践效果来看，能成功实现农民搬得出、能致富的问题，搬迁群众在企业实现就业以解决园区企业的"招工难"问题，通过人口集中居住，凝聚城镇人气和消费市场。该模式有效促进了扶贫开发与新型城镇化、工业化相互支撑，融合联动。

◆ **专栏　中国人民银行黔江中心支行金融产业扶贫**

　　中国人民银行黔江中心支行对口帮扶的黄溪镇共林村，是重庆市贫困村。该村距离最近的城区78千米，当地村民大多分散居住在海拔800米左右的高山上，地理位置偏远、基础设施欠缺、经济资源匮乏、产业结构单一等因素成为共林村脱贫路上的"拦路虎"。通过多方努力，该行引进了重庆三东科技公司，以金融支持产业扶贫模式，在共林村建起标准化肉牛养殖场，组建了养牛合作社。为有效解决贫困户养牛资金瓶颈问题，该行与当地有关政府部门共同推动成立了产业扶贫风险补偿基金，首次推行"央行＋风险补偿基金＋银行＋企业＋贫困户"的扶贫模式，公司向当地商业银行贷款融资，承贷行可按照风险补偿基金5～10倍放大贷款，通过这种模式进一步深化了银行、政府、企业、三方在产业支持精准扶贫、精准脱贫领域的合作，大胆探索了"改补为借、改补为贷"新模式，改"输血式"为"造血式"扶贫，纵深推进扶贫攻坚工作。据了解，当前共林村标准化肉牛养殖场一期工程已经建成投用，共养殖能繁母牛80余头。针对有意愿养殖但又没有劳动能力的贫困户，可入股合作社，在中心示范场集中饲养，根据农户贷款入股资金情况，年终进行分红，并且连续5年获利。肉牛养殖产业的发展，还带动了当地及周边村民通过土地流转、务工、种植草料等方式增加收入，户均增收5 000元以上。

　　资料来源：中国人民银行黔江中心支行，创新金融扶贫模式 走出产业发展新路 [N]. 金融时报，2016年8月17日第006版。

三、以帮扶的形式为标准划分

　　根据帮扶的形式可以将产业扶贫模式分为直接帮扶模式、委托帮扶模式和捆绑帮扶模式。

（一）直接帮扶模式

直接帮扶模式是对有劳动能力、有致富愿望、有贷款意愿、有收入保障，遵纪守法、信用观念好，并参与产业扶贫开发或自主选择了较好的小型生产经营项目，即"四有两好一项目"的贫困农户直接发放小额信用贷款进行扶持。贷款利率执行同档次贷款基准利率，按期归还贷款的农户可以享受金融产业扶贫到户贷款贴息政策，最高贴息额由贫困农户家庭人口确定，按照1 500元/人的标准计算。

（二）委托帮扶模式

委托帮扶模式是对劳动力少、经济基础差的贫困农户采取"公司＋农户""合作社＋农户""家庭农场＋农户"等方式来帮助脱贫致富。具体操作方式为扶贫部门与公司、合作社或家庭农场签订委托帮扶协议，信用社为其提供扶贫经济组织贷款，享受金融产业扶贫项目贷款贴息政策，贴息率为同档次贷款基准利率的60％，贫困户通过土地入股、提供劳务等形式参与产业开发，实现脱贫致富。

（三）捆绑帮扶模式

捆绑帮扶模式是将企业和贫困农户进行利益捆绑，由企业向信用社提供担保金，信用社为农户提供贷款，农户以自有资金或担保贷款入股成为基地股东，参与基地生产。例如，湖南乐天然果业公司向信用社注入担保金300万元，信用社向贫困户提供贴息贷款参与该企业三叶木通种植基地建设，企业提供技术指导和收购，与贫困农户形成利益捆绑，目前，已带动夹山镇、太平镇、维新镇等贫困农户155户直接或间接就业，人均年收入1.8万元以上。

存在的问题主要有两个：一是存在贫困面大和参与金融产业扶贫的银行机构不多的矛盾。以湖南省石门县为例，截至2015年9月末，石门县还有贫困村122个，主要分布在壶瓶山、南北镇、罗坪等中部和西北部山区乡镇；按人均年收入2 300元以下的贫困标准线，全县仍有贫困人口7.5万人，贫困发生率高达12.5％，贫困面比较大。但从金融扶贫实际看，除农信社在省联社统一部署下积极开展金融产业扶贫试点，其他银行机构均没有对分支行的金融扶贫工作加大推进力度，政策上缺乏必要的激励和引导，参与扶贫开发的主动性和积极性明显不足。二是产业载体较少，适应精准扶贫需求的金融产品缺乏[①]。

---

① 钟昌彪．金融产业扶贫模式及问题分析——以武陵山片区石门县为例［J］．金融经济，2016（8）：173－174。

四、其他产业扶贫有效模式

(一)资产收益型产业扶贫模式

资产收益型产业扶贫模式是以扶贫攻坚规划和重大扶贫项目为平台,整合扶贫资金等各类扶贫资源,用整合起来的部分扶贫资金作为资本金,设立国有农业投资公司,农投公司的规模要与产业扶贫项目和贫困人口的规模相匹配。农投公司充分利用政府扶贫贷款贴息政策,吸收政策性金融资本,扩大农投公司的资金来源和资金规模。在具体操作上,农投公司应发挥资本金的杠杆作用,按照一定比例向政策性银行申请扶贫贷款,贷款利息由政府产业扶贫基金予以全额补贴。农投公司根据产业扶贫项目的具体要求,用自有资金和贷款取得的银行资金进行投资,形成收益性资产,然后将收益性资产租赁给产业资本经营,租赁期限时间跨度较长,可以长达几十年。由于收益性资产是专门为产业资本量身定做,产业资本须为形成该收益性资产的政策性贷款提供担保。产业资本每年将定期向农投公司支付收益性资产的租赁费,农投公司在扣除须偿还的银行贷款本息后,每年均可以取得固定的资产收益。收益性资产租赁期满后,农投公司将收益性资产以一定价格出售给产业资本,完成财政资金的完全退出[①]。

◆专栏 河北省威县资产收益型产业扶贫模式

河北省威县是国家级贫困县,为了尽快实现脱贫,2015 年 8 月,威县县政府与全国蛋品生产企业北京德青源农业科技股份有限公司合作,创新产业扶贫路径,探索由农业龙头企业带动的资产收益型产业扶贫新模式。威县县政府整合各级财政扶贫资金 2 000 万元,向国家发展和改革委员会第三批建设专项基金申请 15 年期贷款 3 000 万元,合计 5 000 万元设立威州农业投资公司。中国农业发展银行按照 4 倍于威州农投资本金的标准,向威州农投提供为期 15 年的 2 亿元政策性贷款。中国农业发展银行和专项基金的贷款利息由国家扶贫资金提供全额贴息。威州农投使用 2.5 亿元资金,按照德青源的要求建成标准化的蛋鸡养殖场,租给德青源用于蛋鸡养殖、饲料加工、废弃物综合处理等。资产租赁期限为 25 年,前 15 年德青源每年向农投公司支付固定租金 2 500 万元(投资总额的 10%),后 10 年德青源以每年 967 万元的价格

---

① 汪翠荣.资产收益型产业扶贫新模式的威县实践 [J]. 中国财政,2016(8):56 - 57。

用于资产回购，租赁期满则所有固定资产归德青源所有。农投公司每年的收益等于固定租金与扶贫贷款贴息之和，扣除需要偿还的银行贷款本息后，剩余的资产收益权赋予贫困人口享有，从而通过市场化经营实现了产业扶贫。

　　资料来源：汪翠荣，资产收益型产业扶贫新模式的威县实践［J］. 中国财政，2016（8）：56－57．

　　资产收益型产业扶贫模式的优点表现在以下几个方面：一是能够充分发挥财政扶贫资金的杠杆作用，吸引更多资金投入到扶贫脱困之中。二是能够获取长期稳定的扶贫资金来源。三是降低了财政扶贫资金的风险。财政扶贫资金投资形成的收益性资产与产业资本之间的关系是租赁关系，农投公司既不参与产业资本的经营活动，也不承担经营活动所产生的风险，其每年获得的是固定的租赁收益。再加产业资本又为农投公司的政策性银行贷款提供担保，这就进一步降低了扶贫资金的风险。四是能够吸引更多的产业资本投资扶贫项目。五是解决了部分贫困人口的就业问题。六是真正实现了精准扶贫。政府将资产收益权量化到每一名贫困人口以后，扶贫资金与贫困人口之间实现了一一对应关系。

（二）"增量奖补法"产业扶贫模式

　　"增量奖补法"实行奖补资金限额到户，产业补助标准统一，项目选择贫困户自主，重点奖补新增产量，其余奖励产业成效，实行村初验、乡镇验收报账，资金分阶段"一卡通"直拨到户，最大限度调动了贫困对象发展增收致富产业的积极性，充分发挥了贫困户的主体作用。具体做法如下：产业发展因户施策规划到户；奖补资金标准统一及时到户；产业建设管护全程监管到户；乡村验收把关资金直补到户。

　　巴中市通江县在精准识别贫困户的基础上，于2015年9月在董溪乡尖场坝村启动"增量奖补法"产业扶贫创新试点。全村通过"一事一议"确定将30万元财政专项扶贫资金，全部按照"增量奖补法"用作产业奖补资金，即锁定贫困户原有产业品类与规模基础数据，依据贫困程度深浅和人口多少确定奖补到户产业资金额度，议定产业分类补助标准，80％资金重点用于奖补新增产量，20％资金用于奖励产业发展成效。全村拨付产业周转金20万元，发放扶贫小额贷8户、36万元，现已撬动贫困户投资（含以劳折资）150多万元，除村内原有5万多千克种子，还从外地集中采购魔芋种18 370千克，25户领种栽植，28户未种植魔芋及种植较少的贫困户已获得第一批增量奖补到户资金10万元，除3户长期在外务工的贫困户冬季才返家发展外，其余42户家家都有致富增收产业，2015 年该村贫困户人均纯收入达到了 3 890 元[①]。

（三）其他模式

有学者以湖南湘西自治州为例，基于产业扶贫开发的市场参与程度，按照政府与市场在产业扶贫开发中的相对作用，将产业扶贫开发模式分为"强市场＋弱政府型""中性市场＋中性政府型"和"弱市场＋强政府型"[②]。陕西安康市发挥党支部的领导核心作用，农业企业、种养大户、合作社带动作用，吸收贫困户融入特色农业产业链，探索提出了农业产业精准扶贫的四种模式，即"党支部＋公司＋贫困户"的"规模流转"模式、"党支部＋园区＋贫困户"的"分块倒包"模式、"党支部＋能人＋贫困户"的"保底代养"模式和"党支部＋合作社＋贫困户"的"订单种植"模式[③]。此外，美国、法国等发达国家通过资源产业转移支付、项目支持农村发展援助、国土开发与整治等手段达到产业扶贫的目的[④]。

专栏　强市场＋弱政府型、中性市场＋中性政府型、弱市场＋强政府型

强市场＋弱政府型：具体表现在，直接的政府资金帮扶较少，主要依靠龙头企业带动产业发展，通过银行贷款解决资金缺口，大大调动了企业、农户的产业发展积极性，取得了良好效果。就政府来说，其职能主要集中在对产业扶贫开发工作的指导、协调、沟通等方面，直接的行政干预不多。

中性市场＋中性政府型：政府发挥投资基础设施的作用，出资建设乡村互联网和培训贫困户"触网"；但在农业产业发展方面，则主要由当地农户自主选择发展方向，促进农业产业取得了较快发展，带动了许多贫困户实现脱贫。

弱市场＋强政府型：政府是产业扶贫的主角，除少量农户投入资金外，绝大多数产业扶贫开发资金由各级政府投入。无论是基础设施、产业园区、产业发展还是农户培训工程，政府都是主要责任方和参与主体。特别是在产业发展的资金使用上，主要由政府来决策，农户参与较少。

资料来源：范东君，产业扶贫开发的三种模式［N］.中国社会科学报，2016 年 11 月 2 日第 004 版。

---

① 杨凌．"增量奖补法"产业扶贫模式深得民心［N］.巴中日报，2016－8－26 第 A04 版。
② 范东君．产业扶贫开发的三种模式［N］.中国社会科学报，2016－11－2 第 004 版。
③ 农业部百乡万户赴陕西调查组．陕西安康四模式助推产业链扶贫［J］.农村工作通讯，2016（14）：53。
④ 吕国范．发达国家资源产业扶贫的模式及经验启示［J］.商业时代，2014（29）：120－121。

第三节　产业扶贫路径的选择及影响因素

产业扶贫服务于脱贫攻坚，助力于县域经济的发展；特色产业诸如农业、旅游等产业选择既是因地制宜、因资源禀赋制宜的结果，也是提升贫困农户参与度、受益度，最终达到提升贫困群体内生发展能力和脱贫致富目标的重要抓手。从这个意义上出发，产业扶贫路径的选择既是契合区域发展的产业补充，也是推动贫困个体就业脱贫的重要途径。选择合适的产业扶贫路径需要对相关的影响因素加以考虑，并对产业扶贫的不同参与主体加以分析。

一、产业扶贫路径选择的影响因素

（一）资金问题

面对产业发展机会时，缺乏购置基本生产资料的资金是贫困农户坐失良机的常见原因。在这种情况下，通过小额信贷提供金融支持，或通过支持企农合作将投资环节、劳动密集环节分别分割给企业与农户，是促进贫困农户有效利用产业发展机会的有效途径。

（二）科技服务与能力建设

特色产业发展实践中，技能不足是导致贫困户边缘化的另一个重要原因：阻碍贫困户参与产业发展，或者在贫困户参与后制约其获得平均水平的投资回报。针对这种情况，政府应通过购买公共服务等方式，按照需要什么提供什么的原则，面向贫困户提供针对性的能力建设服务和农业科技服务。

（三）生产与产业条件

在市场一体化的经济大环境中，贫困户的存在特别是贫困户集中而导致的贫困村的存在，除了扶贫对象家庭的原因，通常也与其所处村庄或所拥有土地的交通、水利等基础设施条件有关。当基础设施条件较好的村庄、农户发展特色产业取得突出成效以后，因生产条件制约而难以摆脱贫困的那些农户就会非常清晰地浮现出来，基础设施建设的重点和方向也会清晰地呈现出来，政府沿此方向即可开展基础设施领域的精准扶贫。

（四）股份化合作

贫困农户以土地、财政扶贫资金入股龙头企业、合作社并获取资产性收入，在特色农业精准扶贫实践中具有特别的价值。一方面，对于劳动力缺乏的贫困户来说，他们无法有效通过投入劳动分享特色农业发展的果实，资产收益扶贫是一条可行途径；另一方面，即使贫困户可以获取特色产业劳动密集环节的收入，若缺乏分享资产收入的机会，他们在产业链中仍然处于低端位置，增收空间有限。因此，政府通过土地制度、农村产权市场、扶贫资源资产化等措施支持贫困户入股特色农业相关龙头企业、合作社，使其获得资产性收入，是精准扶贫实践中值得大力探索的新领域。

（五）风险防范

一方面，贫困地区产业发展具有天然的脆弱性，面临灾害和市场两方面风险；另一方面，贫困户也具有脆弱性，抗风险能力差。两方面因素相交织，致使贫困户面临特色产业发展机会时，即使拥有可投入的资金，也常常因为惧怕投资风险而不敢投资、放弃投资。针对这种问题，政府应该通过支持开展诸如农业保险等为产业扶贫提供兜底保障。除了推广已经开展的一些灾害保险外，更重要的是要探索开展产品价格保险。在商业保险缺乏开展农业保险的积极性时，政府要积极介入，通过保费补贴等措施支持农业保险的发展，特别是要优先支持扶贫产业相关保险产品的供给[1]。

二、政府、产业和贫困户路径三管齐下

（一）政府路径

首先，农村基层政府部门要紧紧把握国家政策导向和资金投向，捕捉信息、掌握重点、健全机制、主动作为，通过加大项目谋划力度等，积极争取上级政策资金支持。其次，扶持中小型企业，从税收和财政方面入手，减轻中小企业压力，支持中小企业的创业与创新。再次，争取上级部门专项资金扶持，加大农技推广力度。采取多形式全方位的办法，如利用电脑、宣传册、开展下乡教育等方法，改变农民传统种植观念。同时，积极配合国家的精准扶贫步伐，将搬迁扶贫、文化扶贫、产业扶贫与教育扶贫等优惠政策与发展生态农业有机结合，增强"造血"功能。

专栏　贵州产业扶贫的县域农业发展路径

地处高原地区的贵州拥有立体多样的气候特点，虽然无法像平原地区实现大规模的耕种，但是有着发展特色农业得天独厚的资源禀赋——非耕地和草山草坡资源丰富，雨量充沛，立体气候明显，适宜于动植物的生长

① 陆汉文. 东部地区特色农业发展路径及其对精准扶贫的启示 [J]. 当代农村财经，2016（7）：9-14。

繁衍、引种驯化和种植，孕育了贵州丰富的生物资源，具有发展"绿色、生态"的特色农业的优势和潜力。

在农业发展的宏观背景下，避免以往扶贫的误区，引入社会资源，尊重市场发展规律，从产业经济发展出发，针对贵州省精准扶贫，结合贵州省山地特色农业发展优势，进行地区发展和产业发展的顶层设计。基于以顶层设计为领航，打造良性运转产业生态系统的发展思路下，智慧产业中心在加快地区扶贫方面主要从产业中心"智库"、品牌宣传、商务贸易三大板块展开工作。

第一，完善产业中心"智库"。依托在农业、旅游、媒体、商贸、金融、产业和规划等行业的专家，凭借在规划、咨询方面拥有丰富的项目经验，充分发挥团队对国家政策的把握和运用，产业发展的系统研究，商业运营的思维逻辑，从贵州省的宏观产业发展、县域地区软实力打造、微观销售运营体系的建设到金融等配套体系的搭建，进行深度研究规划，发挥中心强大的自主研发能力。

第二，加大品牌宣传，提升地区软实力。在互联网化的今天，智慧产业中心的品牌宣传在市场导向、跨越发展、协调创新的原则下，立足于大数据，利用智慧技术，以"互联网＋"为核心资源，通过形象力、产品力、销售力的整体策划，运用品牌运作工具及资源，进行品牌塑造、网络公关、精准传播，打造可以全面感知市场的宣传发展趋势，不断迎合新一代产业发展潮流，成为贵州地区品牌建设的智慧化品牌筑梦摇篮。

第三，推广与销售并重。根据产品的特性，顺应市场需求，制定产品由种植或生产到销售的全案营销策划，一方面，对产品的种植、生产、包装等各环节进行"标准输出"，同时包括地理标识性产品的"标准化制定"，帮助农民提高农产品附加值，促使地区产品走向标准化、规范化、特色化、整体化，提高地区产品的市场核心实力。

资料来源：南国良，贵州产业扶贫：县域农业发展路径探讨［N］．贵州民族报，2016 年 12 月 9 日第 A06 版。

产业扶贫进程中的政府路径具体包括三个方面的内容。一是精准识别扶贫对象。按照分级负责、精准识别、动态管理的原则，根据统一的扶贫对象等级识别办法与标准体系，从贫困区域到贫困村再到贫困户，逐步细化扶贫对象，确保真正搞清贫困人口、贫困程度、贫困原因等基本情况，建档立卡，并将基本资料和信息进行动态管理，为产业精准扶贫打下坚实基础。二是精准使用扶贫政策。根据扶贫对象特点，制定差异化帮扶计划，提高产业扶贫资金精准度和效率。对扶贫对象给予包括财税、投融资、金融服务、土地使用和人才保障等多方面的优惠政策。三是精准考核扶贫成效。产业扶贫作为脱贫攻坚的有效载体，能否扎实推进和取得实效，有效的顶层设计和考核机制是关键。只有将产业扶贫工作责任层层落实到人、工作任务纳入正反向考核奖惩机制，明确考核内容、主体、程序及结果应用，才能持续保证产业扶贫工作的有效性[①]。

(二)产业路径

从产业规划入手，充分考虑国际国内及区域经济发展态势，对产业发展、产业体系、产业结构、产业链等进行分析，做好产业发展的定位规划。择优扶持优势产业。因地制宜地选择产业扶贫项目优先给予资金支持，加大扶贫贷款投放量，落实扶贫贷款贴息优惠政策，引导扶贫功能较强的龙头企业深度挖掘和提升优势资源的附加值空间。企业应联系自身实际情况，分析行业情况和市场经济发展，根据市场需求合理规划公司发展计划，规避市场风险。

建立扶贫产业综合服务平台。在重点扶贫区域探索建立集特色产品供应、特色产业服务和营销、扶贫产业金融服务等综合功能为一体的服务平台，指导和帮助扶贫产业各个产业链环节的发展，营造良好的产业外部发展环境，为产业发展资金和人才的引进提供支撑。与科研机构"联姻"进行合作，由第三方机构对当地的自然、社会等进行分析，形成科研报告，深刻分析影响生态农业、企业和经济发展的因素，由第三方机构对农民进行农技指导，提升农民科学种植能力。把科技园区建设作为加强院地院企合作的切入点，采取积极措施，促进地方、企业与科研院所、高等院校联合创建一批具有较高层次、较强示范带动作用的农业科技示范园区。以项目建设为载体，建立长期稳固的协作关系。通过院地院企项目合作，取得一批科研成果，改造提升传统产业，培育壮大新兴产业。

◆专栏 兴国县三管齐下破解产业扶贫瓶颈

一、破解资金难题

一是有效整合扶贫资金。围绕产业发展，整合水利、水保、国土、农发、林业等涉农项目资金达 5 000 余万元；二是大力实施奖补。加大专项扶贫资金投入，年初出台了油茶、脐橙、蔬菜、肉牛、特色种养业等产业扶贫奖补实施方案，产业奖补资金达 1.8 亿元，其中蔬菜产业奖补资金

---

① 杨春燕，程红丹，汪露希．高山农村生态农业发展困境与创新路径研究——以恩施富硒生态农业发展为例［J］．科技视界，2016（26）：48-50。

4 800余万元。三是合力撬动信贷。成立了产业信贷服务中心，积极实施了"产业扶贫信贷通""财政惠农信贷通""金穗油茶贷"和产业扶贫贷款贴息等，目前，仅"财政惠农信贷通"就累计向1 025户新型农业经营主体发放贷款2.08亿元。

二、突破销售瓶颈

为解决农产品销售的后顾之忧，兴国县三路并进搭建农产品销售桥梁。一是农超对接。结合城区农贸市场布局，在人口相对集中的村镇社区合理规划布局超市，补充和完善市场服务网络，解决农产品销售难题。二是农企对接。积极做好学生营养餐、城区"菜篮子"、精准扶贫"三结合"文章，对接营养餐、"菜篮子"平台，参与流通销售贫困户130余户。三是电商对接。以创建全国电子商务进农村综合示范县为契机，建立窗口创业、链条就业、产地直供的电商扶贫模式。目前全县参加电商培训6 194人，其中贫困户3 249人。从事打包分拣等工作的贫困户2 000余人。

三、建立保障机制

一是建立推动机制。建立一名领导、一个规划、一个目标、一套班子、一套机制、一套办法"六个一"抓产业扶贫机制，一名领导一个项目，统一调度，协调推进。二是建立考评机制。实行扶贫产业一个扶贫项目、一个方案、一套联结机制、一个评估报告，对产业扶贫成效进行评估、考核。三是建立帮扶机制。在干部结对帮扶基础上，兴国县积极组织种养大户实施产业扶贫，选出一批有社会责任心、有技能、有实业、有帮扶意愿的带头人与贫困户开展结对帮扶。目前，全县有376户种养大户通过帮技术、帮资金、帮销售帮扶贫困户6 000余户。

资料来源：温岩松.创新产业扶贫路径 加快脱贫攻坚步伐 [J].老区建设，2016（15）：34 - 36。

创新产业扶贫机制，保证扶贫到户。一方面，要保证产业扶贫项目落实到户，根据"政府＋龙头企业＋产业基地＋贫困户""公司＋贫困户""公司＋专业合作组织＋贫困户"等多种形式，发挥龙头企业"领头羊"作用，保证产业扶贫覆盖所有贫困村、贫困户。另一方面，要创新参与式扶贫产业模式，通过带动贫困人口就业、入股、扶贫资金入股企业后给帮扶对象分红等多种方式鼓励政府、企业、民间资本等多方参与，从而增加扶贫产业发展动力和活力。打造绿色产业集群效应，以大农业为出发点，按"整体、协调、循环、再生"的原则，全面规划、调整和优化农业结构，积极打造绿色产业集群，使农、林、牧、副、渔各业和农村一、二、三产业综合发展，并使各业之间互相支持，相得益彰。

（三）贫困户路径

一方面，加大贫困人口产业技能培训力度。在产业扶贫工作中，贫困人口作为扶贫主体，只有发挥出其主体作用，才能保证扶贫效果的取得，而其主体作用的发挥，离不开素质的提升和专业技能的掌握。产业扶贫的推进必须建立和健全各项经常性的培训制度，根据产业和市场发展需求，加强有针对性的产业政策、产业素质、产业技能、征信、金融、法律等全面系统的培训，通过传授技术提高贫困人口自我发展能力。另一方面，有效发挥引进人才的帮扶作用。将定期安排驻村扶贫干部、志愿者、技术人员等多种人才引进的机制制度化、规范化，通过专家讲课、科普讲座、养殖协会等多种渠道大力推广先进实用技术和专业技能知识，着力培养农村特色产业示范带头人、种植和养殖能手等具备专业素质的人才，为产业扶贫提供智力支持[①]。

三、产业扶贫路径评述

在经济新常态的背景下，要打赢脱贫攻坚战、实现贫困地区的可持续发展，必须把产业扶贫和绿色发展理念结合起来，在扶贫政策考核和扶贫项目监测中加强对绿色减贫的重视。贫困地区发展产业扶贫项目，要重视从生态效益角度进行事前的评估，农业发展要注重保护当地的资源环境，寻求经济增长、脱贫攻坚和生态环保等多重目标。另外，未来的减贫道路中，融合绿色发展的产业扶贫模式会越来越重要。只有重视绿色减贫理念，大力推进贫困地区的产业绿色化、绿色产业化，才能更好地走出符合多方利益需求的特色减贫道路。绿色减贫是通过与自然生态环境体系和自然生产力紧密相融，将自然资源、经济资源和社会资源寓于绿色发展体系循环之中，并以此提升资源配置效率，进而获得经济效益、社会效益和生态效益的全面提升。产业扶贫注重绿色可持续所带来的减贫效应，不仅仅体现在收入的提高，同时还体现在环境、生态、文化等综合效应上。因此，效应影响范围更广，不仅局限在贫困地区，对于非贫困地区同样产生影响，比如依靠自然环境开发的旅游扶贫，不仅使贫困人口依靠旅游产业增加收入，也进一步能增强当地政府对于环境和生态保护的积极性，同时，也让周边非贫困地区的人口能体验到良好的生态环境，真正达到了成效人人共享。

例如，"互联网＋休闲农业"的产业扶贫路径是一条政府引导、企业主导、

---

① 胡冰. 青海省特色产业青海省特色产业扶贫的路径选择 [J]. 青海金融，2016（12）：16-19。

市场化运营项目的新路径，运用"互联网＋"的设计理念，通过线上线下相结合营销方式，实现智慧农业与智慧旅游业相融合的全新经营思维。这样的运作模式已经得到各级扶贫办的认同和协助，通过借用"互联网＋"的新理念和技术丰富休闲农业发展的科学内涵，同时以"精准扶贫"延伸休闲农业发展的功能。对于不同地区根据当地实际情况，用"精准扶贫"差异化、持续性的扶贫理念来指导发展休闲农业项目。与此同时，休闲农业旅游"精准扶贫"项目的启动与实施在目前社会经济发展极为不平衡的大背景下可以说也是休闲农业功能的延伸。必将成为助推精准扶贫工作带动农民就业增收的重要路径。

诸如此类的产业扶贫路径都是力求在产业扶贫中将片区产业发展与精准扶贫相结合，将更好发挥政府作用与市场配置资源决定性作用相结合，将现代农业发展要求与扶贫对象自身特点相结合，走一条"资金跟着穷人走，穷人跟着能人走，能人穷人跟着产业项目走，产业项目跟着市场走"的精准产业扶贫新路子。这条路径瞄准了贫困人口。将普惠政策与特惠政策相结合，形成差异化扶贫政策，确保扶贫专项资金向贫困户倾斜。这条路径改革了帮扶方式，改传统"给钱给物"打卡到户为直接帮扶、委托帮扶和股份合作三种模式，鼓励扶贫经济组织（包括扶贫农业企业、农民专业合作社、家庭农场）与贫困农户建立紧密的利益联结机制，形成利益共同体，克服扶贫对象产业发展的短板效应，引导扶贫对象走向市场，切实提高扶贫对象参与当地特色产业发展的组织程度。这条路径建立了维权机制。确保贫困农户与扶贫经济组织实现紧密的利益联结，必须为贫困农户建立利益维权机制，指导和帮助贫困农户维护合法权益，尊重贫困农户自主选择权和参与权。这条路径放大了财政扶贫资金效益。通过政府主导的担保平台建设，搭建银企桥梁，缓解扶贫经济组织融资困难，确保大多数贫困农户享受无担保、无抵押、基准利率的小额信贷，缓解了扶贫对象贷款难问题。

第四节　不同产业扶贫类型和模式案例

产业扶贫是一种内生发展机制，其目的在于促进贫困个体（家庭）与贫困区域协同发展，根植发展基因，激活发展动力，阻断贫困发生的动因。其发展内容为：在县域范围，培育主导产业，发展县域经济，增加资本积累能力；在村镇范围，增加公共投资，改善基础设施，培育产业环境；在贫困户层面，提供就业岗位，提升人力资本，积极参与产业价值链的各个环节。从这一角度看，产业扶贫可看成是落后区域发展的一种最有效的方式。本文着重介绍以下四种产业扶贫类型。

一、电商产业扶贫

电商产业扶贫是将电子商务与产业扶贫进行深度融合所形成的一种"互联网＋产业"的精准扶贫模式。这种模式整合了电子商务与产业扶贫各自的优势，弥补了彼此的短板，是一种可以复制的大面积推广模式。目前，该模式已受到政府、专家、学者、企业和媒体的高度重视和关注，不仅有关电商产业扶贫的各种信息和报道愈来愈多，而且以苏宁、阿里巴巴、京东为代表的电商企业，已开始介入电商产业扶贫。据商务部市场建设司副司长孔令羽介绍，目前我国经济欠发达地区电子商务发展可观。移动网购消费增幅最大的 100 个县中 75％位于中西部，亿元淘宝县中，国家级贫困县 21 个。电商是经济欠发达地区实现弯道超车的有效途径。国务院扶贫办国际合作和社会扶贫司巡视员曲天军表示，电商扶贫的思路实际上是"消费扶贫"，通过有效建立贫困地区资源独特的产品与外界买家的沟通，扩大外界的积极消费，从而拉动贫困地区的经济发展。2015 年 11 月《中共中央国务院关于打赢脱贫攻坚战的决定》中，明确提出要"加大'互联网＋'扶贫的力度"，支持以互联网、电子商务等促进贫困问题解决。作为国务院扶贫办十大精准扶贫工程之一。在国务院扶贫办指导下，中国扶贫基金会联合苏宁云商集团、京东集团、阿里巴巴集团、中国社会科学院信息化研究中心、苹果公司等相关单位，共同发起成立了以"创新·互联·共享"为理念的"全国'互联网＋扶贫'共享价值联盟"，并发布《全国"互联网＋扶贫"共享价值联盟宣言》，动员相关各方创新合作跨界整合资源，全面推动电商扶贫成果共建各方共享。京东集团与友成企业家扶贫基金会签署《消费扶贫合作备忘录》，启动首届扶贫消费日，倡议消费者通过购买贫困地区农产品助力扶贫。

◆ **案例：甘肃陇南电商扶贫**[①]

在 2015 年减贫与发展高层论坛上，甘肃省陇南市扶贫开发办公室获得 2015 中国消除贫困创新奖。据国务院扶贫办工作人员介绍，这是"电商扶贫"模式首次上榜。电商扶贫是国务院扶贫办 2015 年十大精准扶贫工程之一。

---

① 甘肃陇南.电子商务开扶贫新路——国务院第三次大督查发现典型经验做法之六，http://www.lncz.gov.cn/czxw/3400.html。

陇南市委书记孙雪涛在大会上介绍了陇南电商经验，目前，陇南市扶贫办已经在陇南 9 县区普遍建立了县乡村三级电商扶贫综合服务中心，在 450 个贫困村创建了一批电商扶贫示范网店。截至 2015 年 8 月底，陇南全市网店达到 6 837 个，网店销售总额 8.9 亿元，带动了 1.7 万多人就业，通过开展电商扶贫，贫困人口纯收入人均增加 306 元。

2015 年初，甘肃省陇南市成县在县城设立电子商务运营中心，并在乡村建立村级电子商务服务站，打造"消费品下乡、土特产进城"的双向流通体系。陇南市是甘肃省唯一的长江流域地区，气候湿润，生态良好，有油橄榄、核桃、食用菌等特色农产品。过去由于交通不便、信息闭塞，大批的土特产烂在地里都没人要。"土里刨食""日出而作，日落而息"依然是这里农民的写照。截至 2015 年底，这里仍有贫困人口 50 万，贫困发生率 20.5%，是甘肃省贫困面最大、贫困人口最多、贫困程度最深的地区。

2013 年，时任陇南市成县县委书记的李祥通过微博在网上销售当地的核桃，被誉为"核桃书记"。当地政府开始意识到，要如期完成全面脱贫攻坚任务，传统单一的种植业、养殖业有很大局限，必须扬长避短，因地制宜，找新路子。通过电子商务，将深山里的"宝"销售到海内外，把资源优势转变为经济优势，成为当地政府的一项新探索。而对于深处西北内陆的陇南来说，经济基础薄弱、电商人才缺乏、市场发育不完善等，都成为制约电商发展的瓶颈。因此，陇南的电商扶贫探索通过政府主导，自上而下、带动示范逐步推进。为此，陇南市通过组织驻村工作队、包村干部、大学生村官等进村入户，帮助村民学电商、开电商、用电商，网络销售农副产品。

2013 年以来，陇南市将 90% 以上的财政扶贫资金和 80% 以上的涉农资金，用来建设基础设施。截至目前，硬化通村公路 1 万千米，实现了全市城区和乡镇 4G 网络全覆盖，行政村网络覆盖率达到 70% 以上。整合发展各类物流企业 200 多家、快递服务站 800 家、村邮站 1 200 多个，基本建成了"县区有物流园、乡镇有快递服务站、村有代办点"的物流快递服务体系。

在电商人才建设方面，陇南市筹建了西北首家电商职业学院，同时，依托电商培训机构以及电商龙头企业，累计培训 13 万人次。目前，在陇南，大学生村官、城市务工返乡青年、未就业大学生、农村致富带头人等，都参与到农村电商发展中，保障了电商人才队伍建设。陇南还围绕电商，完善生产、加工、包装、物流、营销产业链，吸纳建档立卡贫困户农民就业，增加工资性收入。目前，陇南依托电商产业链，提供就业岗位 5.7 万多个，吸纳贫困人口 1.4 万多人就业。据统计，截至目前，陇南的网店数量近 1 万家，累计销售 45 亿元，其中电商扶贫试点贫困村开办网店 800 多家，销售总额达到 3.2 亿元，带动贫困群众 15 万余人增收致富。

二、金融产业扶贫

金融产业扶贫就是坚持市场化和政策扶持相结合，以市场化为导向，以政策扶持为支撑，充分发挥市场配置资源的决定性作用，健全激励约束机制，在有效防范金融风险的前提下，引导金融资源向贫困地区倾斜。充分发挥好财政扶贫资金和信贷资金的综合效益，切实帮助贫困农户解决产业发展资金困难，在贫困地区开展以贫困农户小额信用贷款为主体的金融产业扶贫工作。2016 年 9 月，证监会发布的《中国证监会关于发挥资本市场作用服务国家脱贫攻坚战略的意见》指出，要集聚证监会系统和资本市场主体的合力服务国家脱贫攻坚战略，支持贫困地区企业利用多层次资本市场融资，支持和鼓励上市公司、证券经营机构履行扶贫社会责任。不同于以往的基金模式，该基金具有两大模式创新：首创上市公司主导、产业基金作为引导资金的商业模式；以产业带动长效扶贫，在国家扶贫攻坚战略的大背景下，创新市场化运作模式。

 案例：通渭县金融产业扶贫[①]

通渭县是甘肃省定西市下辖的一个纯农业县，农业生产对自然环境的依赖性强，农村经济基础薄弱，抗灾能力较差，农民自有资金不足，工业反哺农业、城市支持农村的条件不具备。同时，农户贷款难的问题一直存在，农户发展经营举步维艰。精准扶贫工作大幕拉开后，为了更好地推进精准扶贫工作，甘肃银行在通渭县确定了"银行＋企业＋农户"模式，通过优选当地实力强、诚信度高、有帮扶带动能力和意愿的涉农企业作为精

---

① 2015 甘肃金融扶贫经典案例征集案例选登，http://news.163.com/15/1109/07/B7V9QMDP00014AEE.html。

准扶贫帮扶企业。这些企业共有的特点就是以农业生产为主营业务，农民可以用精准扶贫贷款发展养殖和种植业，帮扶企业负责收购，或者将精准扶贫贷款直接投资，帮扶企业在年终付给农户约7％的"投资收益"。

甘肃银行借助"银行＋企业＋农户"模式，努力打造的贫困户致富"财富管理公司"立足实际带动效果明显，解决了贫困户没有致富产业、没有启动资金的难题，打通了贫困户缺乏资金难以有效脱贫的瓶颈。该行在通渭县精准扶贫工作中，充分利用帮扶企业先进的经营理念、广阔的市场等资源，不仅解决了散小农户经营信息不对称和市场竞争力弱等问题，还把帮扶企业打造成了建档立卡贫困户的"第三方财富管理公司"。该行的"第三方财富管理公司"扶贫模式受得了地方贫困户的普遍欢迎。截至10月31日，该行在通渭县已累计发放精准扶贫专项贷款4.99亿元，其中有13家帮扶企业正在带领1 000余户贫困户脱贫致富。

三、光伏产业扶贫

国家能源局和国务院扶贫开发领导小组办公室联合发布《关于下达第一批光伏扶贫项目的通知》。通知明确各贫困县所在地市（县）政府应建立光伏扶贫收入分配管理办法，并按照办法进行收入分配管理。各有关省发展改革委（能源局）和扶贫部门要健全光伏扶贫项目管理机制，做好扶贫项目的建设管理工作，督促地方政府和投资主体尽快落实建设条件，及时办理项目备案等手续，争取早日建成发挥扶贫效益。通知还要求，各有关市县级政府要按实施方案落实建设资金，协调国土、林业、环保等有关部门配合项目落实有关建设条件，协同落实好国家支持光伏发电和扶贫相关政策。各有关省发展改革委（能源局）和扶贫部门要组织光伏扶贫项目投资经营主体及时在国家可再生能源发电项目信息管理平台上填报工程建设进度、运行和扶贫收益分配、扶贫对象等相关信息，并在情况变化后及时更新。

◆ 案例：江西于都县光伏产业扶贫①

江西省于都县是中央红军长征出发地、国家扶贫开发重点县、罗霄山扶贫攻坚片区县。在加快推进扶贫攻坚的战略中，该县因地制宜、精准施

① 凤凰网：于都．光伏发电一个老区县的扶贫路径选择，http：//jx.ifeng.com/a/20160420/4475619 _ 0. shtml。

策，大胆探索了行之有效的光伏扶贫实践。截至 2016 年 3 月底，全县"光伏扶贫"已覆盖 7 390 户贫困户，建起村级联户电站 156 个，全县将有 3 万户以上扶贫对象通过光伏发电产业实现脱贫。省市领导肯定地说，于都县光伏扶贫的成功实践，走出一条可复制、可推广、可持续的产业扶贫新路子。于都辖 23 个乡镇 357 个行政村，总人口 110 余万人。其中"十二五"贫困村 156 个，"十三五" 123 个，贫困人口 3.36 万户 13.55 万人，贫困发生率达 12.4%。

于都具有良好的光热资源，光伏发电技术成熟，投资回报率较高，无需劳力投入，操作简单，一次性投资，可长期受益，选择光伏扶贫项目是正确的抉择。县委、县政府经比选筛选，决定把光伏产业确定为县七大扶贫产业的主攻产业和突破口。困难群众发展产业资金是最大的阻碍，如何让利于民，支持帮助他们轻松成为光伏扶贫的受益者，县委、县政府按照"政府主导、农户主体、市场运作"的思路，通过量身定制精准施策来推进。首先，综合考虑投资收益、筹资能力、安装条件等因素后，设计确定到户光伏电站装机规模 3～5 千瓦。其次，创新银行信贷政策，通过省农行专门为困难群众量身定做信贷新产品——"光伏贷"，可以 5 年只付息，5 年后还本，然后再续贷两次合计 15 年期限，并给予基准利率的优惠政策，从信贷制度上给予支持。同时，还配套推出安装补贴、财政贴息等叠加政策。

安装服务企业的选择与确定事关贫困群众的切身利益，于都将安装服务企业的选择与确定完全推向市场，采取投标竞价，并由纪检监察、法制办等部门实行全过程监管，真正实现实施门槛最低化、利益最大化。群众发展光伏产业的积极性非常高涨，迅速涌现了上欧安置区、禾丰大字小西湖移民社区、岭背滨河移民社区、金星移民安置社区、仙下龙湖脑移民安置社区、银坑营下移民新村和靖石乡黄沙村等一批光伏产业精品示范点。与此同时，县里对贫困村实行光伏项目扶持政策。由县财政从产业扶贫资金中安排专项建设资金，为每一个贫困村安装 30 千瓦的光伏发电装置，每年的收益除预留 10% 作为管理维护费用外，其余分配给本村贫困户和用于本村公益事业，为村里的集体经济积聚财源。光伏产业在于都扬势成优，目前全县有 3 个 10 兆瓦以上地面光伏电站项目，其中《中设国联于都县盘古山镇 60 MWp（一期 20 MWp）光伏电站中草药种植一体化项目》已于 2015 年 11 月 30 日开工建设，大约 2016 年 6 月底完工并网发电。

四、旅游产业扶贫

旅游产业扶贫是通过扶持具有旅游资源的贫困乡村发展旅游产业，带动贫困地区区域经济发展、贫困农民脱贫致富、村庄环境改观的一种新的扶贫模式。根据国家旅游局、国家发展和改革委员会等 12 部门联合印发的《乡村旅游扶贫工程行动方案》，"十三五"期间，通过实施乡村旅游扶贫工程，使全国 1 万个乡村旅游扶贫重点村年旅游经营收入达到 100 万元。从旅游产业扶贫过程中得到的启示是，一是旅游业产业链条长、带动性强，是推动精准脱贫的重要途径和抓手；二是旅游扶贫必须党政主导，科学规划，统筹发力；三是旅游扶贫是有尊严的造血式扶贫，必须充分发掘贫困群众脱贫致富的内生动力，扶贫先扶志，变要我干为我要干；四是旅游扶贫要不断创新，总结出能人带户、景区带村、公司＋农户、合作社＋农户等行之有效的模式并加以推广。

案例：湖北省利川市谋道镇药材村旅游产业扶贫①

药材村位于湖北省利川市谋道镇最西边，与重庆万州的恒合乡接壤。有 50 年种植黄连及其他药材的历史。2008 年被湖北省评为"旅游名村"，2014 年被湖北省评为"省级旅游示范区"，药材村里的苏马荡景区在 2015 年被《国际文化旅游促进会》《中国民族文化旅游协会》《中国生态旅游发展协会》《魅力中国旅游网》一致评为"中国最佳文化生态旅游目的地"等荣誉称号。该村具有区位优势好、地理位置便利的优势。同时，该村植被优势棒。药材村内基本上处于次原始森林状态，植被保持了多样性，千年杜鹃、满山红叶、天然园林、植物奇观独具特色。此外，该村文化优势奇。古南浦文化、谋道关庙、禹王宫、文庙、南浦雄关、"活化石"水杉王文化底蕴深厚，方圆 10 千米有 10 位博士，人杰地灵。药材村所在地三合药材场是利川"黄连之乡"的主要基地，这里的黄连 1985 年在国务院获过金奖，这里曾经是湖北省先进农业型乡镇企业，全国三次大型黄连现场会到过这里。湖北电影制片厂曾在这里拍过纪录片，全国人大常委会副委员长成思危考察过这里，民居文化、服饰文化、传统习俗在这里能得到充分体现。该地区气候条件好。药材村气候四季分明，冬无严寒、夏无酷暑，年平均气温 14 ℃左右，是盛夏"绝无仅有"的天然空调。该地区景

---

①　百度文库："药材村实施旅游扶贫典型案例" https://wenku.baidu.com/view/e93c9ab15727a5e9856a61fa.html。

观优势多。药材村具备其他地方不具备的若干自然景观，如乌龟石、罗汉石、老虎山天然园林等。还可观远景，如人头寨、红凤山、鹿鸣丫、石头寨、船头寨、高狮、齐跃山城墙、磁洞沟峡谷等。

在发展旅游产业扶贫过程中，该村利用网络、媒体号召附近市民到山区避暑休闲。药材村苏马汇景区以养生为主题，每年都会吸引大批老年成员。此外，目前重庆市有离退休职工400多万人，加上利用公休避暑度假的在职职工，形成了一个庞大的消费群体。谋道镇正是瞄准了这一契机，启动了"发展乡村旅游、实现富村富民"乡村旅游，号召重庆、万州的老年人来避暑纳凉。此项活动的开展不仅能让农民增收，还能带动农产品就近消费，从而促进城乡资源互动。目前药材村已建立以避暑纳凉，休闲养生为主业的乡村旅游接待点30多个，农家乐、酒店日接待能力万人以上。

同时，该村把文化融入乡村旅游扶贫建设。药材村按照民族特色，因地制宜的原则，建设一批具有旅游接待功能的服务设施，发挥地方资源优势，结合生态旅游和土家文化旅游品牌特色，以自然风光和杜鹃文化旅游节活动为吸引物，药材村以突出避暑纳凉和民族风情两个主题，保持了民俗文化，在带动当地农户创收的同时，更丰富了乡村旅游的文化内涵。富村富民是发展乡村游的根本，旅游开发必须遵循的一个基本原则是富民，成功的旅游开发必须能够促进本地经济和文化的全面提升，能够带动当地老百姓致富。

自2011年利川市启动全市乡村旅游示范项目以来，药材村每年接待市内外游客5万人次，收入500多万元，人均收入在5500元以上，乡村旅游让当地老百姓尝到了甜头。村里办起了物业公司并组建了关东湾农贸市场，解决了当地村民的就业问题，目前全村在外打工的青年都回家就业和创业了。

第六章　产业扶贫效果如何评估

当下，真扶贫、扶真贫是精准扶贫的目标导向，只有"造血式"的产业扶贫才能实现这一目标。虽然各级地方政府在顶层设计和政策制定方面，注重从以前的"输血式"扶贫向"造血式"转变，但效果却差强人意。需要注意的是，收入水平是扶贫的关键指标，但收入提高仅仅是精准脱贫的必要条件，而非充分必要条件，只有形成能够保证收入稳定提高的"造血"功能，也就是稳定的收入来源，才能实现精准脱贫的目标。正是因为大部分地区没有看清这一逻辑，导致在扶贫过程中往往被"数字"所禁锢，因此，需要通过对扶贫效果进行评估，跳出数字的枷锁，着眼于解决问题的根本产业模式培育，才是脱贫致富的有效途径。本章节将从产业扶贫评估的目的、目标、基本要求、内容、指标体系、组织与管理以及产业扶贫评估结果的应用这几个方面出发，对如何评估产业扶贫效果进行阐释。

第一节　产业扶贫评估的目的、目标和基本要求

一、产业扶贫评估的目的

1. 产业扶贫评估为全面建成小康社会提供支撑　2016 年是"十三五"规划的开局之年，也是全面建成小康社会决胜阶段的开局之年。近年来，我国扶贫工作取得重大进展，至 2015 年贫困人口减至 5 623 万人。但与此同时，扶贫工作也面临着扶贫不精准、扶贫资金漏出、扶贫效果下降、扶贫难度加大等问题。全面建成小康社会是党的十八大确立的宏伟目标，而小康社会的实现程度如何进行定性及定量的测度，如何评价是否确实完成两个一百年的具体任务，都需要精确的度量尺度。习近平总书记曾指出："扶贫作为一项重要民生工程，要作为一件实事摆在那里，最主要的就是落实。"而扶贫工作落实得怎

么样，成效评估起着指挥棒的作用。产业扶贫评估能够为全面建成小康社会的目标评估做基础支撑。一方面，全面建成小康社会最艰巨、最繁重的任务在农村，特别是在贫困地区。没有农村贫困地区的小康，是不完整的小康。产业扶贫评估构成全面建成小康社会的应有之义，是全面建成小康社会的重要一环。另一方面，产业扶贫评估的过程，可以作为全面建成小康社会目标评估的预评估，为其提供基本的工作经验。贫困治理效果评估的指标体系、评价机制、工作流程、结果应用等方面，都可以为全面建成小康社会目标评估提供基础支撑。

2. 产业扶贫评估为精准扶贫精准脱贫提供保障　精准扶贫精准脱贫要求必须坚持"六个精准"的扶贫指导方针，算清"五个一批"的贫困人口细账，在此过程中需要确定未来精准脱贫总规划、路线图，做实协同战略、找准攻坚战术、打好年度战役，防止省、市、县、乡层层脱离实际，一味压缩精准脱贫的时间表。扶贫成效评估特别是产业扶贫评估，作为社会体系支持精准扶贫精准脱贫的重要力量，是客观评判省级党委和政府扶贫开发工作精准度、群众满意度的重要依据。2016 年 2 月，为确保扶贫工作的扎实推进，中共中央办公厅、国务院办公厅印发《省级党委和政府扶贫开发工作成效考核办法》，要求考核工作从 2016 年到 2020 年，每年开展一次，对中西部 22 个省份党委和政府扶贫开发工作成效进行考核。考核工作采取日常督查、第三方评估和年度核查相结合的方式进行。通过产业扶贫评估优化精准扶贫精准脱贫工作，在贫困群众的满意度上着力，让小康成为老百姓看得见，摸得着的新生活，"小康不小康，关键看老乡"，脱贫攻坚的成效，最直接的体现就是老百姓的日子好过了。通过产业扶贫评估进行从上而下的一体化推进体系，才能真正实现精准扶贫精准脱贫的终极目标。

3. 产业扶贫评估为改进扶贫开发绩效提供参考　产业扶贫一般是指有助于当地产业和经济发展的扶贫措施，包括产业扶贫、发展特色产业（行业扶贫）、科技扶贫、完善基础设施（与生产更为相关的道路交通等）、发展教育文化事业（尤其是成人劳动技能培训）等。从扶贫的本意来看，是为了让贫困地区的人们获得自我发展，从而实现自我脱贫的机会。但是在产业扶贫的实践中，实施过很多在当时看来非常可行的项目，例如，给贫困家庭提供资源（如小羊羔、果树苗等），让其利用当地的好环境种养出好的产品。但不少这样的项目最后都没有取得预期的效果，就是因为没能解决销路的问题。扶贫部门可以给钱给物给政策，甚至可以帮助解决生产问题，但是产品的销售和购买完全是市场行为，政府即使能让市场对贫困地区有所倾向，最多也只是引导鼓励部分人去购买贫困地区的产品而已。由此导致不少产业扶贫项目没有发挥其应有的作用。而对于产业扶贫评估，一方面是对传统扶贫开发绩效评估的改进，另一方面更是对产业扶贫项目的引导并让其发挥最大的效用。

◆ 专栏　重点从八个方面推进产业扶贫

　　农业部、国家发展和改革委员会、财政部、中国人民银行、国家林业局、国家旅游局、中国银监会、中国保监会、国务院扶贫办联合印发《贫困地区发展特色产业促进精准脱贫指导意见》（以下简称《意见》）。《意见》指出，发展特色产业是提高贫困地区自我发展能力的根本举措。产业扶贫涉及对象最广、涵盖面最大，易地搬迁脱贫、生态保护脱贫、发展教育脱贫都需要通过发展产业实现长期稳定就业增收。当前贫困地区特色产业发展总体水平不高，资源优势尚未有效转化为产业优势、经济优势，成为农村贫困人口增收脱贫的瓶颈。做好产业扶贫工作是党中央国务院赋予我们的光荣职责和神圣使命，对于贯彻落实中央扶贫开发工作的重大部署、全面建成小康社会具有重大的现实意义。《意见》明确，重点从八个方面推进产业扶贫。

　　一是科学确定特色产业。科学分析贫困县资源禀赋、产业现状、市场空间、环境容量、新型主体带动能力和产业覆盖面，选准适合自身发展的特色产业。

　　二是促进一、二、三产业融合发展。积极发展特色产品加工，拓展产业多种功能，大力发展休闲农业、乡村旅游和森林旅游休闲康养，拓宽贫困户就业增收渠道。

　　三是发挥新型经营主体带动作用。支持新型经营主体在贫困地区发展特色产业，与贫困户建立稳定带动关系，向贫困户提供全产业链服务，提高产业增值能力和吸纳贫困劳动力就业能力。

　　四是完善利益联结机制。鼓励开展股份合作，农村承包土地经营权、农民住房财产权等可以折价入股，集体经济组织成员享受集体收益分配权；有关财政资金在不改变用途的情况下，投入设施农业、养殖、光伏、水电、乡村旅游等项目形成的资产，具备条件的可折股量化给贫困村和贫困户。

　　五是增强产业支撑保障能力。大力发展电子商务，积极培育特色产品品牌。加快有关科研成果转化应用，推进信息进村入户。加强贫困地区新型职业农民培育和农村实用人才带头人培养。

　　六是加大产业扶贫投入力度。各级各类涉农专项资金可以向贫困地区特色产业倾斜的，要加大倾斜力度。使用财政专项扶贫资金发展种养业的，扶贫部门应会同农业、林业等部门加强指导。财政专项扶贫资金进一步加大对产业精准扶贫的支持力度。

七是创新金融扶持机制。鼓励金融机构创新符合贫困地区特色产业发展特点的金融产品和服务方式，鼓励地方积极创新金融扶贫模式。

八是加大保险支持力度。积极发展特色产品保险，探索开展价格保险试点，鼓励保险机构和贫困地区开展特色产品保险和扶贫小额贷款保证保险。

资料来源：中国证券网 2016 年 5 月 26 日。

二、产业扶贫评估的目标

就扶贫项目而言，评估的本质就是按照既定的目标，通过对扶贫项目从开始实施到后续影响的过程进行监测，为决策者和管理者持续提供项目进程与目标实现情况的数据，然后通过评估来监督扶贫项目在提供的资源和规定的时间内是否能有效地实现项目的宗旨。因此，在构建产业扶贫评估的思路、流程、方法和指标之前，需要明确开展评估工作的目标。

1. 发现扶贫项目资金和管理中存在的漏洞　首先，开展扶贫项目是希望通过扶贫资源的投入帮助贫困地区发展，帮助贫困人口解决生产生活困难，提高自身创收能力进而实现脱贫致富。扶贫资源的大量投入，必定导致资源浪费、资源挪用等一系列问题，使得扶贫效果大打折扣，无法实现预期目标。通过对扶贫项目有效的跟踪监测和评估，及时掌握扶贫资源的总量、投放方式和去向，发现其中问题，从而预防扶贫资源被浪费、被挪用的现象发生，提高扶贫资源的利用效率。其次，扶贫项目的评估过程既包括对工作数据、调查数据的量化分析，也包括对管理机制、管理程序的定性分析。评估是要通过现场考察、文案查阅、访谈交流等方式，掌握项目管理的各个环节，以国家有关的政策指导和管理要求为依据，发现管理漏洞和违规之处，找出可能导致管理效率低下的因素，及时纠正，为项目的后续开展提供保障。

2. 分析扶贫效果及其持续性　扶贫项目实施的最终目的是为了达到预期的规划目标和减贫效果。对扶贫项目进行监测评估，能帮助评估主体在前期合理设计的基础上，进行具有针对性、持续性的数据搜集，为成效分析提供有力支撑。通过相关数据的分析，及时掌握扶贫项目的阶段性效果、评估项目目标的实现情况。并且通过科学方法预测项目的后续影响及可持续性，与后续跟踪监测进行比对。

3. 了解贫困人口发展需求　通过对扶贫项目的评估与监测，评估主体或决策者从搜集的有关贫困人口的基本信息，分析他们的个人基本特征、家庭结构、贫困状况、生产生活条件、收入结构及变化趋势等，掌握贫困人口的贫困特点和发展需要，然后采取针对性的帮扶措施。并且通过定期开展的满意度调查，了解贫困人口对政府扶贫工作的主观评价结果、意见以及他们的根本需求，帮助扶贫项目的后续改进。就范围区域而言，则是通过地区监测数据把握贫困地区整体的经济社会发展状况及扶贫政策的渗透力度，为扶贫决策和政策措施的出台提供参考。

4. 为决策者提供决策参考　评估所收集的数据和信息是项目管理及项目参与各方确认问题、制定关键策略、改进措施、修正计划、重新分配资源的基础。即使在项目完成后，评估仍然对决策具有重要作用，例如，作为监测功能部分的完工报告可以为后续活动提供建议，项目后的监测则可在改进项目的持续性方面具有重要作用。因此，通过对项目、计划层面的一系列的评估，以及政策及战略措施层面的评价，构成了微观、中观和宏观全方位的决策支持依据，从而对提高决策的合理性、科学性具有重要的作用。

三、产业扶贫评估的基本要求

时任国务院副总理、国务院扶贫开发领导小组组长汪洋在山西调研脱贫攻坚工作时强调，要贯彻落实党中央、国务院决策部署，用好考核评估指挥棒，较真碰硬开展扶贫工作成效考核和第三方评估，使之真正成为明确脱贫实效导向、促进扶贫工作落实的重要制度保障，进一步传导压力、压实责任、形成导向，推动精准扶贫精准脱贫各项政策措施落地生根，促进真扶贫、扶真贫、真脱贫。当前在"精准扶贫精准脱贫"全面开展的背景下，对产业扶贫评估提出了新要求。

1. 产业扶贫评估要起到良好的监督和支撑作用　实现"精准扶贫精准脱贫"的必要前提是构建扶贫信息网络，形成一套完整的扶贫对象识别、扶贫对象帮扶、扶贫过程监控、扶贫资金项目监管、扶贫成效评估、扶贫对象动态管理的业务流程。扶贫项目评估作为扶贫信息网络的主要构成部分之一，目的是通过跟踪监测扶贫项目，要能够起到事先预警、事中监控、事后评价的作用，以确保扶贫资源安全高效使用。并且要通过统一的评估体系实现扶贫工作的科学化、规范化和公开化。

2. 产业扶贫评估要实现与建档立卡的有机结合　建档立卡从经济、社会的多个维度对贫困人口以及贫困地区进行识别、登记和跟踪，建立相关数据信息系统。既有助于产业扶贫评估主体或是决策部门了解贫困地区的贫困状况和致贫原因，帮助建档贫困对象掌握自身脱贫发展情况和政府产业扶贫的实施效果，也能够为产业扶贫评估工作提供所需基本贫困数据，用来对产业扶贫项目的瞄准绩效、减贫效果等进行监测，以此作为产业扶贫项目评估的重要依据。产业扶贫考核评估要真正深入扶贫一线，排除干扰，实地查核，确保结果准确可靠。要敢于揭短亮丑，如实反映扶贫工作中的问题，推动早发现、早解决，以真考实评促真抓实干。要注重发现工作先进典型，总结可复制可推广经验，推动脱贫攻坚有力有效推进。要用好考核评估结果，对任务完成不好的，该约谈要约谈，该通报要通报，对搞形式主义、弄虚作假、数字脱贫的，要严肃问责。

3. 产业扶贫评估应为精准扶贫奠定管理和决策基础　就产业扶贫项目自身而言，对其实行评估与监测。一方面，及时发现项目问题，总结项目经验为后续扶贫工作提供借鉴；另一方面，根据评估结果调整项目策略，以期达到最佳的扶贫资源配置，实现最佳的扶贫效果。从整个大扶贫格局而言，各个扶贫项目的监测评估数据是构建扶贫信息系统的基础，可以通过各项目的数据对比分析，了解不同项目类型的扶贫效果和优缺点，掌握项目开展地的新问题、新趋势，为国家扶贫决策分析报告提供支持，实现扶贫开发政策制定和决策的科学化。在精准扶贫工作中，虽然政府根据致贫原因，按照"五个一批"的具体要求安排扶贫项目，努力确保资金、措施、派人和成效精准。然而在项目安排上，贫困农户作为较"弱"的一方，基本没有参与扶贫项目决策的制度设计，更没有农户对扶贫项目实施效果的反馈环节，农户被动接受帮扶，积极性和主动性难以发挥，尤其是产业扶贫项目，贫困农户与帮扶干部之间的反馈联系基本被切断。通过对产业扶贫项目进行专项评估，总结产业扶贫经验，发现产业扶贫问题，以评促改，支撑产业决策，不仅发挥着巡察、督查的作用，还能够提高产业扶贫的精准度，是助力精准扶贫的"优化器"。

◆ 专栏　产业扶贫，精度决定效果

"要脱贫也要致富，产业扶贫至关重要"，习近平总书记日前在安徽考察时强调，产业要适应发展需要，因地制宜、创新完善。这一要求为进入决胜阶段的扶贫攻坚工作指明了方向。

对于产业扶贫而言，这个线头就是基于精准定位的产业与项目。以项目带动，形成品牌与规模，激发农民的致富内生动力，才能对资本、人才产生吸引力，形成"穷人看能人、能人盯项目、项目贴市场、市场引资本"的良性循环。例如，陕西户县东韩村的农民画，脱胎于刺绣、年画、剪纸等民间艺术，从少数人创作到家家户户执起画笔，从民间行为到政府专项支持，经历了几十年的发展与酝酿，成为响亮的农民画品牌。如今仅仅在东韩村，创作农民画的家庭年毛收入就有数十万元。

事实上，类似东韩村的故事还有不少。比如笔者采访过的宁夏固原彭阳县陈沟村，该村曾是个贫困村，借着生态建设的机遇大力发展苗木产业，从几个人的小打小闹到全村跟着学，再到如今发展多元化经济林产业，不仅实现了脱贫致富，还涌现出不少科技能手、土专家。这些地方的产业脱贫经历告诉人们，脱贫致富的路径既有偶然性，更有必然性。对市场机遇的敏感、"能人"的带动、政策的及时跟进，以及产业规模的适时培育，都可以作为产业脱贫的普遍经验予以推广。

产业扶贫，关键在精准定位，难度也在精准定位。如何"嗅出"根植于这片土地上的特色与优势，因地制宜地发展？这就需要深入本地农村实际，进行深度市场调研，否则只会形成盲目跟风之势，与扶贫初衷相背离，最终"一哄而上、一拍而散"。动不动就喊出"百万亩、十万头"口号的丰满理想，往往会遭遇现实的骨感。而一旦实现了产业的精准定位，就要在基础设施上舍得投入，在技能培养上深耕细作，在资本引导、龙头企业培养、知识人才下乡等方面，加大机制创新力度，整合资源，科学规划，打造完整的产业链条，形成具备竞争力的市场品牌，让贫困者不仅仅实现脱贫，更能够致富。

实现精准的产业扶贫，更要持续发力，久久为功。宁夏盐池县的滩羊产业，经过十余年发展，已经大名鼎鼎。该县以特色滩羊产业为抓手，从2004年开始打造高端羊肉产业，连续多年出台"滩羊产业发展实施方案"，加大科研攻关力度，推动金融、产业、人才下乡，实现扶贫目标。如今，瞄准高端市场的滩羊肉，一千克价格近400元，滩羊的品牌价值高达68.9亿元，民间资本也慕名而来，涌现出一批龙头企业。只要继续细化与推动，何愁贫困者不摘帽？

"主大计者，必执简以御繁"。实现精准产业定位，以精度来推动力度，是扶贫工作千头万绪中的关键抓手，需要的不仅仅是智慧，更是真心、细心、耐心与决心。

资料来源：人民日报，2016年04月26日5版。

第二节 产业扶贫评估的内容和指标体系

扶贫成效，即扶贫过程中一切成果与效益的统称，通常包括经济效益、社会效益、生态效益，以及制度效益、政策效益等。就评估类型而言，扶贫成效评估主要包括重大政策评估（如 2015 年精准扶贫国务院重大政策）、工作成效评估（如 2016 年 22 个省级党委和政府扶贫成效）、专项绩效评估（包括产业扶贫、生态移民、对口帮扶等）、脱贫县退出评估（如 2016 年启动贫困县摘帽）。就评估内容而言，根据中共中央办公厅、国务院办公厅印发的《省级党委和政府扶贫开发工作成效考核办法》，扶贫成效考核指标主要包括 4 个方面：即减贫成效、精准识别、精准帮扶、扶贫资金。其中，由第三方评估精准识别和精准帮扶"两方面、三项内容"，重点考核建档立卡贫困人口识别、退出精准度；对驻村工作队和帮扶责任人帮扶工作的满意度等。而在测评指标方面，根据国家精准扶贫工作成效第三方评估重大任务的工作结果，扶贫成效评估指标测算与结果主要包括贫困人口识别准确率、贫困人口退出准确率、因村因户帮扶群众满意度、分省综合评估得分、分省综合评估分级等五项指标，其中分省综合评估分级根据分省综合评估量化分析结果，增加专家综合研判的定性分析，按照"工作到位、基本到位、未到位"进行评估分级。

一、产业扶贫评估的准则

对于产业扶贫的成效评估，由于产业扶贫因素很难有效地与产业发展等其他问题相互区分，导致针对性研究存在不少困难，相关的实证评估较多将落脚点放在产业与农民收入之间的关联影响，较少从贫困人口的产业增收能力或主观福利等角度对产业扶贫项目效果进行评价，并没有真正聚焦到产业与贫困人群之间的互动，因此，更多的是在强调产业发展，而不是产业扶贫。围绕该问题的展开，如何构建可量化的可持续发展指标体系非常重要。一种扶贫模式是否具有可持续性，关键要考虑扶贫模式对贫困户的覆盖、减贫效果、扶贫政策和扶贫所依托的载体的发展能力等关键性因素的影响。

亚洲开发银行的项目评估手册中提到，"作为衡量绩效的工具，绩效指标给出了判断项目目标是否成功实现的依据。指标是对衡量对象的说明，要能够加以衡量，也就能够加以管理。所有的指标都必须能够定性、定量或者通过时间单位来加以衡量"，并给出了"SMART"（Specific 明确、Measurable 可衡量、Achievable 可实现、Relevant 相关性、Time－bound 时限）和"CREAM"（Clear 清楚、Relevant 相关、Economic 经济、Adequate 充分、Monitorable 可监测）两个指标构建原则，强调指标的实用性和明确性。在能够对项目进行监测和足以评估的基础上，要衡量重要事宜，尽量避免指标体系过于复杂和累赘。国内学者对于绩效评估指标选取原则的研究也较多，多数出发点同以上内容一样，强调指标选取的科学性、可行性、综合性等。产业扶贫评估指标的构建原则主要包括以下几点：

1. 目标导向原则 产业扶贫项目评估的本质是通过对产业扶贫项目从开始实施到后续影响的过程进行监测，为决策者和管理者持续提供项目进程与目标实现情况的数据，然后通过评估来监督产业扶贫项目在提供的资源和规定的时间内是否能有效地实现规划中的目标或追求的目标。产业扶贫监测评估的目标是通过有效的监评，提高扶贫资源的利用效率，发现产业扶贫项目管理漏洞，分析扶贫效果及其持续性，了解贫困人口发展需求，为决策者提供决策参考，进而推进扶贫评估体系的发展。因此，评估指标的构建要始终围绕评估目标进行，在该目标的指导下，能够反映出产业扶贫项目对资源的利用效率和效果的持续性，帮助我们找出管理漏洞，并通过指标数据的直观呈现，让决策者能够快速采纳用以参考。

2. 过程与结果相结合原则 任何事项都是按照既定的过程轨迹发生的，在关注事情的结果影响同时，应该重视事情发展的过程设计。事情发生的过程是一个各序列时间点上存在内容差异的轨迹，各要素按照时间顺序依次发生，这一过程是按照时间顺序表明事项本身所产生的结果和效应，并在事情结束时，实现过程和结果的和谐统一。研究实际当中事情的发展过程和结果，目的是分析各状态之间的相互关系和作用。参与式扶贫绩效的评价不仅包括扶贫取得最终成效，更重要的是对其扶贫过程绩效的监测评估，由于很多扶贫行动绩效的显现具有时间滞后性，所以对扶贫开发过程的科学性和有效性的关注，就变得更加重要。

3. 针对性或特殊性原则 在构建产业扶贫项目评估指标体系时，要注意扶贫工作开展的政策背景和贫困地区发展的实际情况，以突显精准扶贫背景下产业扶贫项目评估的重点，如产业扶贫项目对于贫困对象的瞄准情况、对于项目贫困户的选择等。如果没有抓住重点，使一些主要指标缺失，就会影响评估体系和评估方法的科学性、合理性。同时，指标设计既要突出重点，也要能够涵盖产业扶贫评估一般方面。重要领域的关键指标固然重要，但是指标体系的系统性、整体优化，也是指标体系的一个重要环节。依据精准扶贫的指导思想和实践本质，不漏掉每一个能够反映扶贫本质的指标，也要精简指标数量，避免太多繁复现象，优化扶贫绩效评估指标体系的组织结构。要在理清指标内部逻辑关系的基础上为指标合理赋权。构建的指标既要有独立性，又要有较强的统一性，既重点突出，又能够表达均衡，强化指标体系构建的功能。

4. 可操作的原则 实现对产业扶贫的评估，要保证指标的可操作性，即指标可以进行监测追踪并进行评估的原则，这一原则其实包含两个方面：一是指标要能够度量。评估指标体系是通过一系列数量来反映事物的特征和状况的一种评估方式。可度量性是评估指标体系的本质特征，如果不能度量，就不能转化为数量来反映事物特征。可操作性就是把一种规范、理念、思想等付诸实践的可能性和现实性。在产业扶贫项目评估指标体系的设计中，从实际出发，指标体系简单可行，数据易于收集，操作方便，又能够反映事物的本质规律。二是要能够实现持续监测。指标间要避免相互包含关系和隐含关系。扶贫开发工作是需要政府长期重视和坚持的，评价指标所反映的各项工作也应当是长期的、持续的。以往对扶贫绩效评估的研究，基本停留在对某一时点上的判断，动态研究很少。但实际上从动态发展角度去研究，有助于把握反贫困效果，及时调整扶贫策略。在产业扶贫评估过程中不可以忽视可操作性原则的作用。

5. 可比较的原则 可比较性是按照某种标准在产业扶贫评估中，区分、对比产业扶贫评估内容，把握产业扶贫的特点，预测产业扶贫项目的变化形势。从指标性质上来讲，一般包括定性方面的对比与定量方面的对比，定性比较是通过分析描述评估对象的特征来表达扶贫的绩效评估；定量对比是通过数量关系的比较分析，对产业扶贫项目的绩效进行评估。从对比的方式来讲，指标的对比则分为横向对比和纵向对比。而横向对比即在同一时间段内，不同样本间的差异性比较；纵向对比则是同一样本在不同时间段内的差异性比较。如果缺乏可比性，产业扶贫评估就失去了价值和意义。

> ◆ **专栏**
>
> 甘肃省社会科学院农村发展研究所和甘肃省社会科学院贫困问题研究中心，在充分调查分析甘肃省精准扶贫现状、问题的基础上，研究制定出了《甘肃省精准扶贫第三方评估方法》，并在实践中进行了运用，取得了较好的评估效果。该评估体系包括5个方面的内容。
>
> **一、政策设计评估**
>
> 主要评估政策设计是否与反贫困理论研究一致，是否与国家政策一致，是否符合政策实施地域情况，考察执行机构、人员、工作机制等。政策设计的二级指标包括合理性和可行性，前者主要有2个三级指标：理论一致性、政策一致性；后者包括实践一致性和政府执行力2个三级指标。
>
> **二、政策实施评估**
>
> 主要探讨政策实施是否与本地区经济社会发展水平相适应，是否超越本地区财力，是否超越大多数群众的承受能力，是否能实现预期目标，体现政策的价值，考察政策主体对该政策的看法和满意程度。因此，政策实施评估分为保障性、公平性、满意度、支持度、规范性5个二级指标。三级指标主要包括：政策保障性，即投入的财力、物力、人力等；政策公平

性，即政策结果的公平性；农户满意度，即农户对扶贫政策实施过程的满意程度；农户、干部支持度，即农户、县乡村干部对政策实施的支持程度；政策规范性，即政策实施、评价、监督、经费使用情况的规范程度。

三、政策效果性评估

精准扶贫政策评估中的效果可分为直接效果和潜在效果。政策效果评估分为基础设施、产业政策、农民收入、劳动力素质4个二级指标。分别从道路、饮水、农田水利、公共设施、互助基金、惠农贷款、收入变化、农业技术、劳务输出、技能培训10个三级指标来说明。

四、政策效率性评估

在政策评估中，政策效果和效率评估是两个相互联系而又相互区别的概念，政策效果好，政策效率不一定高，但是对于高质量的公共政策而言，则要求政策效果和政策效率的考察结果都应是一致的。因此，政策效率评估分为脱贫效率和收入效率2个二级指标。分别通过贫困人口变化率、返贫率，扶贫资金到位率、扶贫资金对收入的促进效应来反映。

五、政策可持续性评估

政策可持续性主要评估政策实施是否能按既定的目标完成，并产生较好的经济、社会、环境等方面的效益。可持续性评估主要包括以下几个方面：经济发展、社会发展、环境发展、个人发展。主要通过总收入、产业发展、义务教育、新农合、新农保、村民管理、自然灾害、森林覆盖率、环境治理、个人能力、就业机会11个指标来反映。

资料来源：王建兵，中国乡村发现。

二、产业扶贫评估的内容

作为一种能够整合政府、社会、市场和个人等多方力量在内的全部资源，形成"多个发力面，一个着力点"的扶贫模式，产业扶贫把农业产业化经营和产业扶贫开发结合起来，通过各种方式把贫困户纳入到产业开发的各个环节，帮助农户在产业发展过程中获取相对稳定的收入并增强其脱贫能力。在产业扶贫实践中，各地多建立在过去的农业产业化经营基础上，并创新出多种产业扶贫模式，如扶贫资金参股模式、土地入股模式、"资金入股＋劳动力非农化"等模式，积极尝试通过各种模式带动贫困户脱贫，促进贫困地区经济发展。

1. 产业扶贫项目的瞄准　产业扶贫项目的"瞄准"既包含瞄准的结果，也包含瞄准的过程。因此，在现有研究基础和实际情况的结合下，产业扶贫项目瞄准的评估主要从以下几个方面着手：首先是考察产业扶贫项目对象的选择方式是否合理，接着进一步考察项目在村级对象和户级对象上的选择结果是否合理，重点考察项目户中贫困户的瞄准情况。具体指标内容如下：

（1）扶持对象瞄准方式。一般而言，科学合理的项目对象选择方式，应该是通过认真的规划和筛选选出适合参与该项目、具有项目发展能力的项目参与者。项目对象的选择包括一般项目户（村）的选择以及其中贫困项目户（村）的选择。其流程主要是先由有意参与者自行提出申请，接着相关组织部门结合申请者的实际情况进行评估筛选，然后公示，最后敲定适宜的人选。要避免一刀切、末尾排序等不科学的方式。该指标属定性指标，主要从以下几个方面进行评估：项目对象的选择是否有详细实施方案；项目对象的选择流程是否公开公正；项目选择的具体方式是否有效。

（2）项目贫困村级瞄准。产业扶贫项目村级推进的主要原因在于村范围覆盖的贫困人口一般都具有相同的贫困特征和发展需求。因此，在村级层面设立产业扶贫项目需求瞄准的指标，一方面能够实现对产业扶贫项目定位和瞄准的评估，另一方面在评估所需的数据搜集上也是可行的。该类指标设置的目的在于考察产业扶贫项目瞄准的村能否通过项目开展取得发展实现脱贫致富的目标。该指标主要从以下几个方面进行评估："项目村覆盖贫困人口比例"，即首先判断选择出的项目村对于贫困人口的覆盖情况，这是产业扶贫项目瞄准贫困群体的必要前提；"项目村中贫困村比例"，即项目村中贫困村的比例；"项目村发展能力"，这一指标的具体内容可在实际操作中根据具体的项目类别或主题来确定，比如畜牧产业扶贫项目，村级项目发展能力包括外出务工比例、现有劳动力年龄结构、健康状况等人力资源条件，以及草场面积、耕地面积、生产生活用水用电等基础设施条件。

（3）项目贫困人口瞄准。贫困对象瞄准评估，主要是指瞄准结果的评估，即产业扶贫项目通过一定的选择和水准机制，是否重点将贫困对象纳入项目中来，是否准确地将具有项目发展能力的贫困对象纳入到项目中来。该指标可以细化为以下几个方面："低保救济户比例"，即项目户中低保户和五保户的比例，考察扶贫项目在瞄准贫困户时，是否准确区分，将具有发展能力和劳动能力的贫困人口作为扶持对象，而非将应纳入社会保障体系的救济人口也大比例纳入项目扶持范围；"项目户中贫困户比例"，即通过计算和项目户中贫困户的比例，来考察扶贫项目对贫困对象的重点瞄准。

2. 产业扶贫资金投入与使用　扶贫资金投入与使用用于考察产业扶贫项目在资金的整合、投向、使用方式等，主要反映相关政府部门在传递和使用资金时的效率，以及各个环节是否符合相关的管理规定。一般而言，产业扶贫项目投入的资金来源不同，涉及多个部门，因此，应以具体的管理细则作为参照，确保评估指标的适用性，但是应结合具体的项目背景和现实情况。例如，财政扶贫资金的评估可以依据《财政扶贫资金绩效考评试行办法》，但并不完全依照其细则。结合当前扶贫工作的实际，该部分的评估指标内容具体包括以下几方面：

（1）资金结构。产业扶贫项目的资金来源一般包括财政扶贫资金、行业部门资金、信贷资金、群众自筹资金等。该指标设置的目的，是为了考察产业扶贫项目组织部门是否按计划、按规定筹集足够的资金以确保产业扶贫项目的顺利实施，并且是否较好地通过有限的财政扶贫资金整合其他来源资金。基于这一目的，可以将指标的内容进一步细化为以下三个方面：通过计算产业扶贫项目各来源资金的比例，考察资金的整个结构是否合理；通过对比各来源资金的实际筹资额与规划筹资额，评估产业扶贫项目的资金筹集是否按计划实现；通过计算财政扶贫资金与其他各来源资金的比值，考察财政扶贫资金的杠杆作用，尤其是对金融资金的撬动作用。根据以上三个方面的界定，资金结构的具体指标包括"各来源资金的比例""财政资金的金融资本放大系数""各来源资金的投入金额与规划金额比"。

（2）资金投向与使用方式。在精准扶贫背景下，产业扶贫项目的资金用途更加强调其"精准性"，即产业扶贫项目资金尤其是财政扶贫资金直接用于贫困对象的情况。除此以外，还要重点考察各来源资金的使用途径和方式是否合乎规定，例如，财政扶贫资金是否被另作他用影响了扶贫绩效的发挥。该指标主要通过计算财政扶贫资金用于扶贫对象的比例以及具体投向，来考察其用途是否合理，是否高效瞄准贫困对象，是否符合扶贫对象的需求。具体包括以下几个方面："财政扶贫资金的到村比例""财政扶贫资金的到户比例""资金创新型使用方式"。其中，"财政扶贫资金到村到户比例"主要考察财政扶贫资金对于贫困对象的水准和侧重比例。"资金创新型使用方式"从定性角度评估扶贫资金在以奖代补、先奖后补等激励性使用方式的探索。

（3）资金投入时效。根据已有研究结论和实际工作经验，扶贫资金的到位时间和使用进度对产业扶贫项目的绩效有较强的影响。通过对扶贫资金投入的时效性考察，一般包括资金的到位时效和资金的使用时效，从这两个方面能够反映出产业扶贫项目在开展过程中资金的到位和使用是否效率低下、拖延滞留等问题。将指标进一步细化为："各来源资金到位时效"，即各来源资金年度实际到位金额与规划投入金额的比例、各来源资金年度实际到位时间和规划时间的对比；"资金完成投资时效"，即总体资金和各来源资金年度实际完成投资额与实际到位资金的比例。

产业扶贫是否真的起到了"扶贫"的作用，是各方面人士关注和关心的重点和难点问题，产业扶贫评估作为扶贫专项绩效评估中的重要内容，应当引起各级政府重视。根据农业部、国家发展和改革委员会、财政部、中国人民银行、国家林业局、国家旅游局、中国银监会、中国保监会、国务院扶贫办联合印发的《贫困地区发展特色产业促进精准脱贫指导意见》要求，要加强督查考核，建立产业扶贫县域考核指标体系，开展联合督查、行业督查、第三方评估，把产业精准扶贫工作督查结果作为对各地脱贫攻坚成效考核的重要内容。

3. 产业扶贫项目管理　在确保了产业扶贫对象瞄准和扶贫资金投入后，如何开展产业扶贫项目的管理工作是至关重要的，高效的管理能够进一步提升产业扶贫项目的整体绩效，是产业扶贫项目能否取得成功的必要条件。对于产业扶贫项目的管理评估，其目的在找出管理过程中存在的弊端和缺陷，然后反馈相关部门，做出及时调整。对产业扶贫项目管理的评估既包含定量指标，也包括大部分的定性指标，即要在实地考察和文件审阅的基础上，由专家就管理流程、方式、具体做法进行合规性评估。另外，既有基于数据资料的客观评估，也有扶贫对象的主观评估，即从受益者角度对产业扶贫项目的管理情况和产业扶贫项目是否符合自身所需做出满意度评价。产业扶贫项目管理指标主要包括以下几个方面：

（1）项目验收与报账管理。这类指标的评估主要从以下三个方面进行：①项目竣工验收情况，即通过查阅部门提供的每一个建设项目的竣工验收报告，考察建设项目是否按规定完成、竣工验收程序是否完整；②文件查阅，主要对照项目名称与周期、实施单位、审计时间与结论及文号、竣工验收时间与单位、竣工验收结论及相关文号等；③资金报账率，即通过计算项目资金实际报账金额同应报账金额的比例，考察项目报账是否合规定，以及通过参照实际建设项目的报账时间与该项目资金到位年份，考察项目是否按时开展竣工验收并及时报账。虽然现行的财政资金管理规定并未严格要求当年到账资金必须当年报账完毕，但是基层相关部门尽快开展项目施工、竣工验收并完成报账，对提高项目的绩效有一定的促进作用。

（2）项目进展。这类指标主要从产业扶贫项目的具体建设内容的产出情况和进展情况进行评估，评估项目是否在有效的管理下按时按量完成建设内容。具体包括：①年度项目建设进展，即本年度建设项目完成数量占计划完成数量的比例；②周期项目建设进展，即本年度建设项目完成数量占总项目周期计划完成数量的比例。

（3）项目帮扶情况。产业扶贫项目的帮扶情况主要是在扶贫瞄准的基础上，对瞄准对象开展具有针对性的帮扶。这类指标的考察，目的在于评估项目是否积极响应精准扶贫的政策在提高减贫成效方面下力气，采取有效措施。针对性的帮扶在一定程度上有助于提高项目的瞄准成效，实现"漫灌"向"滴灌"的转变。该指标主要包括：①贫困村帮扶情况，即考察已建立帮扶的贫困村的实际贫困状况与采取的帮扶措施是否对应；②贫困户帮扶建立，即考察贫困户已建立帮扶的比例以及帮扶措施是否合适。

（4）扶贫对象满意度评价。产业扶贫项目实施中存在的管理问题，除了通过客观的数据和资料评估发掘以外，产业扶贫项目的受益者能够从自身角度出发，较为直接地反映存在问题和满意程度，如项目对自身需求能否满足、项目是否公平、公正等，能够为产业扶贫项目的开展提供有效的参考意见。并且产业扶贫对象的参与和主观评价在一定程度上对扶贫绩效有影响。满意度评价指标是一个综合性的指标，涉及面较多，一般通过问卷调查的形式获取数据。该指标主要包括以下几个方面：项目对自身需求满足程度、项目公开公平性、项目对象参与程度、项目效果满意度以及总体满意度等几个方面。

4. 产业扶贫项目成效　产业扶贫项目的成效是扶贫整体绩效最为直观的反映，这类指标的评估主要从"减贫成效"和"专项成效"两个方面进行，既考察项目在减贫方面的直接效果，包括对减贫比率、收入增长等，也考察项目的专项成效，如产业扶贫项目的产业产值增长、产业规模扩大等产业发展成效。该类指标的评估主要包括以下几个方面：

（1）减贫成效。这一指标用于考察产业扶贫项目的实施所带来的贫困人口脱贫和收入增长成效，主要包括：①项目地区的贫困人口减少率，即项目实施以来的贫困人口减少数量、较上年减少比率；②项目贫困收入增长率，包括项目贫困户上年的收入增长幅度和增长率，并同非项目贫困户、项目非贫困户进行对比；③以上指标同县级以及省级层面减贫水平的比较；④项目专项收入贡献率，在增长的收入中项目专项收入增长额所占比例。

（2）产业发展成效。由于产业扶贫项目的类型各有不同，因此，在具体评估时，可以根据实际情况进行选取，并对综合性指标进行评估。指标的选取要基于能够直观反映成效且易获取的原则。例如，产业扶贫项目的产业发展成效，一般包括产业规模、组织化程度、集约化水平、可持续发展等方面；科技扶贫的专项成效，一般包括科学技术水平提升、技术产业转化率提升等；劳务扶贫项目，则包括劳务输出能力、劳务技能培训情况等。

三、产业扶贫评估的指标

产业扶贫项目绩效评估指标的确定需要经过一个筛选和修订的过程。鉴于精准产业扶贫项目较强的政策性，其评估指标既要具有产业扶贫项目评估的一般性，也要有"精准"的特殊性。产业扶贫评估指标体系见表 6-1。

表 6 - 1　产业扶贫评估指标体系

具体指标		指标内容	指标性质	数据来源
产业扶贫项目对象选择方式		是否有详细的实施方案、选择流程；是否公开公正，选择方式是有效	定性	相关部门文件资料
产业扶贫项目贫困村级瞄准		村级贫困人口覆盖率、项目村中贫困村比例、项目村发展能力	定量＋定性	建档立卡数据、产业扶贫项目村名单
扶贫资金投入	贫困人口瞄准	低保救济户比例、项目户中贫困户比例	定量	建档立卡数据、产业扶贫项目户名单
	资金结构	各来源资金比例、财政资金金融放大系数、各来源资金比例投入额	定量	部门工作数据
扶贫资金投入	资金投向与使用方式	财政扶贫资金到村比例、财政扶贫资金到户比例、资金的创新使用方式	定量＋定性	工作数据、文件资料
	资金使用时效	各来源资金到位时效、各来源资金投放时效	定量	相关部门工作数据
产业扶贫项目管理	项目验收与报账	项目竣工验收情况、资金保障率、资金报账时效	定量＋定性	工作数据、验收审计报告
	项目进展	年度项目进展、总周期项目建设金进展	定量	部门工作数据
	扶贫对象满意度	项目满足自身需求评价、项目公开公平性评价、项目效果满意度评价	定量	调研数据
产业扶贫项目成效	减贫成效	贫困人口减少率及对比、项目贫困收入增长率	定量	统计数据、调研数据
	专项成效	视具体项目类型而定	定量	工作数据、调研数据

　　为了使产业扶贫项目的评估指标体系更加符合指标选取的原则，应在大量文献研究和数据分析的基础上，与扶贫领域的专家和基层扶贫工作人员进行反复沟通，征求他们的意见，然后做进一步的修改和补充，以确保指标体系的科

学性、合理性、可测性、独立性和完整性。并且要明确每个指标的内涵，做到外延清晰、便于理解。

◆ **专栏　央行扶贫开发信贷政策导向效果评估分析**

根据人民银行信贷政策导向效果评估特点及相关要求，扶贫开发信贷政策导向效果评估程序及步骤包括前期调研、机制建立、评估测算、出具评估报告四个阶段。前期调研阶段主要包括组建评估小组、调查金融扶贫现状、撰写调研报告、起草机制建立说明四个环节；机制建立阶段主要包括汇集评估指标、编制评估指引、反复征求意见、召开行长专题会、下发评估办法五个环节；评估测算阶段主要包括采集数据、自评问卷、现场核实、定量测评、定性测评、综合评价六个环节；出具评估报告阶段系汇总评估结果，完成扶贫开发信贷政策导向效果评估报告，并提出整改建议。评估等次根据参评金融机构得分排序情况确定，等次分优秀、良好、中等、勉励四档。

人民银行西宁中心支行将评估结果与效能利用紧密结合起来，注重建立并施行了"四挂钩"机制，使扶贫开发信贷政策导向效果评估结果发挥作用：第一个"挂钩"是评估结果与金融机构年终考核相挂钩。扶贫开发评估结果以专报或抄报的形势报送政府及银行业监管机构，评估结果将作为各金融机构年终考核的重要参考依据；第二个"挂钩"是评估结果与"两综合、两管理"相挂钩。扶贫开发评估结果纳入人民银行"两综合、两管理"考核机制，占信贷政策执行评价的 80%；第三个"挂钩"是评估结果与各参评机构的上级行考核挂钩。各参评机构的评估结果与评估执行情况将反馈至各机构上级行，将评估结果作为对该机构的年度考核依据。第四个"挂钩"是评估结果与支小、支农再贷款相挂钩。评估结果作为对地方法人金融机构申请人民银行支小、支农再贷款和额度调整的重要参考依据。

第三节　产业扶贫评估的组织与管理

一、产业扶贫评估的组织

一般而言，扶贫成效评估的技术流程包括前期调查、实地调查、分析评估三个阶段。第一个阶段为前期准备，包括完善已有问卷与指标体系、制定分层抽样调查方案、开展评估调查业务培训；第二个阶段为实地调查，包括调查技术方法共享与问题解答、健全沟通协调与反馈机制、调查问卷汇总与数据质量控制等；第三个阶段为分析评估，包括统一数据处理与建库标准、统一指标测算与分析模型、总结形成评估成果。

　　同样，要对产业扶贫效果进行评估，应当遵循相同的步骤，在制定了指标体系之后，对所有指标的原始数据进行收集和整理，若缺乏相关的统计数据，可以采取对扶贫办、龙头企业、村委、贫困户、中介组织等不同利益主体的问卷调查补充相关资料，进行分类比较。然后以原始数据和问卷调查结果为基础，依据制定的指标体系，将原始数据转化为各指标的得分。对于指标的制定以及指标权重的确定，应当反复征询和反馈高校及研究机构的研究人员、地方扶贫机构、贫困社区管理者、贫困户等各方面意见，必须构建组织体系、专家团队、协调机制等人才组织基础，可以通过邀请来自高校和研究机构的理论专家以及来自扶贫机构和政府部门的实践工作者共同组成专家组对评估过程进行科学性和有效性指导。扶贫开发项目评估工作开展见图6-1。

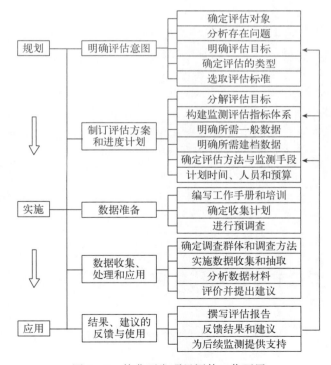

图6-1　扶贫开发项目评估工作开展

最好的方式即通过独立公正的第三方对产业扶贫效果进行评估，即第三方评估。扶贫开发第三方评估是通过独立公正的第三方在扶贫开发绩效精准过程中发挥评估咨询作用而推动精准扶贫目标最终实现的一种评估方式，其基本流程包括制订评估方案、组织实施评估、处理评估数据、形成评估报告和评估结果运用全过程。第三方评估有其特有的独立性、专业性、权威性，通过第三方扶贫绩效评估，能够改变以往扶贫部门既当"运动员"又当"裁判员"，还当"监督员"的角色定位。在一定程度上能够弥补政府自我评估的权力寻租的缺陷，更能彰显评估过程中的公正性、科学性、民主性。我国推行的国家精准扶贫第三方评估工作是以国务院扶贫开发领导小组为领导，由中国科学院组成评估领导小组，分别成立咨询顾问组、评估专家组、应急协调组以及 22 个分省调查组，在各省扶贫办的协助下深入我国中西部 22 个省、120 多个贫困县、600 多个贫困村进行实地调查、数据建库和综合评估工作。

二、产业扶贫评估的管理

为了提高精准扶贫成效评估质量，在评估过程中应落实六大保障措施：一要提供理论保障，应以公共管理学为主导，综合经济学、社会学以及地理学，融合第三方评估理论、质量管理理论和绩效评价理论，以最新、最有效的理论指导精准扶贫成效评估工作；二要提供机构保障，促进第三方评估法制化，确立第三方评估的合法性地位，细化精准扶贫成效评估主体的准入条件与资质要求，允许多种类型的评估机构参与评估，规范参与形式、参与程序，同时赋予其获取政府绩效信息的权利；三要完善组织模式与机制保障，目前具有企业独立主导模式、大学及研究院所独立主导模式、企业＋大学模式、研究院所＋大学模式、研究院所＋公众等多种类型的评估组织模式，相关部门应当为其建立完善的信息公开、资金保障、评估监管、反馈回应、结果应用、公众参与等保障机制；四要落实技术保障，通过制定扶贫成效评估技术标准与规范，对评估样本、评估时点、评估指标、评估方法与技术、评估过程与阶段等予以规范；五要提供监测体系保障，建立质量动态监测体系，加强评估样本动态变化监测，建设稳定性与动态性兼顾的评估监测样本网点，网点设立充分考虑地域差异性与类型代表性，确保县、村、农户样本的科学选择与布局；六要完善监督和监管机制保障，提高扶贫成果评估的公开透明度，预防第三方和评估对象的利益交换，建立第三方评估结论公众监督机制，建立不同评估机构评估结论的相互检验、第三方评估结论再评估等。

在产业扶贫效果评估过程中，很容易受到基础数据、抽样方案、抽查对象、调查方式、评估人员、社会环境等因素的影响，因此，应当从细节处注意排除评估的多种扰动因素，如调查对象的抽样方式是区域性、对象指定、还是随机？地方带队人员是否蓄意干扰，如代回答、常插话、忙回避（太遥远、不在家等）？方言区或少数民族区等地方翻译人员是否忠实原意等。因此，应当对数据标准、提问方式、计算方法进行统一，确保扶贫效果评估结果的准确性。评估过程中最好引入各项现代技术，改变纸质版答卷方式，对走访调查过程进行实录，现场填写问卷、照相、录像、录音、空间定位，全程可追溯、方法可推广，留下宝贵的科学档案，回过头来十年二十年还可以有证据查询。

◆ 专栏　基于 Geodatabase 空间数据模型的扶贫评估

　　Geodatabase 是 Arc GIS 8 引入的一个全新的空间数据模型，采用面向对象技术将现实空间世界抽象为由若干对象类组成的数据模型，每个对象类有其属性、行为和规则，对象类间又有一定的联系，允许用户定义它们之间的关系，并且能够保持它们之间的整体性规则。Geodatabase 定义了简单对象、地理要素、几何网络、注记要素等多种对象类型，提供了对地理信息建模的有力支持，能够满足各种不同用户和应用需要，可以为扶贫业务提供数据支撑。利用地理空间数据库技术，实现多源多维数据的有机集成和统一的访问，对于扶贫方式的选择、贫困人口和贫困户的精准识别、贫困现状的动态监测、扶贫效果的评估以及资源的优化配置都有重大意义。

　　基于 Geodatabase 模型的空间数据库设计建立 Geodatabase 数据库，主要考虑如何将逻辑数据模型转换到 Geodatabase 特殊的数据模型中。大致要经过数据组织、划分实体、确定关联、映射转换、数据库建立、元数据管理等过程。

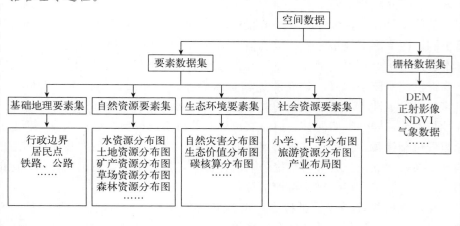

第四节　产业扶贫评估结果的应用

对产业扶贫结果进行评估，有利于客观了解扶贫工作全局，有利于查漏补缺、改进工作，更有利于总结共性的经验教训。应当充分发挥成效评估以评促改、科学支撑的作用，有效利用产业扶贫的评估结果对产业扶贫政策的制定进行修正，并对产业扶贫实践过程中出现的问题进行处理，切实提高脱贫攻坚的精准度、实效性和可持续性，合力打赢脱贫攻坚战。

首先，要通过产业扶贫评估结果来客观了解产业扶贫工作全局。长期以来，个别地方扶贫工作中造假问题突出，严重影响了精准扶贫效果。通过精准扶贫成效第三方评估，采取异地调查、本地配合的方式，避免了被评估单位既当"运动员"又当"裁判员"的弊端；调查员直接入户访问调查，倾听基层群众的真实声音，最大限度地保证了调查的真实性与准确性。而且第三方评估体系更加全面，能够全方位展示产业扶贫工作全貌，既为决策者提供可靠依据，也使全社会能够客观了解扶贫工作全局，有利于形成扶贫合力。

其次，要根据产业扶贫评估结果进行查漏补缺、改进工作。产业扶贫是系统工程，工作千头万绪，各地具体情况和做法各有不同，工作中难免出现一些偏差和失误。因为身处其中，加上认识水平有限，一些基层干部群众很难及时发现纠正，蛮干情况时有发生，由此产生的损失在一定程度上影响了精准扶贫效果。而且与产业扶贫有关的一些机制还在探索当中，一些做法还要持续完善，这都需要科学评估作为前提和基础。第三方评估科学设立了量化指标，通过对产业扶贫项目落实情况的各类评估指标进行分析测算，能够发现当地产业扶贫工作中存在的主要问题，提出改进建议，促使其尽快查漏补缺。

再次，要利用产业扶贫评估结果对精准扶贫中存在共性的经验教训进行总结。尽管各地具体情况和产业扶贫做法各有不同，但产业扶贫工作也有共性特点。近年来，各地在产业扶贫实践中积极创新方法、探索路径，积累了一些有益经验，取得了不错的成效。通过对产业扶贫效果进行评估，能够及时发现并总结区域乃至全国产业扶贫工作的好经验，树立一批扶贫正面典型，发挥其示范带动作用。当然，也能发现一些不良倾向，曝光一批弄虚作假的负面典型，形成震慑，有助于尽快扭转精准扶贫中的错误行为。

发布评估报告并不是产业扶贫效果评估流程的最后一个环节，如何完成发现问题到解决问题之间的转换才是产业扶贫效果评估的最终目的和工作重点。针对评估过程中发现的问题，应当针对性地制定改正的建议，建立对话机制，处理好发现问题与改正问题的关系。第三方评估应服务于精准施策，按照评估发现问题、以评促改的总体要求，以脱贫目标为导向、以解决问题为重点、以综合比较为手段，发挥专家大团队、部门大协作、技术大平台优势，梳理、总结和提出产业扶贫工作深化、改进、提升的总体路径和对策建议，为产业开发战略决策提供科学参考。第三方评估组在形成建议的同时，应向地方政府积极进行反馈，汇报基于调查问卷统计意义的主要指标解释、基于实地调研发现问题的破解对策、基于贫困户调查真实意愿的整改措施、基于各地评估比较结论的改进建议以及评估中发现的创新性做法等。而地方政府也应当重视评估结果，正视产业扶贫中存在的问题，并予以改正。

为了精准推动产业扶贫深入发展，可以将建立精准扶贫工作机制与改进贫困县考核评价机制结合起来，有针对性地整合配置扶贫开发资源，形成精准化扶贫的开发合力。改进贫困县的产业扶贫考核机制可以通过建立健全精准扶贫绩效考评机制，落实各级各部门责任制等具体措施，来确保精准扶贫工作顺利推进取得实效。为此，必须建立健全产业化扶贫开发效果评估体系和干部扶贫绩效考核评价办法，加大精准扶贫开发工作绩效考核的针对性、科学性，逐步由主要考核产业扶贫有关生产总值，向主要考核产业扶贫开发综合成效转变，注重把产业扶贫提高贫困人口的生活水平和减少贫困人口数量作为考核产业化扶贫成效的主要指标，引导干部把产业化扶贫工作的重点放在扶贫开发战略重点和地区性主攻方向上来，不断增强其政策、措施的现实针对性和吻合度。

除此之外，还可以根据评估结果健全农业产业化扶贫有关公共资金使用绩效的监测评价系统。每年从财政扶贫资金中安排一定比例的资金形成奖励基金，对扶贫辐射带动能力较强、扶贫带动效果较好的龙头企业，除了继续给予资金支持和税收优惠外，还可以给予一定的扶贫贡献奖励。各级政府的扶贫资金分配比例应当采取与绩效考核挂钩的原则，对完成扶贫任务好的地区优先安排项目，并在扶贫资金安排上给予适当倾斜。

贫困是一个复杂的问题，产业扶贫是一项综合的系统工程，不仅涉及资源开发、产业发展、金融扶持、社会救助等多个领域，也涉及各级党组织、政府、社会团体、企业等多个主体。因此，产业扶贫唯有接地气、补短板，形成内生力、聚合力，才能推进形成优势互补、内外联动的发展新格局，把精准脱贫责任心转化为现实生产力。接地气就是要遵循自然规律、顺乎人理、尊重民意、因地制宜，坚持脚踏实地、立足农村实际，做到知实情、出实招、办实事、讲实效，这是确保产业扶贫"精准化"的重要前提。扶贫"短板"是一个复杂的"问题集"，它既体现在贫困地区各项经济与社会指标排位的居后，也表现为基础设施保障与产业发展的落后，还有思想观念与机制制度建设的滞后。中国农村贫困类型多、区域差异大、城镇带动弱，不同地区适宜发展什么、怎么发展，效果如何、前景怎样，亟须深入研究、审慎决策，依靠科学体系、实事求是讲成效。因此，各级政府应对产业效果评估给予重视，根据评估结果审视当地产业扶贫实施的真实效果，是否真的达到"接地气""补短板"的扶贫作用，总结产业扶贫新方略，探索产业扶贫新模式，因地因人制宜，因村因户帮扶，因贫因类施策，加快培育精准扶贫与转型发展内生动力，健全外部多元扶贫与内部自我脱贫良性机制。

<h1 style="text-align:center">参 考 文 献</h1>

别乾龙，张亚丽，孟庆香等，2010. 参与式评估法在村级扶贫规划中的应用——以河南省南召县为例 [J]. 中国农学通报，(16)：424 - 429.

黄贞，2015. 共生视域下民族扶贫政策评估研究——以湖南省慈利县扶贫评估为例 [J]. 青海民族研究 (3)：55 - 59.

焦璐，2009. 农村扶贫政策的绩效评估——以陕西省农村扶贫政策为例 [J]. 内蒙古农业大学学报（社会科学版）(1)：39 - 41.

金旭东，2015. 西北民族地区县域扶贫开发绩效评估 [D]. 兰州：兰州大学.

李佳路，2010. 扶贫项目的减贫效果评估：对 30 个国家扶贫开发重点县调查 [J]. 改革 (8)：125 - 132.

李侑峰，2016. 试论精准扶贫监测与评估体系的构建 [J]. 齐齐哈尔大学学报（哲学社会科学版）(10)：47 - 50，95.

李祖鹏，2006. 陕西参与式整村推进扶贫项目评估研究 [D]. 杨凌：西北农林科技大学.

刘璐琳，2016. 集中连片特困地区产业扶贫问题研究 [M]. 北京：人民出版社.

舒银燕，2014. 石漠化连片特困地区农业产业扶贫模式可持续性评价指标体系的构建研究 [J]. 广东农业科学 (16)：206 - 210.

孙璐，2015. 产业扶贫评估研究 [D]. 北京：中国农业大学.

汪三贵，曾小溪，殷浩栋，2016. 中国扶贫开发绩效第三方评估简论——基于中国人民大学反贫困问题研究中心的实践 [J]. 湖南农业大学学报（社会科学版）(3)：1 - 5.

王敏，方铸，江淑斌，2016. 精准扶贫视域下财政专项扶贫资金管理机制评估——基于云贵高原 4 个贫困县的调研分析 [J]. 贵州社会科学 (10)：12 - 17.

王维民，王文平，于凤，等，2017. 金融精准扶贫效果评估指标体系建设的思考——基于银行业金融机构视角 [J]. 华北金融 (1)：50 - 53.

邢慧斌，2015. 国内旅游扶贫绩效评估研究述评 [J]. 商业经济研究 (33)：127 - 129.

杨希，2017. 精准视角下产业扶贫评估研究 [J]. 金融经济 (4)：23 - 25.

叶初升，邹欣，2012. 扶贫瞄准的绩效评估与机制设计 [J]. 华中农业大学学报（社会科学版）(1)：63 - 69.

郑宝华，2003. 参与性贫困评估和扶贫战略的调整：来自贫困者的声音 [J]. 云南社会科学 (3)：62 - 66.

第七章 产业扶贫风险如何防范和降低

　　扶贫是政府和社会帮助贫困地区和贫困户开发经济、发展生产、摆脱贫困的一项系统工程，而脱贫问题最终需要依靠贫困地区自身的发展来解决。产业扶贫是中国特色扶贫开发模式的重要特征，是完成脱贫目标任务最重要的举措，也是各项扶贫措施取得实效的重要基础。作为新时期扶贫开发的重要模式，产业扶贫是继家庭联产承包责任制之后农业领域的又一制度创新，这一制度创新以契约为纽带，形成农、工、商一体化的形式，在解决农户与市场矛盾、农业规模经营和农户增收等方面发挥了重要作用。

　　然而，由于农业本身的高风险性及产业扶贫形式的复杂性，单个农户进入产业链条仍面临多方面的风险，限制农户自我发展的能力，同时贫困地区的特殊性也决定了产业扶贫的特殊困难，特别是扶贫产业存在的风险多于其他产业，也明显高于其他产业，使得贫困地区产业脱贫效果并不明显。尽管产业扶贫开发可以带来巨大的经济收益和社会效益，但在实施过程中可能遇到各种风险，将给扶贫开发工作带来一些不确定问题，在一定程度上会减少扶贫收益。因此，在建设和谐社会的背景下，有必要了解产业扶贫中农户面临的风险，并采取相应的防范措施，在此基础上改善产业扶贫环境，提升贫困农户抵御风险的能力，提高农户收益，助力脱贫攻坚，具有重要的现实意义。

第一节　产业扶贫的主要风险来自哪里

　　产业扶贫开发具有组织模式的复杂性和某些制度设计不合理性以及外部条件的不确定性的特点，会面临着资金来源有限、项目选择不适宜、自然环境不利等方面的风险影响。关于产业扶贫风险的定义并没有准确唯一的界定，通常学术界将风险定义为"不良事件发生的可能性[①]""结果的变动或不稳定性[②]"或者"结果的不确定性[③]"，我们在这里采用第三个定义，认为风险就是结果的不确定性，并且风险作为一个一般性的概念，需要与具体的行业或经济行为相联系才可以具体化。根据汪希成[④]的研究（2005），农业风险被定义为农业生产经营过程中出现的风险，是由于农业外部环境的不确定性、农业生产经营活动的复杂性以及农业主体能力的有限性和自利行为而导致的农业主体的预期收益与实际收益可能发生的偏离程度。依据此定义，本书对产业化扶贫风险定义如下：产业化扶贫风险指的是以农业产业化方式进行扶贫过程中的风险，是由于农业产业化过程中农业发展外部环境的不确定性、产业扶贫组织模式的复杂性、具体制度设计的不完整性以及扶贫各方主体利益表达不一致性而导致的产业扶贫的预期效果与实际改善可能发生的偏离程度。根据以上定义可知，影响这种偏离程度的因素主要来自三个方面：农业固有的风险、产业扶贫制度设计风险和社会环境因素导致的风险，这三个方面风险叠加，最终将表现为扶贫执行中的目标偏离。如果说农业固有的风险不可避免，只能通过提高防灾减灾能力进行预防、补救，那么后两者则是可以通过制度创新和政策安排来调整的。而且产业扶贫制度设计风险还可以通过制度设计将前者风险进行转嫁，进而带来社会问题，因此，产业扶贫制度设计风险是影响产业化经营与扶贫对接的一个重要因素。

具体而言，产业扶贫实践中的风险主要包括以下几种类型：

一、自然风险

自然风险主要是指在产业扶贫开发过程中由于不可预料的天气、气候等自然条件或自然灾害给农业生产带来影响，造成农产品产量的下降而使得产业化经营各主体（主要是企业和农户）收益受到损失的风险。与大自然息息相关的农业，会经常受到旱灾、水灾、风灾、雹灾、雪灾等各种不可预测的自然灾害影响。谨防在扶贫项目建设、产品开发中，缺乏防灾避灾预案，缺乏应有的救灾物资储备，缺乏商业保险保障等。我国贫困人口集中生活在农村，以农业为主要生活来源，农产品收成的好坏极大程度受到天气、生态环境等自然因素的

---

① 何文炯（2005）引述美国学者 Hayness 所著的《经济中的风险》提出的风险概念。

② 美国的风险管理学家 C. A. Williams. Jr 和 RichardM. Heins（1997）在其著作《风险管理与保险》中认为"风险是在给定情况下和特定的期间内，那些可能发生的结果间的差异"。

③ 美国经济学家、芝加哥学派创始人 F. H. Kinght（1921）在其名著《风险、不确定性和时间》中认为，所谓风险是可测定的不确定性。

④ 汪希成. 新疆农业产业化经营风险与管理 [J]. 新疆农垦经济，2005（1）：43-47。

制约，特别是对于欠发达地区农民来说，一场突如其来的灾害更会将其推向更加贫困的境地。在 2015 年国务院扶贫办公布的五大致贫原因中，第二大致贫因素——因灾返贫占比为 20%，高达 1 400 万人口。

除了自然的影响作用，越来越多的实践证明，人类活动对自然环境造成的影响也反过来给扶贫开发进程带来风险。其中生态环境风险是指在扶贫开发的过程中，由于产业的发展，可能破坏自然环境和过度消耗自然资源，导致环境恶化、脱贫困难的风险，甚至有可能形成"贫穷—开发—破坏—更贫穷"的恶性循环。在积极推行产业开发时，如果缺乏有效的管理，可能会由于过度使用资源造成环境质量恶化以及资源浪费甚至枯竭，最终留下的是被污染的水源和森林等，导致陷入无法脱贫的困境。种植业、养殖业和工业、旅游业等扶贫开发中的行业发展都有可能引发生态环境风险。主要有以下一些表现：一是保护与开发的关系处理不当。谨防为了急于求成、"吹糠见米"的增收效果，在搞产业开发和农业基地建设时，只重视眼前经济利益，或为了出政绩，而忽视子孙长远利益和可持续发展，以牺牲生态环境为代价，对山场资源和不可再生资源进行掠夺性开发。二是引进"垃圾"项目。谨防把先进地区、发达地区等域外已经或行将淘汰的落后产能、落后技术、落后产品，高污染、高能耗、高排放的"三高"项目和"垃圾"产品引进县内，或在实行产业战略转移中，造成生态环境污染，危害食品安全，危害百姓生命安全，影响长远发展。三是污染治理不及时、不得力。谨防对生态环境污染重视不够、防范不够；出现污染问题不及时报告、不及时治理，进行袒护包庇；或对治理污染环境敷衍了事，不认真、不得力、不彻底。

二、市场风险

市场风险是指由于受农产品供求关系及信息不完全等因素的影响，导致农产品价格变动而使产业扶贫各主体遭受经济损失的风险。项目建设、产品销售受国内、国际等多方市场变化影响，应谨防上项目、做产品不进行广泛深入的市场调查，不对市场变化趋势进行认真分析与研判预测，不去努力开发前沿产品，而上雷同项目、做低端产品等。谨防在产业项目选择及确定中，脱离本地资源、百姓、人文等实际情况，缺乏深入细致的市场调查，缺乏科学论证、民主商议、规划设计，出现主观臆断，盲目地做决策、上项目，导致项目的短命夭折、损失浪费。

关于市场风险，对于贫困群众来说还有两个问题需要特别注意。一是机会成本相对较高，二是市场承受能力脆弱。机会成本是指在使用资源的决策分析过程中，要从各个备选方案中选择最优方案。当选择了某一方案作为最优方案时，就必然放弃了次优方案，同时也就放弃了其他次优方案可能提供的潜在利益。这种由于放弃次优方案而丧失的潜在利益就是所选最优方案的机会成本，或称择机代价。贫困地区和贫困人口在扶贫开发中，可能放弃其原有生产方式。比如原来以种植传统的粮食为主，为了发展经济，需要改种苗木或蔬菜等。由于贫困地区原种品种及模式的收入低，所以放弃原有生产方式的成本也比较低下。但对于贫困人口，放弃原有生产方式的机会成本却相对要高，因为这意味着他们舍弃了基本的生活保障。因此，一些贫困人群会拒绝改变原有生产方式，同时也放弃了发家致富的机会。同时，由于贫困人口的底子薄，所以市场风险的承受能力也比较弱。如果在扶贫开发中进行了某些形式的投资，一旦市场对他们的回报不足以抵偿投入，那么就有可能陷入更深的贫困状态。因此，只有大幅度降低市场风险，才能达到扶贫开发应有的效果。

> ### ◈ 专栏　地方盲目上项目产业扶贫扭曲走样
>
> 随着脱贫攻坚的深入推进，产业扶贫正成为不少地区从"一次性扶贫"迈向"可持续性扶贫"的首要选择。不过，《经济参考报》记者日前在贵州、宁夏、河南等地的贫困地区蹲点调研发现，基层在落实产业扶贫政策过程中，由于缺乏调查研究、作风不实，个别地区产业扶贫扭曲走样，产业发展随意性大，缺乏深加工等产业链配套，一些制约产业扶贫发展的关键节点还需加大破题力度。
>
> 一些受访扶贫干部和群众反映，产业扶贫在积极推进的过程中，一些问题也在显露。部分地区产业发展随意性强，缺乏深加工等产业链配套，产业扶贫探索往往效果不佳，此外，扶持资金和保障体制不健全也困扰着扶贫政策的落实。
>
> 一是产业发展随意性强。部分地区盲目整县整区推进某一项目，不计成本投入且效益差，导致一哄而上发展，最后整体失败。2014—2015年，西部某贫困县在没有深入考察群众养殖技术、养殖成本及市场风险等情况下，在两个乡镇3 000多户贫困户中硬性推广绿壳蛋鸡养殖，由于蛋鸡养殖防疫不到位、养殖成本较高、签约企业设置诸多门槛等，政府投入几百万元的养殖项目全面失败，部分农民还因为发展绿壳蛋鸡效益差，背着死鸡到政府上访。
>
> 二是贫困户参与度低，出现"有政府决策没有群众意愿""有项目没有贫困户"等现象。部分干部"自以为比群众高明"的想法并不鲜见，地方政府"我要你种（养）项目"意识强，越俎代庖替农民决定种什么、养

什么等，贫困户在产业发展中处于从属地位，参与度低，贫困群体本身的声音和意愿边缘化，脱离实际的做法在基层造成一些失误和浪费。

"十二五"期间，西部某地在没有试种和调查研究的情况下，以每亩430元的投入，发展了1.5万亩从北方引进的金银花，按当初设想每亩至少产50千克干花计算，可年产750吨以上干花，但当地实际干花年产量不到5吨。总结金银花项目失败的一个重要原因是当地群众以"不管护、不搭理"等方式冷对抗不愿意种植的项目。记者在当地采访发现，尴尬的产业扶贫现状甚至让部分基层干部一听产业扶贫就头大，群众一想到产业扶贫就害怕。

调研中发现，一些地方将产业扶贫简单等同于产业发展，而忽视扶贫目标本身。有干部向记者推荐参观的产业扶贫项目"看起来很美"，但深入了解发现，这些项目与真正的贫困户关系并不大。在一些地方，产业扶贫"只见项目不见贫困户"并不鲜见，甚至扶贫项目资金被部分不法企业以扶贫的名义变相套取。国家审计署对西部一贫困县2010—2012年年度扶贫资金审计时，就发现了类似问题。

三是资金缺口大。目前财政扶贫资金额度低，具体到全国680个片区县和152个片区外重点县，资金量不足，难以支撑贫困县产业发展。

四是市场保障体制不健全。涉农产业受天气、市场等因素影响比较大，目前我国的涉农保险严重欠缺，贫困户发展产业存在较大风险。

资料来源：2016年9月9日东方网。

三、技术风险

现代农业生产对技术的依赖性越来越高，技术风险主要是指生产者采用的生产技术不符合现行市场的质量、等级标准，从而引起的产量和价格波动给产业扶贫各参与主体带来损失的风险。农村产业专业化经营中对现代技术的运用带来的不仅仅是收益和效率，其背后也隐含着风险，因为农业技术具有公共物品特性和很强的外部性，由于其他人的"搭便车"行为，可能使产品供给增加，价格下降，使实际的收益小于预期收益。另外，每一项农业技术都对外界环境有较为严格的要求，环境通常有两类：自然环境和社会经济环境。如遇自然条件发生变化不能满足其技术要求，则技术优势不能显现，其收益可能与预期的相去甚远，这里所说的技术风险是因自然风险而引起的。同时，一项技术是否实现其效益，最终取决于市场需求状况决定的产品价格和市场规模。当市场需求发生变化时，先进的技术可能实现不了效益，给专业化农户带来损失。

科技时代、信息时代、创新时代一日千里，世界相通，新情况、新问题、新技术层出不穷。上项目、做产品要与时代技术进步和内外情况紧密相连。谨防不学习、不引进、不消化、不吸收、不融通、不创新，闭关自守、闭门造车，上生产技术含量低的产品，导致没销路、没出路，或者在发展农业项目方面，引进一些地域条件限制较严、"水土不服"的种养业品种，导致产业开发失败。例如，农户进行农业生产的技术和手段达不到龙头企业的收购标准，而给农户收益带来影响的风险。而农产品质量安全事件可能摧毁辛苦构建起来的贫困地区农产品品牌和相关产业。

四、政策风险

政策风险是指国家和基层政府在农业领域相关政策的变动给农业生产带来的不确定性，例如农业支持政策、税收政策、土地承包政策等政策变动对产业化经营各利益主体带来损失的可能性。符合我国农村实际的农业政策有利于调动农民的积极性，而不符合我国农村实际的农业政策则会打击农民的积极性，影响农业的发展。此外，稳定的、连续一致的农业政策对于稳定农业生产大有好处，而不稳定的农业政策则不利于农业的稳定发展。因此，农业的政策风险制约农业生产的发展，有时可能造成严重的结果。对农业生产有重大影响的政策风险主要有中断土地承包关系，保护价扭曲，信贷与税收政策放大农产品的价格波动。其结果是使农民在市场交换过程中处于不利地位，挫伤农民的积极性，导致农业生产下降，阻碍农村产业专业化的发展。这种政策风险主要表现在宏观层面和微观层面上。

（1）政策风险在宏观层面主要表现为国家扶贫政策的调整以及国家政策与地区实际的差异。在扶贫开发工作中，政府支持的大多数是基础设施和产业开发方面的项目，其政策风险占比相对一般项目要高。对于产业扶贫项目而言，可能存在因大部分选项不适合当地实际，缺乏市场调查及预期分析，导致政府有投资没效益的问题。国家政策及其执行政策正确与否，将给产业扶贫开发带来重大影响。

（2）政策风险在微观层面表现为政府行为的影响。扶贫开发项目的执行程序相当严格，在有些省份仍需要层层审批，可能导致扶贫政策和资金难以及时到位或缩水。在产业扶贫开发工作中，政府的过度参与行为不一定与市场机制相协调，容易造成"好心办坏事"的后果。同时，在一些地方，有的政府官员或机构急功近利，追求形式主义、形象工程，或存在官僚主义和腐败现象等，可能使得各级政府和有关单位的政策规划和实际执行脱节，加剧扶贫开发项目的政策风险。再有，在农村市场经济得以发展的条件下，政府职能的越位、错位和缺位，都会导致政府政策和功能的低效、失效或反效，构成实现农村发展必须解决的体制性问题。比如在发展养殖业时，政府的投资抱有个别官员自己的初衷，希望形成规模经营，但不去考虑市场经济的运行情况和百姓的负载能力等因素，造成部分业主投资后却无法获得市场应有的回报。

五、资金风险

资金风险是指在产业扶贫开发过程中，由于资金投入不足或不及时导致无法实现扶贫预期目标的风险。扶贫开发必然需要大量的资金投入，政府投入在其中占主体和主导作用，同时涉及社会投资和农户自筹。这些不同渠道的资金都存在投入不足或不及时的风险。比如政府投入资金，可能存在由于不同级次的预算差异造成资金投入不及时的结果。在投入过程中，也存在由于审批程序复杂、平均主义、官僚主义、腐败等多种原因形成资金投入不足或延误。对于社会和自筹投入资金，投入不足或延误的风险更大。具体的资金供给风险包括以下几点：

1. 整合不到位 谨防在扶贫项目资金统筹整合上，领导之间思想认识不统一，部门之间配合不积极，上下之间行动不一致，使统筹整合受到影响；谨防没能做到该统筹的项目资金全部统筹，该整合的项目资金全部整合到位。

2. 配置不精准 谨防扶贫项目资金统筹整合后，在具体配置上的不科学、不准确。出现配置地点不科学、配置对象不科学、配置标准不科学、配置时间不科学的问题，特别是到村、到人的项目资金，出现"扶农"没"扶贫"、到村没到贫困村、到贫困村没到贫困户等大而化之的问题。

3. 调度不及时 各类项目工程建设、贫困户脱贫销号、贫困村脱贫出列等，均有条件性、标准性、时限性，需要科学、合理、适量、匹配的扶贫资金支持。谨防所统筹整合的资金，在调度上的不及时、不科学、不一致或工程进行之中没预付，或完工之后不结算等问题的出现。在基层调研精准扶贫工作中曾经发生过这样的产业扶贫真实案例：为了5万元周转金以启动生猪养殖，贫困户层层填表、级级盖章，还要找村干部担保，前后跑了3个月，仍然被银行认定为不合要求，无法放款。这就是产业扶贫中出现的新情况，透露出产业扶贫面临着资金周转困难与防范风险能力不足的问题。

4. 使用不规范 一些地方在政府贴息、风险金补偿授信等方面的机制措施不细致、不完善，很多还停留在文件方案中的"一句空话、一纸空文"，缺少具体、可行的操作方案和规程，金融机构认为政府是在"唱空城计"，难以打消其畏贷、惜贷的思想顾虑。应当谨防不按统筹整合文件抓落实，确定了的项目不算数，所安排的资金打折扣；谨防项目资金到乡村之后不公开、不透明，乱调整、乱调度、乱使用，或出现套取、贪污、挪用、私分等问题。

◆ 专栏　融资租赁助力光伏产业风险防控成关键

随着光伏产业的快速发展，优质电站的融资需求也随之加大。中国光伏行业协会秘书长王勃华表示，在融资租赁需求快速增长的情况下，如何提高融资质量、效益和保障投资方、业主方的投资权益尤为重要。

一、融资租赁成重要渠道

"当下市场情况很好，并且国际市场格局发生了可喜的变化。过去中国光伏产品95％以上是出口，现在已经有1/3可以在国内解决。"王勃华预计，下半年光伏行业装机量最低也应该会达到8GW以上，甚至有可能超过10GW。

在过去一年，融资租赁已成为国内光伏产业除银行贷款外最重要的融资渠道，其在光伏产业发展中的重要性已不言而喻。中国融资租赁企业协会副会长兼秘书长王佳林表示："融资租赁企业对光伏产业有着浓厚的兴趣，这为两个行业的未来合作打下了良好基础。"

王佳林认为，由于融资租赁是以资产为基础的融资，因此，可比银行承担更多的风险。对光伏产业而言，融资租赁则更加专业化。而在融资模式的创新和光伏电站的风险管理方面，两大行业需要齐心协力。一方面，需要融资租赁企业的业务模式、交易模式设计更加灵活和创新。另一方面，在管控风险上，要同时包括光伏产业的投资方、建设方以及运营管理方。

远景能源光伏业务总经理孙捷指出，近年来，光伏行业发展迅猛，但仍有大量光伏电站面临融资难、融资贵的困境，很多意欲涉足光伏产业的金融机构对光伏资产缺乏有效的价值判断及风险管控手段，低成本资金始终无法入市，市场无法得到有效的发展。

二、控制风险或成产业发展关键

当下，以电站资产控制风险的融资模型还没有完全的成熟。比如分布式光伏，由于规模非常小以及风险因素特别多，目前还面临着融资难的问题。同时，数据方面也有所欠缺，面临流通不够高效等问题。因此，能够很好地控制风险是投融资创新的起点。

然而，对分布式光伏而言，一些风险是和金融机构的共同风险，另一些则是不可控的。未来希望屋顶产权可以立法，产权证对行业或将有很大促进。同时，希望有更多中小企业可以全面参与光伏电站的建设。

孙捷表示，下一步将会通过"评级＋征信"的模式来控制风险。一是由远景能源阿波罗评级提供风险准备金和保障金；二是从保险入手，比如目前已经和平安产险等公司开展合作，联手阿波罗评级一起打造全过程的风险管理模型。未来的探索或将会利用自有资金去撬动优质资产。

此外，光伏行业在金融创新上，仍存在一些绊脚石。目前光伏行业发展所面临的挑战，一是可再生能源发展的基金严重不足，二是补贴机制跟不上，三是弃光限电问题越来越严峻。当下，光伏企业大多还是靠发电收益和补贴来维持生存，一旦存在不确定性，便会导致光伏企业的收益回报率不稳定。

资料来源：中国证券报·中证网 2016 年 9 月 13 日。

第二节　产业扶贫风险的原因

贫困地区产业发展风险大，是由于产业扶贫必然要落实到具体产业发展上，贫困社区必须围绕某种特定资源、产品或服务才能有效发展产业。但受限于经济社会发展的滞后，使得这些地区往往只能以自然资源或低档农产品为核心，这就意味着产业发展遭受自然风险限制的概率极大。特别是贫困地区的小农户面对大市场的问题较为普遍。

一、农业生产的自然特性

农村产业专业化过程中农户生产经营中的风险大多与自然状态有关，如冰雹、暴雨、干旱、病虫害等，即人们通常所说的自然灾害。我国自然灾害的普遍特征是：①普遍性。从时间和空间上看，每年都有灾害发生。②区域性。自然灾害种类多，分布具有区域性。总的来看，北方旱灾多，南方雨涝多。③季节性。如旱涝灾害，春季往往是南涝北旱，夏季是南旱北涝。④持续性。表现在同一灾害连季出现或连年发生。⑤伴发性。一种灾害发生时往往诱发其他灾害同时发生，例如，台风灾害往往伴有暴雨灾害，雹灾往往是大风和暴雨同时发生。目前，现代科学技术手段有限，还不能完全控制和抵御自然灾害，因此，自然灾害对农业造成的损失是非常严重而且是不可完全避免的。

农业生产到目前为止还不能改变其生产是以土地为基础，光照、肥、水为必要条件的生产模式。从种子播种到成熟收割，一种农作物的生长一般为 3～5 个月，其生产周期过长。如果其中某一环节出问题，则农业生产的收益效果就会打折扣，达不到预期效果。因此，农业生产理想效益的不可能性将给农村产业专业化带来经营生产的风险。

二、农户自身特点

中国自古就是小农经济，这种经济的主要特点是农户常常处于弱势地位，农业生产靠天吃饭，种植不稳定，单打独斗面对大市场风险较大。作为农业生产主体的农民，其素质偏低，给农村产业专业化带来了一定的市场风险。①缺乏风险意识。在农村产业专业化过程中农民对风险的反应还不敏感，风险管理的意识还不强。②环境保护意识薄弱。农业生产是人类有目的的社会经济生产过程。近些年来，由于人类活动过度向自然索取，导致自然生态环境破坏，引发各种危害人类经济生产的破坏性现象，严重影响了农业的正常生产秩序。③信用意识淡薄。我国农民文化科技素质不高的事实决定了在当前我国农民信用普遍低下的现实，受经济利益的驱使，他们很容易改变自己的行为。因此，农民信用意识的淡薄决定了农村产业专业化经营过程中信用风险的客观存在。④农民素质不高的局面严重阻碍了新技术在农村产业专业化中的应用。因此，学者们普遍认为，小农户要面对大市场，分享市场所带来的好处，需要有公司或致富带头人带领以降低风险。在这样的基础上，近年来在实践中不断发展"公司＋农户""能人＋农户""村集体＋农户"等多种方式，带领小农户进入大市场，还可以考虑推广"龙头企业＋金融＋贫困农户"的金融扶贫模式，增强贫困户自身信用评级和还贷能力，探索建立贫困户与金融机构"双方共赢"的风险分摊机制。

三、产业发展的趋同性

受限于历史阶段，我国各贫困地区间表现出能力同质性，这使得扶贫产业的发展内容有严重趋同趋向。在市场机制下，大量的趋同产业会导致恶性竞争的经济后果，这使得产业发展决策的风险日益加大。产业扶贫说到底是一种经济活动，具有市场经济属性和产业特点，要尊重经济规律。承担扶贫任务的农业产业化龙头企业，也是市场经营的主体，本来就要面对自然、市场等多重风险，再加上当前大的经济环境不太好，其中不少企业经营的确有点困难。以农业产业化经营的形式来扶贫，例如以"公司＋农户"或"合作社＋农户"等形式，实现了产销衔接，分散了农户承担的市场风险，可增强对收益的稳定预期。经营的规模化，使得大面积推广先进种养技术，集中进行病虫害防治成为高效有益的工作。

但与此同时，产业化的经营方式又会伴生出新的风险，如契约风险，在产业扶贫项目的实践中，契约是很难将现实遭遇的各类风险和风险责任完全界定的。因此，风险一旦发生，在各利益主体间就存在着风险承担相互推卸的可能性，而由于双方利益的不一致性和地位的不平等性，往往处于弱势的一方将承担更多的风险。也就是说，在产业扶贫的项目实践中，龙头企业与农户的风险共担机制并未形成时，企业与农户的联结松散，产业扶贫带动效应不强，贫困农户依然面临农业生产的高风险性，在遇到自然灾害、市场波动等问题时，农户仍以自我保护为主，抗风险能力低下，很容易返贫，脱贫人口具有较高的脆弱性。因此，如何弱化产业链中农户面临的风险，提高他们的风险应对能力，不仅事关农户收入的提高与稳定，同时也影响到农业龙头企业的经济利益乃至农业产业化进程的健康发展和小康社会的推进。

除此之外，地方政府和企业主导下的产业扶贫，往往也存在一些非理性发展因素，受限于技术等因素，产业只能停留在粗放式发展模式上，会造成资源浪费、环境破坏，甚至有可能跌入贫困加剧和环境恶化相互加强的发展陷阱中。而且劳务产业扶贫也暴露出使贫困农村空心化的问题，劳动力流失往往使得贫困社区的发展更为艰难。在立体的风险作用下，本身就存在能力缺陷的贫困人群和地区在发展产业过程中赔本甚至失败的情况并不罕见，打击了农户的积极性。

因此，探索产业扶贫形式及其各参与主体的风险和风险分配机制，可以帮助农户提升风险认知能力和抗风险能力，完善产业扶贫理论基础，为产业扶贫的具体制度设计提供建议，提高产业扶贫效果，更好地推进这一扶贫方式的普遍应用。因此，对产业扶贫与农户风险控制研究，具有重要的理论意义和现实意义。

◆ 专栏　产业扶贫应破解资金风险两大难题

2016 年，全国产业扶贫暨一村一品现场会在咸宁召开。通过推动特色产业发展，咸宁扶贫工作取得了良好成效。咸宁以楠竹、茶叶、油茶"三大百亿"产业为主打，以光伏发电、小龙虾、家禽养殖、水果蔬菜、水产养殖、休闲旅游、农村电商等七大"短平快"产业为主攻方向。

咸宁以提升农村贫困地区现代农业发展水平为核心，坚持"扶贫资金跟着贫困人口走、贫困人口跟着能人走、能人跟着产业项目走、产业项目跟着市场走"，探索形成了"合作社、龙头企业、能人大户、现代服务业＋贫困户"等四种发展模式。

2016 年，咸宁全市共投入产业发展奖补资金 16.27 亿元，带动 5.8 万多贫困人口实现每户平均增收 8 000 元。咸宁市还推广通山县"资源共享、二次流转、凭权受益"模式，"村企合作、联营带动、互利共赢"模式，"村社双带、社户经营、收益积累"模式，"发挥优势、艰苦创业、自办企业"模式，以及"盘活存量、资产出租、门面房产经济"模式，实施"一村一品、一镇一业"。

　　2016 年，咸宁全市 192 个贫困村共新发展特色种养、光伏发电、休闲旅游、山林水资产收益等集体经济项目 535 个，增加集体经济收入 1 000 余万元。在基层调研精准扶贫工作时，丁小强代表从两个产业扶贫的真实案例中发现了新问题。

　　为了 5 万元周转金以启动生猪养殖，贫困户姜火（化名）层层填表、级级盖章，还要找村干部担保，前后跑了 3 个月，仍然被银行认定为不合要求，无法放款。

　　咸宁市通山县大路乡新桥冯村特困户阮书二，贷款 10 万元承包种植了 120 亩莲藕，结果因为缺少经验又嫌贵未投保商业财产险，眼睁睁看着近 10 万千克莲藕滞销。

　　"这是产业扶贫中出现的新情况，透露出产业扶贫面临着资金周转困难与防范风险能力不足的问题。"丁小强坦承。

　　多方走访后，丁小强代表得知，一些基层金融机构对金融扶贫的认识不足，把扶贫金融混同于一般商业贷款和以往推行的小额农贷，求稳畏难的自我保护意识过强，严评级、紧授信、少放贷、需担保，人为设置的"关卡"较多，"门槛"较高，最终效果大打折扣。

　　与此同时，丁小强还发现，一些地方在政府贴息、风险金补偿授信等方面的机制措施不细致、不完善，很多还停留在文件方案中的"一句空话、一纸空文"，缺少具体、可行的操作方案和规程，令金融机构认为政府是在"唱空城计"，难以打消其畏贷、惜贷的思想顾虑。

　　"为解决这个问题，要构建自上而下的督办推进机制，推动引导各级金融机构自觉承担回馈社会的责任担当，提升承贷机构对贫困户小额贴息贷款风险的'容忍度'，降低贷款门槛、缩短贷款周期。"丁小强建议，加快完善政府贴息、担保授信等政策保障机制，最大限度消除金融机构对不良贷款的承贷担忧。

　　在丁小强看来，还可以考虑推广"龙头企业＋金融＋贫困农户"的金融扶贫模式，增强贫困户自身信用评级和还贷能力，探索建立贫困户与金融机构"双方共赢"的风险分摊机制。

对于贫困户风险承受能力低的问题，丁小强提出，保险业要加大政策性"三农"保险覆盖面，争取将全市主要扶贫产业全部纳入其中。

"针对贫困户群众，可探索在小龙虾、蔬菜、畜禽、香菇等产业上实行目标价格指数保险，实现'以灾理赔'和'以价理赔'双轨并行，让农户得到更广的保险保障。"丁小强建议。

资料来源：法制日报，2017年3月10日。

第三节　如何防御和降低产业扶贫风险？

产业扶贫是增强贫困人口"造血"功能和提高自我发展能力的有效方式，也是推进贫困人口在脱贫基础上实现稳步致富的重要保障。我国要在2020年实现全面建设小康社会的宏伟目标，不仅要解决绝对贫困人口的贫困问题，还要保障这些人口能够实现稳步走向致富的道路，与全国人民一道分享我国经济社会快速发展的成果。实行产业扶贫，能够调动贫困人口参与脱贫致富的主动性，实现由以往被动扶贫向主动脱贫的转变，提高贫困人口的参与性、主动性和责任心。

产业扶贫作为新时期扶贫开发的重要形式，关键在于它为小农户进入大市场提供了平台，使农户能分享到农产品增值收益，同时又为农户规避市场风险提供了保障，企业和农户可谓形成利益共享、风险共担的经济利益共同体。建立和维系这种经济利益共同体，是需要一系列的组织保障和制度安排的。

一、形成利益一致的合作理念

建立和健全农业产业扶贫项目的风险防范机制，其实质就是合理确立产业扶贫项目中各参与主体的利益关系，能否实现政府、企业和农户的利益一致，不仅需要硬性的制度和组织保证，更依赖三者所处的不同社会环境和对合作理念的认知。龙头企业、农户作为产业化经营的两大利益主体，它们之间必然存在相互博弈的关系，企业不希望加入过多的散户、小户，增加管理成本，农户想建立更密切的联系以获得更多的收益。而政府作为公共利益的代表，其主要职能是为农户和企业的利益联结创造条件，推动地方经济和社会的发展。但是政府作为一个行政机构，也有其自身利益，尤其在贫困地区，基层政府的财政压力和政绩压力，使得在推行产业扶贫中，往往潜意识地将产业发展放在第一位，而将农户脱贫放在第二位，不自觉地牺牲社会公共利益，从而形成政府与龙头企业利益的一致性，获取政府自身利益，企业获得经济利益，而将农户排斥在外。但实践证明，只有当企业、农户和政府三者的利益一致并展开合作时，才能使企业、农户和政府在相互依赖的共同体中得到发展。基层政府若一味推动项目发展，而忽视对具体项目的扶贫带动效应，忽视贫困人口的参与和企业农户之间联结的密切度，那么，最终数量庞大的弱势农户将成为政府的最大负担。反之，则可以实现脱贫、基层财政和地区产业三者的共同发展。

因此，作为政府主导下的产业扶贫开发，政府应将农户自生能力、企业自生能力和区域自生能力看作是一个互补性的有机整体。农户自生能力的提高会促进企业自生能力和区域自生能力的提高，反之，企业、区域的自生能力的提高也会促进农户自生能力的提高。因此，将所有扶贫资源单一地瞄准贫困农户或单一地投入企业，都具有片面性。要形成政府、企业和农户三者利益一致的合作理念。只有明确了三方利益一致性的条件下，才能进一步理顺政府以贫困农民为核心、企业为手段的扶贫理念，才能充分发动农民、组织农民，使其成为建设主体，才能保障贫困人口的发展权，合理有效分配经济利益，企业主动履行扶贫责任，建立利益共享、风险共担的经济利益共同体。

二、突出风险抵抗的组织保障

建立健全产业扶贫的利益共同体，必须有组织确保利益协调和平衡，同时兼顾利益分配和利益纠纷化解。只有做好这两个方面，才能使利益和风险的产生、分配都有章可循。

1. 培育专业合作组织的发展 培育以农户为代表的专业合作组织，打破龙头企业既是"运动员"又是"裁判员"的局面，在尊重双方权益的条件下，进行合理的利益共享和风险共担。若合作社由企业下设，或与企业关系太过密切，作为农户代表的职能发挥不充分，就不能起到协调双方利益的目的，而只是一方对另一方的约束与限制。

2. 建立健全农产品产销合同争议的处理机构 契约风险的控制完全靠信誉是无法消除的，必须要有专门性的合同争议处理机构。契约风险中，农户往往处于弱势的一方，而且很可能成为风险的最终转嫁者，因此，应畅通农户权益保护的渠道，通过合同争议处理机构的建立，当农户遇到合同纠纷时可为其提供咨询和援助，提升签约双方的诚信。此外，还应增大违约成本，从而规范各主体行为，减少契约风险，构建农户风险防范保障网。

◆ **专栏　加大扶持力度　完善保障体系**

对于产业扶贫中出现的种种问题，业内人士认为，应加大对产业扶贫的金融支持力度，构建开放性的产业扶贫平台，合力构建"保险＋产业扶贫"新模式，充分发挥产业在扶贫中的引领作用。

国务院扶贫办开发指导司司长海波等受访干部建议，从以下三个方面进一步推动产业扶贫：

（1）大力发展扶贫小额贷款。充分发挥农村信用社和村镇银行的作用和优势，为建档立卡贫困户提供 3 年期以上，3 万～5 万元，执行基准利率，无抵押无担保的小额信用贷款，并由财政扶贫资金全额贴息，支持建档立卡贫困户发展特色优势产业。

（2）构建开放性的产业扶贫平台。贵州民族大学反贫困专家孙兆霞等人认为，产业扶贫中，企业、大户、农民更接地气，应由他们决定或与他们商量发展什么产业，政府着力在构建产业链、完善基础设施、提升贫困群体能力等方面提供公共服务。同时，通过建立政府、企业、社会组织、贫困群体等主体平等参与和协同行动机制，让产业扶贫决策更加科学和更具参与性，避免产业扶贫因缺乏多方能动性，发展一大片，失败一大片。

（3）因地制宜探索"保险＋产业扶贫"新模式。针对目前我国涉农保险严重欠缺，贫困户发展产业存在较大风险等问题，基层干部建议，政府、商业保险机构、企业等利益攸关方，需创新思维，合力构建"保险＋产业扶贫"新模式，保险机构可根据贫困地区地域特色和产业发展特点，积极推进大众农产品产量保险、收入保险、气象指数保险、价格指数保险等各类产品，并积极构建"保险＋银行＋政府"的多方信贷风险分担补偿机制，力破产业扶贫保险缺位等问题。

"给钱给物不如给个好支部，不少边远贫困山区需求尤为迫切。"河南一位贫困县县委书记说，部分农村没有产业、深陷贫困，与这些地区基层组织软弱涣散、没有发展思路、没有号召力、没有干劲等密切相关。他建议，这一轮产业扶贫要与加强基层组织建设相结合。尤其是创新模式机制，鼓励发展能带来集体收入的合作经济，将激发村级组织积极性放在重中之重的位置。

三、建立扶贫的风险共担机制

以机制保障稳效益，应坚持以利益联结、能人带动、资金投入、风险防控为保障，确保产业扶贫健康平稳发展。扶贫的风险共担机制主要包括完善利益联结机制和健全约束机制。

（一）利益联结机制

要逐步从松散型的利益联结机制向紧密型的利益联结机制过渡，需要做到以下几个方面：

1. 确保产权清晰　产权清晰是建立合理利益分配机制的前提，从经济学观点来说，各参与主体对农业产业化经营系统的投入（劳动、资金、产品、知识、技术等）和它们在其中的产权得到承认、得到可以接受的回报和收益，是激励其积极性和创造性的动力源。因此，必须明确界定各主体经营财产的产权，创新利益联结机制，鼓励农户以土地入股，与企业建立股份合作制式的联结机制，农户既是生产者，又是股东，参与到产业增值利润分配中，从而共同分担各类风险。

2. 在制度安排上要确立农户在产业化经营中的主体地位　产业扶贫作为一种开发式扶贫，重点是扶贫，核心是农民，以企业推动产业扶贫只是手段，因此，必须调动广大农户的主体积极性。农民主体地位的确立对于制度风险和契约风险以及自然风险的规避意义重大，对其他风险的分担机制也会有影响。

3. 利益分配机制要逐步规范化、制度化　目前，项目中企业与农户间利益分配机制主要是通过合同契约来约束，但由于各利益主体从自身利益出发，违约现象时有发生。解决这个问题的关键在于把利益分配机制规范化、制度化。政府或农业服务部门应承担起制订和推行标准合同的责任，打破企业单方面制订的格式合同的格局，降低农户面临的契约风险，并在合同中增加各类风险形成后的初步分担机制，减少风险转移给农户带来的损失。

（二）健全约束机制

约束机制要进一步规范化，明确双方权、责、利，提高可操作性。规范合同约束机制也是削弱贫困农户风险的重要方面。具体而言，包括以下几方面：

1. 提高合同的签约率　将传统的信誉意识和现代的法制意识相结合，将口头式的种植和销售允诺以正规化、标准化的合同形式约定，确保农户利益有法可依。

2. 完善合同内容　合同内容一般包括对违约责任的规定，因此，契约风险能够得到一定程度的控制。但是对于自然风险、市场风险、制度风险的控制则处于空白，产业扶贫不仅追求经济效益的提升，更应注重社会效益和农户脱贫。农业的高风险性，使得自然风险和市场风险更加频繁，应在合同中细化各类风险的共担机制，避免风险转移由农户单方承担风险。具体的分担比例需要对多年统计数据分析总结，但是分担比例的制定应以公平、公正为原则，尤其要保护弱势群体。

3. 引导金融机构增加授信额度 一是加强与金融机构特别是政策性银行的合作力度，扩大财政贴息、奖补资金、风险补偿资金的投放规模，引导它们精准对接扶贫产业发展和贫困户创业需求，单列信贷计划，创新信贷产品，降低信贷门槛，持续提高贫困地区的存贷比和扶贫项目贷款的比例。二是争列国家小额扶贫贷款和扶贫再贷款试点省份，以获得更大的政策创新空间，例如，对建档立卡贫困户、扶贫龙头企业和合作组织等扩大评级授信比例，将小额贷款额度提高到 10 万元以内、还贷期限延长到 5 年以内，对贫困户 3 年以内贷款实行全额贴息，对扶贫龙头企业、合作社提高贴息额度等。

4. 建议签订分等级、分类别的合同 由于与龙头企业签订合同的农户呈现出社会分层的特征，在与底层农户签订合同时，企业和农户的分担比例，要与企业和合作社大户的比例相区别，以保证底层农户进入产业链，减少制度风险造成的产业化与扶贫的偏离。同时，合同中还应包括农户的个人信息，尤其是经济状况，以便监督企业的扶贫责任和政府部门做好贫困监测，不断提高产业扶贫的精准度。

各级政府应当结合当地实际情况制定适宜的风险共担机制，例如，可以引导贫困户将扶贫小额信贷、财政专项扶贫资金投入优质经济实体，形成利益共同体；引导龙头企业、专业合作社、种养大户通过提供就业、订单采购、基地共建、投资入股和技术推广等方式参与扶贫开发；明确投入到贫困村的财政专项扶贫资金用于产业扶贫的比例，并以产业项目帮扶到贫困户；对建档立卡贫困户实行全部评级授信，对经济实体经营生产情况实行动态评估，切实防控合作风险、金融风险、市场风险，提振金融机构、产业实体和贫困群众的信心和决心。

四、建设风险抵抗的政策保障

在产业扶贫中，风险是常伴随的一大问题，对企业、政府来说，风险的打击不至于致命，但是贫困农户承受的自然风险、市场风险与技术风险是生死攸关的问题。因为企业在市场中遵循的是"理性人"的逻辑，容易导致企业在扶贫中对风险机制关注不足。首先，在产业扶贫以"贫困农户＋企业＋合作社"

的体制中，很少有专门的政策条例对贫困农户的利益进行保护，比如当自然灾害来临时，受损的利益是否全让贫困户承担？政府与企业应该建立什么样的条例或者政策来承担更多的责任？如何能够在遭受风险损害时减少贫困农户的损失？在市场风险发生的时候，是否能建立一个契约，当产品滞销时能够给予贫困农户一个高于市场价，且能保护贫困农户最低利益的收购价格？比如 2015年广西一些县市出现的产业扶贫黄瓜滞销问题，当时因为天气原因，一些地区的黄瓜推迟了 20 天才上市，导致上市时的市场价格已经趋近成本价，毫无利润可言。但是政府在当地只做了产业扶贫生产黄瓜的政策指导，并没有考虑到潜在的风险问题，也没有相对的补救补偿措施。因此瓜农们是毫无保护地暴露在市场和自然的巨大风险之中。其次，对于技术风险，如何给予农户足够程度的农业科学技能培训，保证其对新产业作物，或是接触新生产模式时能够减少错误的发生？在实际调研中我们发现，提出以上问题并能够对其进行思考和做出措施的地区很少，而更多的地区是没有关注到风险的发生、预防及应对。

具体而言，风险抵抗政策保障方面可以通过完善风险防范政策支持、建立农业产业保险制度和优化农业产业化服务体系等方面入手：

（1）风险防范政策主要有价格支持政策、出口补贴和进口限制政策、财税优惠政策、农业基础建设投入政策和扶持农业科技发展政策等。当地政府可以运用财政补贴的办法，鼓励产业区农户建立内控风险基金，确保商场低迷时，产业能安全过冬。也可以通过政府建设风险保障平台，充分发挥政策资金的杠杆作用，以财政专项扶贫资金为牵引、社会帮扶为补充，撬动金融、市场主体、社会资本共同参与，整合扶贫资金助力产业扶贫，构建政府、市场、社会协同推进的"开放式"扶贫格局，防范风险长远发展。例如，由当地政府筹集信贷扶贫风险补偿金，通过市、县两级政府主导的担保平台建设，搭建银企桥梁，放大财政扶贫资金效益，缓解扶贫经济组织融资困难，为贫困户的产业信贷扶贫资金提供保障，实现经济实体获得融资、银行拓宽放贷业务、产业发展增强后劲、贫困户得到股权分红的共赢目标；或以协议形式明确企业对贫困户帮扶期满后一次性归还投入本金，同时可根据贫困户实际情况和意愿，优先满足贫困户继续投入资金，保障贫困户长期收益。也可以发挥财政资金的杠杆作用，创新抵押担保方式。例如，由县财政出资设立贷款保证金，为贫困户贷款提供抵押担保支持，或在财政支持下，由扶贫龙头企业牵头成立政策性扶贫贷款担保机构，引导合作银行按 1：5 的比例投放贷款，惠及龙头企业和贫困农户。

（2）农业产业保险制度方面主要是建立政策性的农业保险机构、农业合作保险组织以及政府和社会共同联办的农作物保险集团。保险作为国际公认的扶贫良方，其基本职能是损失补偿和经济给付，派生职能还包括防灾减损和资金融通，这些都与精准扶贫的理念天然契合，如何有效发挥保险的精准扶贫作用值得深入探索。2016 年 6 月，中国保监会与国务院扶贫办联合发布了《关于做好保险业助推脱贫攻坚工作的意见》。该文件从精准对接、脱贫攻坚等方面，明确地提出将精准扶贫重点放在农业保险、民生保险和产业脱贫保险服务三大领域。

在实际运用中，可以通过保费补贴的形式，逐步把扶贫产业纳入商业保险，防御灾害风险和疫病风险。将保险与产业扶贫相结合，意味着并不只是单纯地提供保险产品，而是让保险与信贷、投资、社保、销售、救助等其他机制有机结合，形成"保险＋"，由保险担任起扶贫机制与贫困人群的"连接器"，将保险服务链向农业产业链上下游和农村生产生活的各个方面延伸，与其他扶贫主体配合，使其建立起紧密的利益关系，形成稳固的市场机制，从而持续鼓励资源向贫困地区转移，共同提高贫困地区的自我发展能力，推动农村生产生活模式的升级。

产业脱贫保险包括扶贫小额信贷保证保险、农业保险保单质押、"两权"抵押贷款保证险、土地流转收益保证保险等，还可以通过推行物流、仓储、农产品质量保证、"互联网＋"等保险产品以及"农业保险＋扶贫小额信贷保证保险＋保险资金支农融资"等为困难群众脱贫致富提供资金支持，同时带动所有保险公司参加扶贫的积极性。以宁波为例，市政府出资 3 500 万元发展小额贷款的保证保险，"撬动"了小微企业和个人贷款 100 多亿元，财政资金的效用被放大 300 倍。

值得注意的是，应当扩大政策性农业保险的覆盖面，因为贫困地区通常是自然灾害发生率较高的地区，地方政府、企业和农户入保意识强烈，但由于配套资金负担比例较高，制约了政策性保险在贫困地区的扩展速度。建议增加省财政统筹负担的比例，并向国家争取优惠政策，围绕更多的扶贫产业，扩大政策性保险覆盖面，以分担金融机构的放贷风险和扶贫产业参与主体的自然风险。

（3）服务体系包括完善市场为导向的生产机制，提高农业生产效率，降低农业生产成本和进行资源优化整合等。同时，政府应当强化监管，防范风险。一要确保贫困户的知情权、参与权、选择权、管理权、监督权，强化受益主体监督。二要强化对企业的服务和监管，乡镇相关部门及时掌握企业的生产经营状况，增强主动服务企业意识，为企业发展提供良好环境。三要坚持和完善公示公告制度。采取多种有效方式，对各类市场主体享受扶贫资金补贴、实施项目规模、帮扶和带动贫困农户情况等进行公示公告，接受贫困农户、专门机关和社会各界的监督，杜绝暗箱操作、优亲厚友、虚报冒领、弄虚作假等现象发生。

第四节　农业保险扶贫及其风险防范

保险作为国际公认的扶贫良方，其基本职能是损失补偿和经济给付，派生职能还包括防灾减损和资金融通，这些都与精准扶贫的理念天然契合，如何有效发挥保险的精准扶贫作用值得深入探索。2016 年，中国保监会同国务院扶贫办联合下发了《关于做好保险业助推脱贫攻坚工作的意见》（以下简称《意见》），为保险扶贫绘出了整张蓝图。其中，《意见》重点提出要对接农业保险、健康保险、民生保险、产业脱贫保险、教育脱贫保险五大需求，明确了保险机构的助推脱贫攻坚主体作用，规划了精准扶贫中保险的支持保障措施和服务工作机制，为行业指明了发力的方向。种种举措表明，保险扶贫已是蓄势待发，要在脱贫攻坚战中大展身手。

根据国务院扶贫办 2015 年的调查显示，2014 年全国 7 017 万贫困农民中，因灾返贫的占比高达 20%，足足有 1 400 万人口，成为第二大致贫要素。针对因灾致贫、返贫，主要通过推广农业保险来减少贫困人口的风险。保险可以通过补偿损失的职能，补充受灾群众的生产和生活资料，不至于让其生产生活能力下降，为精准扶贫设置安全线。我国农村人口致贫原因见图 7-1。

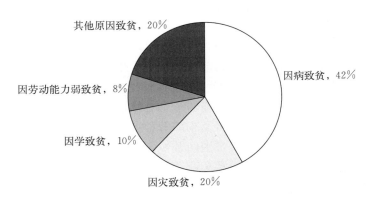

图 7-1　我国农村人口致贫原因

根据 2016 年 11 月 14 日世界银行与全球减灾和恢复基金发布的最新报告《坚不可摧：加强贫困人口面对自然灾害的韧性》中显示，自然灾害每年对全球经济造成的损失高达 5 200 亿美元，比通常报告的损失高出了 60%，并且严重加剧地区的贫困程度，每年致使大约 2 600 万人陷入贫困。较之富裕人口，贫困人口更有可能住在灾害频发地区的不牢固房屋中，在养殖业和农业等易遭受极端天气事件威胁的行业工作，从政府和社区收到的灾后恢复援助也更少，因此，贫困人口因风暴、洪灾、旱灾或地震等自然灾害受到的影响是其他人群的两倍以上。2009 年孟加拉国沿海地区遭龙卷风"艾拉"重创后不久，其失业率和贫困率分别飙升了 49％和 22％；2005 年危地马拉在飓风"斯坦"过后，7.3％的受灾家庭被迫让子女辍学，此后 2010 年再次遭受热带风暴"阿加莎"袭击，贫困率猛涨 14％；2008 年强热带风暴"纳尔吉斯"登陆缅甸，全国 50％的贫困农民被迫在风暴过后卖掉包括土地在内的财产还债；2013 年，台风"海燕"使菲律宾蒙受了 129 亿美元经济损失，100 多万间房屋被毁，约有 100 万菲律宾人因此深陷贫困。由此可见，灾害不论何时来袭，留下的不仅仅是破坏印记，还会使地区进一步陷入贫困境地，严重的气候冲击有可能使几十年的减贫成果毁于一旦，因此，减少灾害风险与减贫扶贫紧密相连。

我国是世界上自然灾害最严重的国家之一，70％以上的城市、50％以上的人口分布在气象、地震和海洋等自然灾害严重的地区[①]。20 世纪 90 年代以来，我国进入了新的灾害多发期，异常气候频繁大面积发生，地震、洪涝、干旱、台风等自然灾害更是频发多发。据不完全统计，20 世纪全球 54 个最严重的自然灾害中有 8 个发生在中国[②]。1990—2015 年的 26 年间，中国平均每年因各类自然灾害造成约 3 亿人次受灾，直接经济损失 2 000 多亿元，而 95％的中国绝对贫困人口生活在生态环境极度脆弱的地区，自然灾害对这些地区的打击更为严重，因灾致贫、因灾返贫的现象比较突出。一方面，我国贫困人口集中生活在农村，以农业为主要生活来源，农产品收成的好坏极大程度受到天气、生态环境等自然因素的制约，特别是对于欠发达地区农民来说，一场突如其来的灾害更会将其推向更加贫困的境地。另一方面，中国的贫困地区与生态环境脆弱地带高度相关，74％的生态敏感地带人口生活在贫困县内，约占贫困县总人口的 81％，贫困人口分布与生态环境脆弱区地理空间分布具有高度一致性[③]。

从地理分布上来讲，中国生态脆弱区主要分布在北方干旱半干旱区、南方丘陵区、西南山地区、青藏高原区及东部沿海水陆交接地区，这里既是生态破坏最典型和最强烈的区域，也是贫困问题最集中的地区。同时，贫困地区还是全球气候变化的高度敏感区，也是全球气候变化的重要影响区，未来这些地区还将面临气候变化带来的种种挑战。比如青藏高原在全球气候变化中处于特殊地位，50 多年来青藏高原气温显著上升，直接影响青海、西藏等区域，这些区域强对流过程明显增多，雪灾、冰雹等气象灾害明显增加，贫困人口返贫率升高，还间接导致了整个亚洲和北半球亚洲季风区域变化，甚至可能形成愈来

---

① 国务院办公厅：《国家综合减灾"十一五"规划》，2007 年 8 月 5 日。
② 参见法制日报：《自然灾害年均致损 2 000 多亿元》，2016 年 7 月 23 日。
③ 绿色和平组织与乐施会联合发布《气候变化与贫困—中国案例研究》，2009。

愈严重的"南涝北旱"，影响人们的基本生产和生活①。

　　由于保险具有补偿损失的职能，能够起到补充受灾群众的生产和生活资料的作用，不至于让其生产生活能力下降，为精准扶贫设置安全线，因此，针对因灾致贫、返贫现象，应当主要通过农业保险来化解农业灾害风险，充分发挥保险的防灾减损职能，起到稳定农民收入、防控农民因灾致贫与返贫、保障国家粮食安全战略与促进小康社会建设等作用。在这里，保险和精准扶贫一样，应当注重对扶贫对象能力的培养和考察，力争做到"不养懒汉"。除了在事故发生后给予一定的补偿和给付，也应力争在事前尽量防止事故的发生，这就要求扶贫对象要尽可能地发挥自己的主观能动性，主动提升扶贫对象的规避风险意识和能力。

　　农业保险可以有效增强农民的抗风险能力，此类保险产品制定涵盖特色优势农产品保险、目标价格保险、天气指数保险、组合型农业保险产品等。近5年来，我国农业保险业务年均增速达21.2%，累计为10.4亿户次农户提供风险保障6.5万亿元，向1.2亿户次农户支付赔款914亿元。2013年黑龙江洪灾，农业保险向50.9万农户支付赔款27亿元，占直接损失的比重13.9%，最高的一户赔付352万元。2014年7月，辽宁发生了自1951年以来最严重的旱情，全省农作物受灾面积2 900万亩，粮食减产500亿千克以上，保险赔偿9.3亿元。2015年1~9月，农业保险为2 501.8户次的受灾农户支付赔款182.9亿元，分别同比上升10.68%和14.64%。目前，农业保险已经覆盖了农、林、牧、副、渔业的各个方面。2015年，农业保险承保主要农作物14.5亿亩，占全国主要农作物播种面积的59%，其中三大口粮作物平均承保覆盖率超过70%，承保农作物品种达189类。我国农业保险市场规模已跃居亚洲第一、全球第二，农业保险稳定农村贫困群众生产生活、维护国家粮食安全、促进农业可持续发展的作用显著发挥。

　　值得注意的是，我国贫困人口分布存在着十分显著的区域性，并且各个区域、省份间发展不平衡，经济水平存在着极其明显的差异性。在制定农业保险政策时，应当重视区域差异，结合地域特色，开发特色险种，制定合理保障水平，精准助力脱贫攻坚。以农业保险为例，我国幅员辽阔，但人均土地面积少，每一亩土地都尤为珍贵，对于依靠农业过活的贫困人口更是如此。同时，国土地形多样化，各地区间的资源条件千差万别，在贫困地区进行什么样的农业产品开发与扶持显得尤为关键，在推行农业保险时应当充分发挥保险的科学引导作用，对于与当地资源环境相适应的、有助于当地绿色经济发展的农业应当给予优先支持。首先，应当支持和鼓励保险公司优先开发贫困地区特色果

　　①　参见新华网：《全球变暖导致青藏高原气候出现显著变化》，2007年12月12日。

蔬、养殖等险种，探索针对地方龙头企业、专业合作社等地方支柱性产业企业的个性需求开发定制化产品；其次，开展农险创新产品试点；再次，打造整体保险解决方案，针对农村贫困群体特点，量身打造保障和服务的整体保险解决方案；最后，扩大农险财政补贴范围，将政策性农业保险品种补贴范围，从主要服务于传统农业产品，扩大至种植面积不断增加的反季节蔬菜等农作物。

◆ 专栏

农业保险增强对农业产业链的风险保障能力重庆市彭水县盛产魔芋，但是因为风险太大，一直处于散种状态。除了常见的病虫害外，敏感的魔芋也会受到暴雨、冻灾等天气的影响，所以种植户大都不敢轻易扩大规模，当地政府打造"魔芋之都"的愿景也难以施展。

魔芋的命运也一直是其他农作物种植、禽畜养殖所面临的，走在经济发展前列的重庆也较早地尝试用农业保险来破解这样的困局。

一、补贴险种增加区域扩大

中央财政补贴的政策性农业保险险种以及区县补贴险种都实现了新突破。

村民种水稻、育肥猪都能买保险，为何不专门开发一个魔芋险呢？彭水县农业委员会开始为魔芋忙着办保险，几经协商，最终委托中华联合财产保险公司重庆分公司承办魔芋险。

"彭水试点魔芋险，在重庆市还是首次。"中华联合财产保险公司重庆分公司总经理韩国政接受记者采访时表示，此次彭水县为魔芋投保的保险金额为每亩500元，附加旱灾保险金额250元，病虫害保险金额250元。如果在保险期间，由于暴雨、洪水、内涝、风灾、雹灾、冻灾等直接造成的损失，损失率达到20%以上的，保险公司将按约定负责赔偿，由于旱灾、病虫害直接造成的损失，损失率达到70%以上，保险公司将按照约定进行赔偿。

彭水县农委任远锋介绍，今年彭水县共有5 000余亩魔芋种植面积投保，涉及914户农户，预计明年将有超过一万亩魔芋种植投保。为了鼓励更多的农户发展魔芋种植，今年的试点农户将不用缴任何保费，由政府财政支付。

魔芋险只是重庆用保险加强农业保障、发展特色农业的案例之一。据重庆保监局相关负责人介绍，重庆市已实现主要农作物、规模养殖场"应保尽保"的目标。万州、黔江等23个区县有生猪险，城口、长寿等15个区县有林木险，秀山、奉节等6个区县有禽类险，在合川等3个区县开展蚕桑险，在万州、秀山等地开展柑橘保险、农房保险。

据了解，2012 年 8 月，重庆申报的水稻、育肥猪、森林（公益林及商品林）保险纳入 2012 年度中央财政农业保险保费补贴范围，由以前仅有能繁母猪、奶牛保险两个险种增加到了 5 个险种。同时，重庆保监局积极推动市、区两级财政积极为具有重庆特色的农业保险项目提供财政补贴。目前，获市及区县地方财政支持的农业保险项目已从最初仅有的生猪、奶牛、柑橘等 3 个品种扩展到能繁母牛、禽类、蚕桑、辣椒等近 10 个品种。

二、丰富险种带动保费收入

2012 年前三季度，重庆市农业保险总共实现保费收入 1.47 亿元，同比增长 37%。补贴险种的不断增加，为农业保险的发展带来了新的机遇，开辟了新的空间，其杠杆效应正在逐步体现。自 2007 年启动政策性农业保险试点以来，重庆市农业保险业务保持了持续稳定增长的良好势头。

2011 年，重庆市农业保险（含政策性及商业性农业保险）成功跃上亿元台阶，共实现保费收入 1.54 亿元，同比增长 130%，承担保险责任 248 亿元，同比增长 851%；其中，政策性业务实现保费收入 1.49 亿元，同比增长 140%，占重庆市农业保险业务规模的 97%。

2012 年前三季度，重庆市农业保险共实现保费收入 1.47 亿元，同比增长 37%，承担保险责任 129 亿元；其中，政策性业务实现保费收入 1.29 亿元，同比增长 25%，占农业保险业务规模的 88%。

重庆保监局相关负责人称，目前养殖业险的保费规模比种植业比重大。2011 年，养殖业险实现保费收入 1.24 亿元，占整个农业保险的 81%；2012 年前三季度，养殖业险实现保费收入 1.23 亿元，占全部农业保险的 84%。生猪保险和能繁母猪保险是业务承保规模最大的两个险种，这也与两个险种最先试点有关。

三、服务体系深入延展

重庆农业保险覆盖区县、镇乡和村组的三级保险服务网络日益完善，服务显著增强。

渠道为王。为加大"三农"服务力度，中国保监会重庆监管局积极鼓励辖内的保险公司向县域和农村市场延伸机构，完善农村基层保险服务体系建设。

据了解，重庆农业保险的服务网络基本实现对市区县重要乡镇全覆盖。截至目前，重庆市共设立县域保险中心支公司 58 家、支公司 299 家、营业部 14 家、营销服务部 479 家，占重庆市保险分支机构总数的 79%。

参与农业保险试点的公司由最初的人保财险、中华联合2家增加到包括安诚、天安在内的9家，其中人保财险1家公司就建立"三农"营销服务部105个，选聘农村协保员1000多名，初步建立了覆盖区县、镇乡和村组的三级保险服务网络。重庆农业保险的服务体系日益完善，服务力量显著增强。

同时，重庆保监局指导市保险行业协会制定《重庆市农业保险理赔公示流程及要求》和《重庆市农业保险抽样定损管办法》，要求各级监管部门强化农业保险理赔流程监督，通过村组告示栏和开设24小时举报电话等形式，畅通农户维权渠道，确保农户赔款真实到位。借助当地农业部门技术力量，联合开展查勘定损工作，以及建立市、区、县分级抽查复核机制，确保农户损失得到充足合理核定，最大程度维护农户合法权益。

据介绍，未来中国保监会重庆监管局将围绕政府关于农业现代化的一系列战略决策部署，大力推动农业保险为重庆市经济社会发展大局服务，不断增强农业保险对重庆市种植业、养殖业及特色农业项目等整个农业产业链的保障能力，更加充分地发挥农业保险为重庆市农业现代化保驾护航的积极作用。

有了政府支持，有了保险公司提供风险保障，彭水县的魔芋种植户终于可以放心扩大生产了。

资料来源：中国经济网——《农村金融时报》，2012年11月26日。

参 考 文 献

胡振光，向德平，2014. 参与式治理视角下产业扶贫的发展瓶颈及完善路径 [J]. 学习与实践 (4)：99 - 107.

黄承伟，覃志敏，2013. 统筹城乡发展：农业产业扶贫机制创新的契机——基于重庆市涪陵区产业扶贫实践分析 [J]. 农村经济 (2)：67 - 71.

李博，左停，2016. 精准扶贫视角下农村产业化扶贫政策执行逻辑的探讨——以 Y 村大棚蔬菜产业扶贫为例 [J]. 西南大学学报（社会科学版）(4)：66 - 73，190.

梁晨，2015. 产业扶贫项目的运作机制与地方政府的角色 [J]. 北京工业大学学报（社会科学版）(5)：7 - 15.

牛凯，2012. 我国农村产业结构偏离对农村经济增长影响的实证分析 [J]. 中国农业大学学报 (1)：182 - 188.

彭杰武，2012. 我国新农村建设中农村产业发展研究综述 [J]. 安徽农业科学 (29)：14572 - 14575.

邱岚岚，刘尔思，2010. 云南省产业扶贫资金运行模式及风险防范研究 [J]. 中国商界（下半月）(4)：98 - 99，101.

全承相，贺丽君，全永海，2015. 产业扶贫精准化政策论析［J］. 湖南财政经济学院学报
　　（1）：118-123.

孙兆霞，2015. 脱嵌的产业扶贫——以贵州为案例［J］. 中共福建省委党校学报（3）：
　　14-21.

王志丹，2013. 论少数民族贫困社区产业扶贫政策的调适——基于风险社会的理论视角
　　［J］. 铜仁学院学报（1）：85-90.

韦惠兰，张明敏，2009. 农村产业专业化过程中市场风险问题研究［J］. 特区经济（3）：
　　183-184.

徐翔，刘尔思，2011. 产业扶贫融资模式创新研究［J］. 经济纵横（7）：85-88.

赵承华，2009. 乡村旅游及其推动农村产业结构优化研究［D］. 武汉：武汉理工大学.

第八章 产业扶贫未来发展方向

产业扶贫是一项复杂的系统性工程，既要求讲究效率，又要求兼顾公平；既涉及自然风险，又涉及市场风险，还涉及利益关联等多个方面。因此，推进产业扶贫要用系统的思维来谋划，要与发展现代农业相结合，要用综合手段来创新。要在以贫困户为核心、以贫困群众增收为目标的基础上，稳步推进产业扶贫，把好未来产业发展方向关。"授人以鱼，不如授人以渔。"授鱼再多，也只能解决一定时段的困难，无法阻止贫困的代际传递，无法拔除穷根；只有为贫困群众培育起可持续的产业，才能从根本上实现脱贫。在精准扶贫工作中，要积极探索因地制宜的产业扶贫模式，依靠强有力的、可持续的产业带动，推进贫困地区的现代产业化进程，带领脱贫群众走上逐步富裕的道路。产业扶贫具有可持续性的特点，如何尽可能地发挥其可持续性，以更好地实现持续性脱贫和致富，是产业扶贫未来应关注的重点。

第一节 未来产业扶贫的方向

经过 30 多年不懈的艰苦奋斗，中国的扶贫开发取得了举世瞩目的成就，解决了两亿多农村贫困人口的温饱问题，贫困地区的生产生活条件明显改善，经济发展速度明显加快。一直以来，产业扶贫是我国扶贫开发经验重点抓的方式，对我国过去扶贫开发成就的取得发挥了重要的作用，也形成了诸多成功的经验。在今后的脱贫攻坚过程中，产业扶贫必须担当起更大的责任。

一、未来产业扶贫的重点

（一）注重政策规划对产业发展的协调作用

结合精准扶贫理念，在政策规划和各方协调上实现精准性。例如，政府在未来的产业扶贫中，应当注重自上而下，从规划分布到实施执行细致、精准、合理的产业发展规划，精准地将各方资源、发展规划，整合协调在一起。首先，精准协调好地区与地区之间合理的产业分布，以及产业结构关系。避免地区之间产业过于集中，造成产业过密化而降低收益。相同地区内部之间的产业结构关系和分布也需要通过政策规划进行有效调整。此外，要协调好各地区之间的利益关系格局，避免恶性竞争。其次，要求精准规划好产业链的建设和延伸，谋求产业利益的深化与拓展，扩大产业的效益范围，还要让产业与产业之间能够相对结合起来。最后，政策规划要求能结合长期和短期、分时段、有依据、产销结合、有安排、精准地针对产业发展进行规划，满足贫困户在短期内尽快脱贫的要求，以及在长期内致富，拥有抵御返贫风险能力的长远要求。

（二）建立有效的利益捆绑机制与精准共享机制

结合精准扶贫理念，将贫困户与产业发展精准捆绑，并精准共享发展成果。利益捆绑机制就是精准地将贫困户与公司企业进行捆绑，并确保产业扶贫中的多元主体按照实际情况承担相应的权利和义务，确保参与中的各方拥有对应的积极性和参与性。在这一方面，需要注意调动政府、贫困户与企业的积极性，形成多方积极参与、相互帮助、努力合作的良好局面。例如，在精准识别和精准帮扶的过程中，做好挂点干部与产业贫困发展户的对接，由干部直接负责到户、到人，并对其脱贫绩效实施考核，将考核结果与晋升荣誉等激励机制精准结合。而对于企业，应该摸清市场主体的经济实力、经营能力和诚信情况，以协议、合同等明确扶贫的"责、权、利"并加强监管，确保龙头与农户形成真实的利益共同体，以体现精准扶贫的内涵。另外，还要确保扶贫产业的成果如何精准共享到贫困人口中。让贫困人口能从产业发展获得应有的收益，政府应给予一定的政策优惠，如减税或补贴补偿的手段，让企业与合作社拥有相对于社会其他企业的优势，从而协调好参与各方的利益关系。

（三）重视风险保障机制的建设

2016 年 6 月，中国保监会与国务院扶贫办联合发布了《关于做好保险业助推脱贫攻坚工作的意见》。《意见》从精准对接、脱贫攻坚等方面，明确地提出将精准扶贫重点放在农业保险、民生保险和产业脱贫保险服务三大领域。当前，我国产业扶贫中的风险防控机制不足，在产业扶贫中，贫困户比企业和合作社更为脆弱，抵抗自然的、市场的、技术的风险能力不足。应该建立以贫困户利益为中心的风险保障机制，主要通过扶持合作社、政府企业合作给予风险保障、农业产业扶贫保险业三个方面。一是扶持合作社。对于贫困农户来说，加入资金实力组织化程度较高的合作社利于降低个人的风险。因此，政府有必要在未来加大对合作社的建设与投资，从政策与资金层面给予合作社更多的支持，特别要精准帮扶那些吸纳贫困户比例特别高的合作社，进而鼓励合作社更加积极地带动贫困户。而且合作社自身有必要加强建设发展，积极吸引投资，强化自身的角色功能。二是精准对接好"真贫"人口，要求政府、企业合作给予"真贫"农户一定限度的风险保障，即风险来临时，通过农业保险或者是政府、企业共同承担损失的方式，精准化地为"真贫"的农户减忧。三是从国家层面倡导发展的农业保险、产业脱贫保险方面入手，为贫困户购买一定限额的保险，提供补贴补助，为他们增加一层利益保障。

国内首支由上市公司主导的产业扶贫基金——中证中扶产业扶贫基金由中国扶贫开发服务有限公司、雏鹰农牧集团股份有限公司、袁隆平农业高科技股份有限公司、中信农业基金管理有限公司、兰考龙迪投资管理中心等多家单位发起，注册资本 5 000 万元，总规模不超过 50 亿元，存续期 20 年。产业基金起源于 20 世纪 40 年代的美国，20 世纪 80 年代引入亚洲，近年来在我国发展较快，特别是《关于加强地方政府性债务管理的意见》出台后，包括贫困地区在内的许多地方政府举债融资受到限制，基金成为吸引社会资本与金融资本支持政府基础设施建设、公共服务等投资项目的融资选择之一。该基金有三大特点：一是采取市场化运作方式，设立基金管理人，组建基金管理团队，开展社会化募集、市场化运作和自主性经营。二是对接精准扶贫进行投资，以政府相关扶贫政策为导向，投资于国家有关部门认定的亟须精准扶贫的贫困县、片、区，聚焦于大农业、大旅游、现代服务业等经济发展重点领域。三是设计了一套操作性较强的运作模式，由贫困地区政府提供资源，由上市公司主导项目筛选和管理，通过协作实现优势互补，推行产业精准扶贫[①]。

（四）通过绩效考核有效实现生态绿色与产业发展的结合

结合精准扶贫理念，精准运用绩效考核结果，监督保证绿色生态与产业的结合。即以绿色减贫作为产业扶贫的基本结合点，走可持续的发展道路，发展诸如光伏扶贫、构树扶贫、生态休闲旅游扶贫等绿色产业。通过绿色产业发展带动绿色产业品牌的推广，如生态养生旅游，并通过大数据对农村绿色产品进行精准化推广销售。另外，要实现有效的生态产业扶贫，还应该通过政府的脱贫绩效考核进行精准管理。具体来说就是将生态与产业发展结合程度纳为政府绩效考核的一个指标，并授予其一定权重。在审批产业项目时，不符合绿色发展理念的产业，污染严重、副作用较大的产业，一律不准通过，实现精准管理。这些方式能有效地约束地方政府的行为，保障绿色减贫的实施。通过政府绩效确定生态在扶贫中的重要地位，激励政府部门在扶贫行动中不忽视生态这一重要维度。

英国政府采取了两大措施推进环保型现代农业发展：一是对有利于农业的环保项目进行补贴和保护。除了上面提及的对农村基础设施建设，如农村道

---

① 么晓颖. 产业扶贫基金开启扶贫新篇章［N］. 中国城乡金融报，2016 年 11 月 1 日第 A04 版。

路、地界围栏、排水设施等予以补贴外，还对农村环境保护进行补贴。例如，英国政府规定，农民要负责对农场附近的树林、河沟的保护，养殖农场必须有环保计划书，说明如何计划进行环保的，要达到一定的标准。按农民所在地农业环境保护的程度，根据农产品数量、作物面积、牲畜数目直接给农民进行补贴，即不同农村地区采取不同的农产品津贴。二是制定严格的农村环境保护标准。20 世纪 80 年代以来，英国政府开始着手研究农业发展与农村环境保护的衔接问题，制定了一系列适于农村环境保护的标准和规范。英国政府除按 1991 年《欧盟施用氮肥指导法》"自然水每升不得超过 50 毫升氮"执行外，还规定了更加严格的施肥标准。在氮污染严重地区，每年 8 月 1 日或 9 月 1 日～11 月 1 日，禁止施用氮肥。施用有机肥料要距离河道 10 米以上，并且每次施肥不能超过每公顷 250 千克，而且每次要留书面记录。对农场每块农地边界在保护原有灌木丛的同时，至少留出两米用于种植草本植物，既作为阻隔作物种植过程中水土和有害物质向水中排放，又保持局部的多种动植物的生态平衡。对于郊区农业，英国政府就是要使城市周边土地不再是单单农产品的产出地，而且要赋予其更多的"绿肺"的功能①。

（五）结合"互联网＋"、大数据等高新科技助力产业扶贫

在当今的数字化时代，应该结合高新技术助力产业发展，以及助力精准扶贫的发展。应该在产业扶贫中引入"互联网＋"、大数据等新科技元素，助力产业扶贫的高效化、精准化、高端化、信息化。首先，"互联网＋"、大数据等高新科技能够帮助我们从信息获取与甄别上提供更有效的路径。比如用大数据结合精准扶贫，精准对接到每一户贫困户，因异施策，对不同的致贫原因采取不同的应对手段。而且用互联网技术对贫困户的脱贫情况进行精准管理，打破地区、领域和部门间的"信息孤岛"，将碎片化的信息有效地组织起来，并对贫困人口有效甄别，保证贫困退出机制的有效执行。从电商扶贫来说，可以利用互联网与大数据，对未来的市场进行精准的预测，预测分析各地区、各产业的可能需求，进行精准营销，从而降低市场的未知因素带来的系统性风险。其次，通过大数据对项目、资金进行精准化的管理，准确掌握扶贫项目的效益和发挥作用情况，以便及时调整政策，避免项目失误和资金浪费。最后，还可以通过大数据挖掘生态环境与产业发展的关系，推广产业发展与生态结合的产业扶贫实践经验和典型案例。

首先，"互联网＋"有利于拓展农产品销售渠道，发展壮大农村产业发展，带动贫困户增收脱贫。一方面，各级政府出台电子商务相关政策积极扶持农村电商发展，2015 年商务部发布了《"互联网＋流通"行动计划》。计划提出，

---

① 裴菲. 英国环保型现代农业发展的借鉴［J］. 江西农业，2016（16）：50－52。

力争在 1～2 年内实现在全国创建 200 个电子商务进农村的综合示范县，商务部与财政部在河北、河南、湖北等 8 省、56 县开展了"电子商务进农村"。商务部会同财政部开展电子商务进农村综合示范，累计安排中央财政资金 48 亿元，带动社会投资约 800 亿元。支持中西部地区 256 个县发展农村电商，其中，国家扶贫开发重点县和集中连片贫困县 103 个①。另一方面，近年来电商巨头对农村这片蓝海市场的挖掘和资金扶持为农产业的发展提供了良好的契机。其次，利用"互联网＋"工具，有利于将贫困村的产业与大众的扶贫和消费需求有效对接，从而在更大程度上激活市场，切实增加贫困村的收入，带动贫困户增收。"互联网＋"改善农业生产中的信息不对等状况，使原来农户看到别人种植什么就盲目跟风，导致产量过剩，农产品滞销和亏损的现象得到扭转。利用网络工具直接与消费者对接，建立农户与消费者的桥梁，带动农产品的销售。第三，"互联网＋"有利于整合各类资源，用消费带动和激活贫困村的生产力，使原来向贫困村"供血"转变为让贫困村具有"造血"功能，达到增收的目的。贫困地区可以借助"互联网＋"的东风，因地制宜整合利用本地资源，把资源优势转变为产业优势，引导贫困人口就地发展生态农业、旅游、电商等新业态，形成成熟的产业链，推动当地农户居家创业、本地就业，实现脱贫致富。

二、保证脱贫产业可持续的举措

（一）产业选择更加精准

贫困问题，核心就是生存与发展两大问题，而产业扶贫正好可以解决这两大问题。产业扶贫首先必须找准产业，做到扶贫的产业精准。贫困地区需要根据自身的条件和优势，培养带有自身特点的可持续产业。在选择产业方面，我们一定要改变过去总在矿产资源等落后产能上打主意的过时思路，而要在传统产业、现代服务业和新兴产业上多动脑筋，要逐步为贫困地区构建起现代产业发展新体系，实现可持续的产业发展。

（二）创新改造传统产业

传统产业未必就是夕阳产业，只要能够保持持续不断的创新能力，传统产业依然可以焕发青春，同样可以让困难群众脱贫致富并带来生态效益，但传统必须进行创新性改造。目前，传统产业在我国经济中占有绝大比重，仍然是我国工业的主体，也是我国参与国际竞争的比较优势所在。传统产业的特点是用传统技术生产传统产品，投入高，消耗大，污染重。培育脱贫产业，必须规避高能耗、高污染、毁生态、再致贫的恶性循环，走可持续发展之路。要用先进

---

① 路煜萍．浅谈以"互联网＋"助推安康产业扶贫［J］．经营管理者，2016（30）：320。

适用技术和高新技术改造传统产业，特别是加工工业，促进产业升级，这是我
国工业结构调整的主要途径，也是保持我国经济持续快速健康发展的重要基
础。习近平总书记指出："传统产业是经济的基础，现在仍有很大的发展潜力
和空间，需要继续促进其发展。"他强调："许多传统产业是不可替代的，而且
高新技术产业的快速发展仍要靠传统产业集聚的财力和物力来支撑。"

专栏 河北"功能农业"助农脱贫

滦平县是国家级贫困县，兴春和农业园区是承德市计划建设的十个功
能农业扶贫综合示范区之一。2016 年 5 月承德市人民政府与江苏省硒生
物工程技术研究中心及硒谷科技三方共同签署了《承德功能农业扶贫综合
示范区战略合作框架协议》，正式拉开了承德功能农业发展的大幕。

按照承德市委市政府的部署，承德将以创建"国内首个功能农业扶贫
综合示范区"为目标，通过 5～15 年发展，实现百万亩功能农业综合示
范，带动百亿以上产值。2016 年在全市开展 17 种富硒农产品试验；着手
筹建富硒院士工作站、工程技术研究中心。同时，积极开拓富硒农产品线
上线下平台建设；开展富硒品牌注册工作。力争到 2017 年，在全市建设
8～10 个功能农业（富硒农产品）试验示范区，探索以发展富硒农产品为
主攻方向的承德特色功能农业发展新路径，引导和带动全市农、林、牧、
渔业转型升级和功能农业建设。到 2020 年，推广富硒功能农业种植面积
达到 50 万亩，养殖示范规模达到 100 万～200 万只（头），打造 8～15 个
区域或全国富硒农业"单品冠军"，实现产值 100 亿元，带动 20 万贫困人
口脱贫……变承德的绿水青山为金山银山，形成承德现代农业的"价值高
地"，创造"功能农业扶贫＋"的产业扶贫"承德模式"。

资料来源：河北"功能农业"助农脱贫［N］.农民日报，2016 年 11 月 12 日
第 003 版。

（三）发展现代服务业

现代服务业是以信息技术、现代管理理念、现代经营方式和现代组织形式
为支撑的服务业形式，发展现代服务业的本质是实现服务业的现代化。由于受
到资源等因素的约束，目前我国服务业在结构和供给总量上都存在很大问题，
服务业潜在的需求一直没有被有效地释放。因此，要进一步促进现代服务业、
高附加值的生产性服务业和生活性服务业发展。不断加快生产性服务业和生活
性服务业优化升级，为困难群众培育可持续发展的现代服务业。

（四）培育新兴产业

新兴产业代表着经济和社会的发展方向，是解决资源短缺、环境污染、人

口膨胀、生态退化，实现经济可持续发展的根本出路。国务院于 2010 年发布了《关于加快培育和发展战略性新兴产业的决定》（以下简称《决定》），《决定》提出"节能环保、新一代信息技术、生物、新能源、新能源汽车、高端装备制造业和新材料"七大战略性新兴产业。习近平总书记提出，要"着力培育战略性新兴产业"。未来产业扶贫要实现持续性脱贫和致富，最为关键的一点就是，必须走生态保护之路，就必须将"生态保护＋产业发展"作为产业扶贫新方向。

专栏　浙江淳安县"绿道经济"助力扶贫脱贫

淳安县把扶贫开发作为最重要的民生工程，以联乡结村、城乡统筹、转移集聚为载体，走一条"因水而兴、因水而富"的特色之路。2014 年，淳安将低保标准核定为家庭人均年收入 4 680 元，加上物价补贴、"春风行动"、党员干部结对帮扶等措施，提前消灭"家庭人均年收入 4 600 元以下贫困现象"。淳安致力于拉长低收入农户这块短板，缩小城乡居民收入差距，加快步伐赶上全省平均水平。

"发现一个帮扶一个，帮扶一个解决一个"。为消除动态贫困，淳安建立完备的"发现机制"，按照属地管理、责任明确等要求，乡镇、村通过干部走亲"三认"、结对帮扶、驻村指导员、下派第一书记等，建立贫困农户帮扶观察点。农户遭遇突发事件、意外事故、罹患重病等情形致贫的，由包村干部、村主要干部核实情况，帮助提出救助申请，并在第一时间报告当地乡镇党委政府。启用"绿色通道"，第一时间助其共渡难关。

淳安以富丽乡村建设为抓手，建设红色教育培训、彩色农业、旅游休闲、手工业加工、生态农林水产品"五个基地"。其中，枫树岭镇下姜村与省市组织部门联手打造"党的群众观教育基地"，2015 年接待游客 5.1 万人次，同比增加 128%。

做优放大"绿道经济"。淳安累计投资 15 亿元建成 150 千米环湖绿道以及 35 千米的城市绿道，将公园、观景台、亲水平台、公建配套等有机结合，形成一张千岛湖特色的生态绿道网系统。这张绿道网将沿线城市、景区、乡村连接起来，串联两岸景区景点，形成主题线路，促进乡村旅游发展。淳安还积极引入专业公司，整体包装经营中心村、精品村、特色村，使之成为旅游特色村。同时充分利用空心村、农民闲置房屋、村集体物业等资源，发展度假村落、民宿民居、驿站等项目，让村民共享美丽经济红利。

资料来源：浙江精准扶贫 10 例 [J]. 今日浙江，2015 (24)：26-31.

三、推动发展"绿色产业＋扶贫脱贫"

生态环境是贫困地区最突出的优势，如果这个优势也失去了，那么贫困地区在整个社会经济发展中的吸引力更无法和城市或发达地区相比，所以未来在贫困地区开展新一轮的产业扶贫，决不能忽视绿色、走以前的老路。金山银山换不来绿水青山，但是追求绿水青山，将能带来金山银山。发展地方经济不能竭泽而渔，在贫困地区开展产业扶贫更必须从绿色中发展价值，从绿色中提升价值，因为这才是最根本、最理想、最持久的脱贫方式。

近年来，鉴于环境污染情况日益严重，空气质量每况愈下，为了避免重走发达地区高速发展、严重污染的老路，地处中西部连片贫困地区的贵州、云南、广西等省份先后提出了生态扶贫的新观念。在生态扶贫观念的指引下，这些地区大力发展林下经济产业，发展循环经济，发展特色产业，促进生态保护与扶贫开发的良性互动，开发与保护并重，在保护生态中发展，在发展中保护生态，从而改变了贫困地区的生产生活环境，使贫困地区在保住青山绿水的同时，还实现了产业和社会的可持续发展。

绿色发展理念贯穿于精准扶贫全过程，把发展绿色经济作为推进精准扶贫工作的重要抓手，是推动贫困县乡实现永续发展和贫困地区群众精准脱贫的需要。多年来的扶贫实践使我们认识到，贫困地区的贫，既有该地区历史、民族、宗教、政治、社会及自身条件等方面的因素，也与该地区自然环境差密切相关，生态环境差是造成贫困落后的重要原因之一。我们在推进精准扶贫工作中不仅要防止和纠正不作为、乱作为，更重要的是必须坚持绿色发展理念，使该理念真正"落地"，成为上下的共同行动，使贫困地区和扶贫对象具备内生发展动力，实现可持续、可复制的"造血式"精准帮扶。

第二节　绿色产业扶贫探索与创新

生态扶贫是基于贫困地区与重点生态功能区的地理空间重叠、项目实施区域重叠和发展目标一致而形成的，是"创新发展、协调发展、绿色发展、开放发展、共享发展"五大发展理念在扶贫开发领域的具体体现，是一种新型可持续的扶贫模式，侧重于生态环境与经济发展的协调统一，实现在生态建设与保护中减贫，在减贫中保护生态环境。为了强化贫困地区生态建设，推动贫困地区的可持续发展，我国从 2000 年开始将生态问题与贫困问题进行整合，进行绿色产业扶贫的不断探索。当前和今后一个时期，我国将一直以生态保护和特色产业为发力点，努力实现绿色发展与精准扶贫精准脱贫"双赢"。产业扶贫与绿色生态扶贫的有效结合主要依赖于两个路径：一是依托当地自然资源发展环境友好型、生态友好型产业。二是对生态基础差的地区进行逐步改善。传统的生态扶贫模式往往是依托于整体扶贫格局，作为某一方面的治理手段寓于扶贫开发之中。

一、我国绿色产业扶贫的探索

多年来，我国通过开展退耕还林、退牧还草、风沙治理、石漠化治理等手段在全国范围内开展生态脆弱区域的生态重建工作：例如，在西藏等地开展生态补助试点，保护藏族聚居区草场资源，涵养水土，并实施三江源生态保护和建设工程，通过生态移民、退耕还草、生物防治等一系列措施，加强三江发源地的生态保护。面对风沙问题，组织实施京津风沙源治理工程，在"三北"防护林的建设基础上，大力发展"三北"地区的农林生态特色产业，将生态建设与经济发展有机地结合在一起。在滇桂黔石漠化片区，通过实施岩溶地区石漠化综合治理工程，通过封山育林育草、人工植树种草、发展草食性畜牧业与经济作物种植，通过小型水利水保设施建设与地表改造以解决石漠化地区水土涵养问题，从而实现石漠化综合治理与产业发展与扶贫开发结合。此外，政府在各地进行生态补偿机制的试点探索，尤其是天然林保护、湿地保护与恢复、野生动植物保护和自然保护区建设。

生态产业是以绿色为主色调，以生态资源的持续利用为根本，以环境友好为发展前提，对生态资源实施可持续的产业化经营，进而带动区域经济发展和贫困人口增收致富。生态产业扶贫是生态扶贫的较高形态，是在充分满足当地人自用性实物资源基础上实施的规模化、产业化开发，是消费市场对绿色生态产品需求不断提升的结果。有机农业与有机农产品开发、生物资源开发产业、生态农业及其加工产业、传统民间工艺品的绿色化开发等均属于生态扶贫产业范畴①。林下经济是生态产业扶贫的典型，是林业重点工程实施后快速发展的一种产业形态，也是国家为巩固退耕还林成果和天然林保护工程所重点支持的一个产业项目。林下经济是指以生态学、经济学和系统工程为基本理论，借助林地的生态环境及景观资源，开展林下种植、养殖、林下产品初级加工、林下休闲旅游等复合生产经营活动。生态旅游（以及乡村休闲旅游）是生态扶贫产业的重要组成部分，也是快速发展的一个产业，旅游的吃住行游购娱等活动对

---

① 沈茂英，杨萍. 生态扶贫内涵及其运行模式研究［J］. 农村经济. 2016（7）：3-8.

旅游区相关产业发展带动作用明显，是生态产业扶贫的重要形态。

二、绿色产业扶贫创新

为了探索具有各地特色的绿色产业体系，把绿色发展与精准扶贫结合起来，还需重点围绕以下几个方面进行探索与创新。

（一）推进传统农业提档升级，增强农业提质农民增收的可持续力

强化龙头带动，积极推进环京津地区特色产业集群建设。扶持发展一批农业产业化龙头企业，延伸现代农业产业链条。鼓励企业在重点村建产业基地，为贫困农民提供技术、市场、信息等服务，优先吸纳安置贫困劳动力就业，优先收购贫困农户农副产品。通过订单农业、保护价收购、股份合作、二次分配、直补等多种联结方式，与农户建立分工协作、利益共享的合作关系，促进企业和贫困农户结成利益共同体，实现农户和龙头企业的双赢。积极推进产业集群建设，强化产业布局和产品结构调整，引导和鼓励农民以转包、出租、互换、股份合作等形式流转土地承包经营权，促进农业规模经营，在重点领域实现加快发展。

强化品牌塑造，积极开拓贫困地区特色产业市场建设。鼓励国家公职人员走出机关，引导农民组成经纪人队伍，奔赴北京、天津等大城市，开辟食品销售的新途径；以美国、日本、韩国等国家市场为重点，开拓国际市场，拓宽销售渠道。建立深化市场、基地、农户和经纪人四位一体的产业化经营模式，加大"农超对接""农校对接"和"农企对接"力度，扩大农产品集散和销售覆盖面，实现市场和产业共同发展，推动产业集聚。充分利用天猫/淘宝商城、专卖店/专营店等销售平台，大力发展电子商务和实体销售网络[①]。

（二）发挥贫困地区生态文化优势，提高旅游产业的扶贫拉动力

着力打造休闲旅游产业，形成片区脱贫致富的支柱产业。以加快旅游业转型升级为主线，以把生态、文化旅游业作为片区发展带动扶贫攻坚的突破口，整合开发旅游资源，突出"红""绿"等旅游文化品牌，提升旅游产品品位。积极推进精品旅游线路交通建设，提升旅游景区运输能力；建设和完善景区道路、通信、供水、供电等基础设施和垃圾、污水收集处理设施。完善景区信息服务、餐饮等游客服务设施和功能，提升整体服务能力和水平，增强景区的信息化技术应用，完善景区标识系统建设。

---

① 牟永福. 环京津贫困地区绿色扶贫产业化模式创新研究［J］. 领导之友（理论版），2016，217（4）：55－59。

抓好特色旅游商品的研发，不断扩大国内外市场份额。充分利用文化资源优势，以文化挖掘和技术创新为中心，开展特色旅游商品的开发和研制，提高旅游商品设计和生产能力，提升旅游商品的文化特色和艺术价值。扶持旅游商品生产骨干企业，建立旅游商品研发基地。依托生态旅游资源和特色产品品牌，举办有影响力的商务洽谈、产品展销和节庆活动。

培育重点扶贫企业，加快形成多元的休闲产业形态。以文化旅游、创意体验、博览交易、养老保健等为支撑产业，着力打响文化溯源、产业观光、生态休闲、创意体验四大旅游品牌，把山水、民族特色等生态和文化资源与循环经济产业、现代农业示范产业等有机结合，打造新型经济业态。

（三）深化区域合作，构建绿色产业扶贫的多点支撑

打破行政区域壁垒，激活绿色产业扶贫的区域协同力。积极尝试在政府合作、资源共享、经验推广等方面建立通畅高效的沟通渠道。

加强产、学、研结合，提升绿色产业扶贫的科技支撑力。依托农业高等院校和科研单位，建立"没有围墙"的地区开发研究院，为该区域培养高技能人才。支持大专院校和科研单位与园区或基地所在地的龙头企业和地方业务部门共同申报科技支撑计划项目或重大创新项目，并给予优先资助。以技术研发为依托，以特色产业为抓手，着力建立绿色产业孵化区。

支持产业战略联盟，增强绿色产业扶贫的市场竞争力。大力推进山区特色产业技术创新战略联盟建设，促进山区科技创新要素向产业转移，向企业聚集。

三、绿色产业扶贫的主要存在形式

（一）以林业为重要载体的绿色产业扶贫

林业产业扶贫是通过发展木本油料等特色林果，探索特色产业精准脱贫新模式。统筹利用国家林业重点工程、农发林业示范项目及金融产品等资金，重点打造利益联结模式，保障建档立卡贫困户种植木本油料得到收益。通过推进大规模国土绿化行动，拓宽生态产业带动脱贫的新渠道。通过实施新一轮退耕还林，挖掘产业结构调整脱贫的新潜力。2016 年，国家林业局会同国家发展和改革委员会、财政部安排 1 000 多万亩任务用于扶持建档立卡贫困户退耕还林，不限制生态林、经济林的比例，由各地林业部门按程序会同土地部门落实退耕地块，和贫困户签订任务合同。验收确定已还林后，由县财政将第一年800 元/亩补助直接打入贫困户一卡通，第三年、第五年验收合格后再分别打入 300 元、400 元。通过做大做强森林旅游，打造三产联动脱贫的新平台。据统计，全国 832 个重点贫困县中共有 600 多处国家森林公园、国家湿地公园、

国家沙漠公园和国家级自然保护区。通过探索 PPP 模式，加强森林公园、湿地公园、沙漠公园、自然保护区的基础设施建设，发展森林康养，吸纳贫困人口参与生态管护、森林防火和接待服务，增加劳务收入。为贫困人口兴办"森林人家"、从事土特产销售和运输提供便利服务。扩大与旅游相关的种植业、养殖业和手工业发展，促进农民脱贫增收。通过将贫困人口转化为生态护林员，实现生态产业精准脱贫的新突破。

> **专栏　阳泉市林业局助推林业产业精准扶贫**
>
> 　　在推进林业产业扶贫方面，阳泉市林业局继续加快以核桃为主，花椒、红枣、仁用杏、柿子等干果为补充的干果经济林建设，并取得了经济效益。目前，阳泉市核桃产业已经到了从扩大规模、追求数量转移到提质增效、增加收入的关键时期。当前，核桃基地建设存在管理粗放、示范不力、效益不高的问题。为了带动核桃管理整体上水平，阳泉市将建设一批布局合理、辐射作用明显、综合管理集约化水平高的核桃提质增效示范基地。各县区要优先选择集中连片、交通便利、主体明确、种植户积极性高的核桃基地建设示范点。按照核桃生长规律，通过实施高接换优、整形修剪、病虫害防治、土肥水管理等技术措施，用 3 年时间将低产低效核桃林改造成高产高效示范田，并为当地培养一批核桃技术管理能手。预计建设期满后，每年每亩核桃干果产量增加 20% 以上，进入盛果期后亩产干果达到 100 千克以上。示范基地建设总规模计划控制在 5 000 亩，核桃种植户为示范基地建设主体、县区林业局为责任主体、市林业局为监管主体，实行绩效考核，确保核桃提质增效示范基地取得实效。在这一项目的实施中将会向有条件的贫困村进行政策倾斜。
>
> 　　建设核桃试验培训基地，为农民提供操作技能训练场所。为了引领全市核桃基地建设水平向更高层次发展，需要建立科技成果和先进技术集成展示平台，为农民提供操作技能训练基地。计划由市林业科学研究所筹建集教育培训、试验研究、科技示范等功能为一体的市级核桃试验培训基地。在培训方面，每年要为贫困村培训专业技术人员 100 余人次。
>
> 　　资料来源：任继萍，市林业局：绿色产业扶贫让经济生态双赢 [N]. 阳泉日报，2016 年 1 月 22 日第 7 版。

（二）以金融、电商为平台助推绿色产业扶贫

　　对于自然条件较差、产业基础薄弱的贫困地区来说，信贷资金的"输血供氧"至关重要。金融精准扶贫紧抓龙头企业，发挥农业专业合作社、家庭农场

等新型农业经营主体的带头作用，捆绑帮扶贫困户，能起到事半功倍的效果。面对扶贫攻坚的硬骨头，金融扶贫正在突破以往的各自为政，地方政府、金融监管部门、银行机构发挥各自所长，形成合力[①]。贵州省印江县是武陵山集中连片特殊困难地区贫困县之一，生态环境脆弱，居民贫困面大，贫困程度深。近年来，印江县按照"生态建设产业化、产业发展生态化"的发展思路，坚持科技引领，合理布局食用菌产业与生态环境保护协调发展，大力推进生态茶产业转型升级。同时，以金融创新为抓手，逐渐摸索出金融助推绿色产业发展的产业扶贫新路[②]。

电商扶贫将是县域经济绿色崛起的新引擎。一是补齐短板，夯实产业发展基础。农产品卖难买难的根本原因是市场信息不对称和物流交通不便利。鉴于此，要大力推进电商平台和基层物流建设，尽快建成商品贸易、技能实训、创业就业等多功能多业态县级电商产业园，并建立农产品仓储物流配送中心、乡镇创建电商孵化基地和乡镇电商服务站、村级电商服务点，形成县、乡、村三级电商扶贫服务网络，解决交通、信息问题，突破农产品找到销路，为贫困户找到出路。二是无缝对接，激发传统产业活力。依托电商扶贫服务网络，不断加强产品供销对接和整体品牌营销，延伸产业链条，推动传统产业转型升级。三是示范带动，增强大众创业氛围。县级政府要抓住"大众创业、万众创新"的契机，大力引导广大群众融入"互联网＋合作社＋基地＋农户＋配送"电商扶贫链条开展创业，并选树贫困户、残疾人等电商创业就业典型，引导全民创业。四是跨越升级，提升绿色发展境界。为保证土特产品质量，县级电商要大力推广产品溯源系统，网上卖出的每件农产品，都能根据视频监控追根溯源[③]。

（三）绿色产业扶贫其他存在形式

除林业、金融、电商等绿色产业扶贫形式以外，还有构树产业扶贫、光伏产业扶贫、健康产业扶贫等多种形式，在兼顾生态、产业和减贫等多重目标的前提下，促进贫困地区产业发展，带动贫困户参与并分享产业发展效益。绿色扶贫计划支持下的新疆和田地区红柳大芸种植项目，具有开辟沙漠新产业、带动区域经济发展、农户减贫、储备和保护耕地等经济、社会和生态效益，也探索了一条"以绿养绿"的可持续发展之路[④]。

① 金融创新助力产业扶贫 [N]. 中国信息报，2016 - 5 - 19。
② 中国人民银行金融研究所课题组. 绿色扶贫的"印江模式"[J]. 中国金融，2016（22）：23 - 24。
③ 张永军. 电商扶贫：县域经济绿色动能 [J]. 西部大开发，2016，183（3）：75 - 77。
④ 王景新，郭海霞，李琳琳，严海森. 荒漠化地区绿色扶贫开发模式创新——中国- UNDP 新疆和田红柳大芸产业开发案例研究 [J]. 现代经济探讨，2011（11）：51 - 55。

◆ **专栏　内蒙古兴安盟产业扶贫模式创新**

内蒙古兴安盟是大兴安岭南麓片区的重要组成部分,辖六个旗县市,其中五个为国家级贫困县、一个为自治区级贫困县,是内蒙古最为贫困的地区。兴安盟贫困人口由 2010 年的 42.8 万人减少到 2015 年的 10.5 万人,贫困发生率由 41% 下降到 9.5%。兴安盟在产业扶贫实践中,探索出五种产业扶贫模式,强化四个关键环节,狠抓三项保障措施,取得显著成效。

五种产业扶贫模式。一是"龙头"带动模式。把贫困户组织起来加入到由能人带动家庭农场、合作社、龙头企业等组织中来,提高组织化程度。二是园区集聚模式。按照"分散式贫困、集中式安置、集约化经营、高效化生产"的思路,打造规模化、专业化、集约化的现代农业产业园区和庭院经济集聚区,带动农户增收。三是菜单帮扶模式。针对具有一定劳动能力和发展意愿、又不知如何发展的贫困人口,实行"政府出单、贫困户点菜、政府买单"的菜单式帮扶模式。四是托管经营模式。政府利用产业扶贫资金帮助购置大牲畜或者机械设备等资产,牵线搭桥帮贫困户把牲畜或者机械设备托管到合作社或者企业代养代管,给贫困农户返利分红。五是合作共赢模式。引导贫困户以土地、资金、技术、劳动等要素入股抱团经营,提高增收和抗风险能力。

四个关键环节。一是强化利益联结机制。通过政府引导、合同约定、股份合作、政策支持等方式建立利益联结机制,与贫困农户形成利益共同体。二是推进产业链条延伸。兴安盟立足本地实际,打造全产业链发展格局,构建特色支柱产业体系。三是扩大产业规模效应。根据本地资源和传统优势,引导农户集中力量发展比较优势突出的一两个产业,打造品牌,获得规模效益。四是提高扶贫组织化程度。兴安盟积极推行"公司＋合作社＋贫困户""公司＋基地＋贫困户""合作社＋贫困户"等模式,有效提高组织化程度。兴安盟各类新型农业经济主体经营全盟 1/3 耕地,带动全盟 2/3 以上贫困人口致富。

三项保障措施。一是完善制度政策。制定特色产业扶贫发展规划,做到规划到村到户;出台多项产业扶贫政策,在资金投放、金融支持、税收优惠等方面为产业发展保驾护航;建立了盟、旗、乡、村四级书记和帮扶干部包联机制,层层签订脱贫攻坚责任状和承诺书。二是坚持项目推动。兴安盟围绕资源优势和市场潜力选择扶贫产业,围绕扶贫产业制定规划,围绕扶贫规划设计项目,围绕建设项目制定实施政策,努力做到"户户有产业、村村有项目"。三是强化资金保障。2016 年整合各类资金 17.2 亿元，集中用于扶贫产业发展。"十三五"争取金融扶贫贷款 80 亿元，为产业扶贫提供资金保障。

资料来源：郭永田，创新产业扶贫模式 增强脱贫内生动力［N］.农民日报，2016 年 11 月 3 日第 7 版。

第三节 未来产业扶贫的创新模式探索

从产业扶贫当前的发展趋势来看，结合"互联网＋"、大数据、高新技术等方式逐渐成为主要趋势。如电商扶贫、构树扶贫、光伏扶贫等都是我国扶贫发展的一些新机制，拥有很好的发展前景。一些地区已经开始尝试"公司＋农户＋互联网＋产业"的运作模式，将各种最新的科学技术、物联网、互联网等综合运用到产业扶贫过程中去。实际上，这个趋势预示着扶贫越来越信息化、精准化、高效化。互联网、大数据的加入，产业扶贫在收购、加工、生产、销售等多个环节都获得了更高的效率和效益。因此，也能更大程度地惠及更多贫困人口。

一、未来产业扶贫创新模式的诸多探索

（一）"生物质能源产业＋扶贫"的产业扶贫模式

在国家产业政策大力支持下，生物质能源产业在发展实践中已被证明可承担精准扶贫重大责任与使命。生物质能源产业具有技术密集型和劳动密集型相结合的特点，历经两个"五年规划"的发展，现已成长为具有明显发展优势的战略性新兴产业。目前，我国完全自主创新的生物质能源商业应用技术已处于世界领先水平，可生产出电能、热能、燃气、燃油等高品质、高清洁能源商品。我国是农林业大国，每年约产生 12.5 亿吨农林业废弃物，将其作为生物质原料生产可再生能源商品，可替代约 7 亿吨标准煤，减排二氧化碳 14 亿吨，带动 3 000 多万农村劳动力就业，经济效益、生态效益及社会效益均十分显著。若对我国现有的林地、宜林地及耕地等进行科学、高效经营管护，每年产生的总生物量约相当于 55 亿吨标准煤，将其全部应用于生物质能源产业，则可带动 8 000 多万农村劳动力就业。若在"十三五"期间，大力发展生物质能源产业并全面对接精准扶贫，一定会成为打赢这场扶贫攻坚战的有力之举。

（二）"绿色产业＋金融"的产业扶贫模式

实施绿色产业精准扶贫离不开金融创新的力量。金融扶贫的"造血"功能就是让信贷资金在贫困地区生根发芽，实现商业性与普惠制的有机结合。然而绿色产业大都有前期投入大、回报周期长的特点，难以受到短期获利资本的青睐，加之社会担保体系不健全，信贷资金成了看得见摸不着的影子。这就需要发挥探索创新的工作思维，加快金融扶贫产品和服务方式创新，寻找金融支持途径与绿色产业发展的契合点。根据不同产业发展的模式和特点，探索开展"农村承包土地经营权抵押贷款""保险＋信贷""担保基金＋贫困户＋贴息"等创新模式，打造"运血"的毛细组织，提升信贷可及性；同时，积极探索互联网金融、农村电商、农业发展基金、生态补偿基金等新型金融产品和服务模式在金融扶贫工作中先行先试，拓展扶贫资金渠道和资源。

（三）"政府＋龙头企业＋产业基地＋贫困户"的产业扶贫模式

贫困地区产业发展离不开龙头带动，没有龙头就没有市场，就没有价值链。因此，推进产业扶贫，要重视新型经营主体的带动作用。要创新机制，鼓励种养大户、农民合作社、龙头企业等新型经营主体与贫困户建立稳定的带动关系，向贫困户提供全产业链服务，切实提高产业增值能力和吸纳贫困劳动力就业能力。未来，产业扶贫要把扶贫与产业开发结合起来、扶贫与城镇化建设结合起来，探索"特色基地/规模园区/专业村群＋扶贫龙头企业＋专业合作社＋贫困户"的"产业链式扶贫"新机制，扩大农户参与、选择扶贫项目的自主权，不断完善地方特色优势产业支持政策，构建面向市场的、具有竞争力的农业产业化扶贫运作体系，把扶贫资金真正落实到每村每户的产业项目上。

（四）"科技＋产业＋电商平台"的产业精准扶贫模式

通过种养殖产业电商化，推进产业扶贫的快速进展。重点把科技扶贫和劳动力培训作为产业扶贫模式创新的突破口，将先进养殖品种、科学饲养管理、电商营销模式运用于发展养殖产业。标准化养殖基地，配备优质品种，加之高水平的饲养管理水平，采用维生素、氨基酸含量较高的专用饲料，并配备了专门的技术团队，最后依托专门的电商公司和村级电商服务站使得养殖产业的销售出路如火如荼。以上这些环节铸成了一条龙特色产业链，促进产业化经营与扶贫开发有效对接，带动贫困村、贫困户精准脱贫，提高当地养殖产业的科技水平和规模效益。

（五）"农光游一体"新型特色产业扶贫模式

"农光游"新型产业发展模式实现了农业、光伏、旅游的有机结合，实现了"上方光伏发电、下方农作物种植、全方位观光旅游"的一体化，将绿色环境、绿色产业、绿色生活融为一体，形成了"绿色创新"精准扶贫新格局。该产业充分利用土地资源和太阳能资源，改善了生态环境，打造当地及周边市民绿色采摘、观光度假的休闲乐园，推动了旅游业的发展，进而持续解决贫困人口就业，调动了贫困人口创收积极性，更大程度提高贫困人口收入，实现贫困人口脱贫致富。

（六）"交通＋特色产业"产业扶贫模式

贫困地区经济发展水平参差不齐，发展基础差异较大，交通扶贫投资政策旨在国省干线公路、农村公路、农村客运站点等方面因地制宜、精准施策，通过进一步改善交通基础设施，解决好交通和特色产业发展二者之间的关系，帮助贫困地区努力突破交通瓶颈，大力发展特色经济。例如，农村电商发展物流先行，农村电商的快速发展对农村交通状况提出了新要求，河北、山东等省政府为了实现农村电商全覆盖，通过"交通＋电商快递"的模式，助力农村脱贫发展。

二、各地方产业扶贫创新模式的探索

全国各地因地制宜，都在不断积极探索产业扶贫的新模式。

（1）四川省梓潼县探索出的"政府＋企业、金融、合作社、农场主、贫困户"的"1＋5"产业扶贫新模式。具体做法为：县委、政府是产业扶贫的组织者，通过制定规划、搭建平台、整合项目、落实政策，做到产业扶贫精准发力；正大集团制定生猪养殖标准，全程提供生产原材料和技术服务，回收产品，实现了生猪扶贫产业转型升级；金融部门通过为贫困户提供全程金融服务，破解了扶贫筹资难题；扶贫专业合作社通过健全合作社章程，构建利益分配机制，选择经理人经营管理，真正成为产业扶贫的主体；农场主通过流转土地，连片种植果园，消纳生猪粪便，成为种养结合、生态循环的关键；贫困户用扶贫贷款折股入社，贫困村集体用扶贫周转金入股，按股分红。

（2）江西省会昌县采取"政府＋金融机构＋龙头企业（合作社）＋贫困户"的模式，为贫困户提供眼前增收渠道。具体做法：采取贫困户直接向金融机构申请农民住房产权抵押贷款，所贷资金投入龙头企业（合作社），获得入股分红；或采取由金融机构以最优惠的政策向龙头企业（合作社）发放产业扶持贷款，龙头企业（合作社）根据获得的信贷规模按照一定标准，履行精准扶贫义务，会昌县按贷款金额的年利率为龙头企业（合作社）提供利息补贴，龙头企业（合作社）按贷款本金计利每月对贫困户进行保底分红。如果贫困户的土地在龙头企业（合作社）规划区内，且愿意流转的，龙头企业（合作社）要按最优惠的价格全部进行流转，增加贫困户土地流转收入；对有劳动能力和劳动愿望的贫困户且愿意到龙头企业（合作社）务工的，龙头企业（合作社）在用工需求范围内，要优先吸纳贫困户劳动力到企业务工，增加贫困户的务工收入。

（3）广西壮族自治区南丹县积极探索产业扶贫新模式，针对不同合作主体，创新推行五种不同扶贫新模式。带动贫困户参与产业发展相关环节和生产经营活动，精准有效帮助贫困户获得稳定收益，实现脱贫致富。五种产业扶贫新模式包括："核心示范区（景区）＋贫困户"的产业牵动型扶贫模式、"龙头企业＋贫困户"的产业带动型扶贫模式、"农民专业合作社＋贫困户"产业互助型扶贫模式、"能人大户＋贫困户"产业联动型扶贫模式和预期价格补贴（风险补偿）产业模式。

总体来说，全国各地都在探索着产业扶贫新模式，联户经营型、股份合作型、专业合作型、基地规模型、企村共建型、土地流转型、租赁经营型等多种产业扶贫新模式都在各地如火如荼地开展着。如何结合当地实际情况加以落实与创新，因地制宜找寻产业扶贫的有效模式，还需不断实践。

三、未来推进产业扶贫理论和实践创新的三个方面

（一）全方位、多层次的开发利用资源

既要充分依托传统资源，打破一般种植业、传统农业的局限，另辟蹊径，深度开发全国地区独有的红色资源、绿色产品、特色产业，优化配置全国特有的浓厚历史、革命老区、特色民俗民风、秀丽山水风光、优质生态等资源要素，不断培育全国地区产业发展的新增长点，这方面多地已有成功实践案例。

（二）多形式、多渠道拓展扶贫产业对贫困人口脱贫的辐射带动功能

产业扶贫核心是提高贫困人口的参与度和获得感，应该从贫困人口文化素质、发展能力参差不齐的实际出发，设计符合贫困人口特点的参与模式和利益分配方式，既努力避免只有简单利益回报而把贫困人口游离于产业发展过程之外，也有效防止出现侵吞扶贫资源、侵害贫困人口利益问题，确保扶贫产业实现多方式包容性发展。

（三）产业扶贫要更加注重政府扶持和市场机制的有机结合

产业扶贫政府的支持具有基础性作用，同时产业发展根本要靠市场，必须遵循经济规律、市场规律，在国家和财政扶贫力度不断加大的情况下，尤其应予以高度重视。通过完善生产经营体制，延伸产业化链条，未雨绸缪，有效防范市场风险，确保扶贫产业的可持续发展。

第四节　绿色产业扶贫案例

一、内蒙古库布其治沙扶贫[①]

曾经被称之为"死亡之海"的内蒙古库布其沙漠，通过亿利资源集团 28 年的产业扶贫，发展沙漠生态产业，在修复沙漠的基础上，建设了库布其生态工业园、生态光伏基地等。在库布其，亿利资源集团通过创塑"政府政策引导、私营企业公益＋商业化运作＋民众积极参与"模式，让"生态、产业、扶贫"协同发展，三者相辅相成，互相联动，协同发展。通过沙漠生态产业扶贫，亿利资源集团带动了库布其沙漠地区近 10 万人脱贫，鄂尔多斯杭锦旗因此摘掉了国家级贫困县帽子。

如今的库布其人，由过去的散居游牧、靠天吃饭转变为现在拥有五重新身份。他们有的把自己闲置的"荒沙废地"转租给企业，或以沙漠入股企业成为了股东；有的跟上企业种树、种草、种药材；有的发展沙漠蒙古族特色的"农家乐""牧家乐"旅游餐饮服务；有的种瓜种菜、养牛养羊；有的进入企业当上了产业工人，通过多种渠道创业就业，增收致富。如今，1.86 万平方千米的库布其沙漠，已经有 1/3 披上了绿装，库布其已经从 20 多年前没有植被、没有公路、没有医疗、没有通信、没有教育的"死亡之海"变成了一座富饶文明的"沙漠生态绿洲"。也正因如此，2013 年亿利资源荣获联合国"全球治沙领导者奖"，2014 年库布其被确立为"全球沙漠生态经济示范区"。

二、四川省梓潼县"1＋5"生态循环产业扶贫模式[②]

梓潼县总人口 38.5 万人，农业人口 30.5 万人，贫困村 29 个。2014 年，精准识别贫困户 6 687 户 19 964 人。作为典型农业县，梓潼县将创新改革的着力点聚焦到推动产业扶贫上来，探索出了"政府＋企业、金融、合作社、农场主、贫困户"的"1＋5"生态循环产业扶贫新路子。其基本思路是，县委、县政府是产业扶贫的组织者，负责制定规划、搭建平台、整合项目、落实政策；龙头企业制定生猪养殖标准，全程提供生产原材料和技术服务，回收产品；金

---

① "一带一路·精准扶贫"圆 10 万库布其人致富梦，中国经济网，2015 - 10 - 27，http：//news. youth. cn/jsxw/201510/t20151027＿7246031. htm 。

② "1＋5"生态循环模式探出产业扶贫新路［N］. 绵阳日报，2016 - 11 - 18 第 002 版。

融部门为贫困户提供产业扶贫贷款，政府提供担保；扶贫专业合作社是产业扶贫的主体，负责构建利益分配机制，选择经理人经营管理；农场主连片种植果园，消纳生猪粪污；贫困户用扶贫贷款和政府补助折股入社，按股分红。

基于这一思路，梓潼县以股份合作的形式组建扶贫专业合作社，把所有贫困户整体纳入合作社范围，把扶贫政策、项目、资金和贫困群众现有资源资本化、产业化，贫困户用政府补贴款和扶贫贷款入股，集体经济组织用扶贫周转金入股，合作社依据贫困户多少修建正大"1100"生猪代养场（一栋代养场年存栏生猪1 100头），按每30户左右一栋的比例修建，收入由集体经济组织和贫困户按股分成。正大集团负责提供仔猪、饲料、防疫和回收育肥猪，承担全部流动资金和生产风险、市场风险。扶贫专业合作社只与正大集团结算生猪代养费，不与生猪市场价格挂钩，贫困户收入稳定、无风险。

根据计划，梓潼县今年将建立贫困专业合作社46个，修建正大生猪扶贫代养场75栋，可实现贫困户人均增收2 000元以上。如何保证贫困户长期稳定收益？一是企业主动让利。正大集团坚持在养殖环节少赚贫困户的钱，把赢利点放在饲料生产、畜产品深加工、品牌溢价、规模经营等环节；二是收益向农户倾斜。扶贫专业合作社的收益除逐年归还农户贷款和扶贫周转外，全部用于贫困户和集体分配，在贷款和周转金未还完前，集体适当少得；三是增强村集体扶贫能力。村集体参股扶贫合作社，适当分利，可解决"空壳村"问题，新增的贫困户由乡镇和村两委集体收入解决脱贫问题，使扶贫工作形成收入稳定、良性循环、防止返贫的良好局面。

据测算，每栋"1100"生猪代养场年纯收入在30万元以上。前5年，贫困户每年人均可分得2 000元以上，集体每年可分得2万元以上。5年后，贫困户每年人均可分得3 000元以上，集体每年可分得5万元以上，实现持久脱贫，长期增收致富。梓潼"1＋5"生态循环产业扶贫的核心是将生态循环养殖业与精准扶贫相结合，建立合理利益分配机制，走出一条产业扶贫的持续发展之路；前提是推动现代养殖业发展，整合涉农资金集中投入，走出一条产业扶贫的创新发展之路；关键是将种养业协调配套，大力发展循环农业，走出一条产业扶贫的绿色发展之路。

三、贵州省贞丰县"构树＋"产业扶贫模式[①]

贞丰县国土面积1 511.9平方千米，石漠化面积576.68平方千米，占38.14％；总人口42万，其中贫困人口17 120户63 382人，是国家扶贫开发

---

① 毛如远. 致力打造全国构树产业扶贫创新示范区［N］. 黔西南日报，2016－10－17第3版。

工作重点县和石漠化综合治理重点县，在决战土地石漠化、决胜大脱贫工作中，贞丰县创造了中国西南地区石漠化治理"顶坛模式"和"坪上模式"两个典型脱贫发展模式。

从 2008 年起，贞丰县开始探索构树综合利用开发，努力实现经济效益、社会效益、生态效益的"三效合一"。当前，贞丰县结合"决战脱贫攻坚，决胜全面小康"工作，抢抓本县作为贵州省首个民族文化旅游扶贫试验区和国务院扶贫办把构树扶贫列为国家精准扶贫十项工程之一的重大机遇，创新实干，采取"科技＋企业＋基地＋产业＋贫困户"方式，积极探索推进"构树＋生态治理""构树＋饲料加工""构树＋畜禽养殖""构树＋乡村旅游""构树＋系列产品"等，打造新兴产业带动群众脱贫致富奔小康新模式。

依托中国科学院、贵州大学、贵州省林业科学院等科研机构，建成构树组培中心和杂交构树快繁育苗驯化基地，培育更适宜地方土壤、地理气候、环境生长、牲畜适口的新型杂交品种，通过播种、扦插、组培等方式重点建设 5 000 亩优质高蛋白饲料林种植基地，1 200 亩石漠化生态林示范基地。引进龙头企业开发构树生物饲料、楮桃酒、楮桃饮品等。聘请专家队伍、技术人员对种植户进行技术培训，实现构树科研与成果运用、脱贫攻坚无缝对接。

引进贵州大犇生态农业有限公司，引导农民组建构树专业合作社，大力推广资源变股权、资金变股金、村民变股东，村支平台化、村庄公司化、村民股东化、服务社会化"三变四化"模式，建设一批"林下跑鸡鹅、基地养山兔、园区有牛羊"的绿色生态观光畜牧养殖园区。建成年产 5 万吨饲料加工厂一个；配套建设养牛场、养猪场、养兔场、养鸡场、养鹅场等生态示范养殖场 13 个，新增 50 亩以上家庭农场种植园 20 个，农户分散种植面积达 5 300 亩。目前，全县牛、猪等大型牲畜年存栏量达 17 万头，禽类达 113 万羽。

目前，全县共种植构树 3 万亩，建成饲用林、果用林、生态林示范点 5 个，面积 8 000 亩。提高了石漠化治理效率，守住了发展和生态两条底线，变荒坡荒山为绿水青山、金山银山。

通过共商、共识、共建、共享、共担"五共"流程工作法，采取"科技＋企业＋基地＋产业＋贫困户"模式，健全利益链接机制，带动全县 6 800 户农民参与构树种植，1 061 户精准贫困户通过特惠贷入股大犇农业生态有限公司，实现户均年收入 3 000 元以上；580 人通过在企业务工，实现人均年收入 18 000 元以上，更多贫困户通过发展构树产业加快脱贫致富发展步伐。据了解，贞丰在 2016 年至 2018 年三年脱贫攻坚期中，规划种植构树 10 万亩，到 2020 年达 20 万亩，构建育苗、种植、加工、研发一体化产业链，奋力打造成为全国构树产业扶贫创新示范区，实现与全国同步建成全面小康目标。

四、凯迪绿色产业金融扶贫模式——生物质能产业①

生物质能一直是凯迪生态发展的方向。根据国家《可再生能源中长期发展规划》，到 2020 年计划实现 3 000 万千瓦生物质发电装机，而"十二五"规划 2015 年政策目标为 1 300 万千瓦，按规划计算，未来五年生物质发电装机复合增速约 18.2%。国家发展和改革委员会、财政部、农业部、环境保护部曾联合发出通知，要求各地进一步加强秸秆综合利用与禁烧工作，力争到 2020 年全国秸秆综合利用率达到 85% 以上。政策高度支持生物质产业发展。

凯迪生态董事长李林芝介绍："就拿 2015 年的数据来说，当年农民直接或间接参与燃料采收、加工、运输环节的接近 10 万人，收入约 26 亿元，人均年收入 2.6 万元。这种天然的商业模式，达到了客观扶贫的良好效果""凯迪生态正紧紧围绕生物质发电为核心，以村级燃料收购网络、能源林基地、冷库仓储和有机复合肥经营为产业扶贫平台，引导和培育建档立卡贫困户组建新型农村经济合作组织参与生物质能源产业链，通过注入科技、资本和管理三要素，带动贫困地区农户就地就近向产业工人转变，按劳取酬，按股分红，创新农村经济集体合作组织，促进农村经济社会转型发展。为建立扶贫投入新格局，凯迪生态已和中国华融资产管理股份有限公司、联合国开发计划署建立联系，计划共同打造可持续绿色金融扶贫新模式。"

作为中国生物质能源的领军企业，凯迪生态环境科技股份有限公司依托生物质能源产业的辐射和带动功能，与政府扶贫部门紧密配合，大量走访贫困户，已经形成了建卡、分类、签约、培训、结对等"10 个精准"扶贫操作流程，在燃料采收、燃料加工、林地流转、林地经营和电厂辅助用工等产业链条对口帮扶困户，创建了产业精准扶贫的"凯迪模式"，具有极强的可操作性、可复制性和可持续性。

五、江西南丰县绿色生态农业②

近年来，南丰县把开展扶贫与发展绿色生态农业相结合，大力发展"1＋3"（蜜橘＋烟叶、甲鱼、白莲）特色农业产业，既注重生态保护，又优化了农业结构，实现了经济生态双赢。截至 2015 年，该县已建成生态农业园区 20 余个，不

---

① 杨萌．凯迪生态打造绿色金融扶贫新模式生物质能产业发展助业绩连年增长［N］．证券日报，2016－6－20 第 C04 版。

② 颜国清，邓国云，袁智．南丰产业扶贫引领绿色崛起［N］．江西日报，2015－12－7 第 B02 版。

仅带动了城乡经济发展，还让农民直接受益，实现自身造血、良性循环。

在多种经营模式上，该县积极探索村企联建、"支部＋基地＋农户"、设施农业等形式，逐步放大"一村一品""一乡一业"特色产业优势。区域化布局、标准化生产、企业化管理，使得南丰县农业产业化全面提档升级。江西吉香林食品有限公司是南丰县为延伸蜜橘产业链、提高蜜橘附加值，引进的一家以南丰蜜橘精深加工为主的食品生产企业。目前，该公司生产的橘饼、橘汁等系列绿色产品，年消化鲜果 400 万千克，产值达 2 000 多万元。据统计，截至目前，该县橘字号企业达 100 多家，年产值突破 20 亿元，带动包装、物流、销售相关产业产值近 40 亿元。

"政府每年组织我们进行蜜橘病虫害绿色防控技术培训，还为我们免费安装太阳能杀虫灯，非常实用。"桑田镇水口村村民姜国平介绍，为了维护好南丰蜜橘"金字招牌"，县里大力实施"南丰蜜橘品质提升工程"，通过推广"猪—沼—果"生产模式和测土配方施肥、"以螨治螨"生物防治等新技术，有力提升了蜜橘品质。他家去年种植的 10 亩蜜橘达到了等内果标准，远销泰国、印度尼西亚等地，产值实现成倍增长。据该县有关负责人介绍，全县农民收入的七成来自蜜橘，南丰蜜橘已成为该县名副其实的富民产业。

大力发展"橘园游"，是该县加快产业转型、促进群众脱贫致富的重要内容。作为南丰蜜橘精品产区、南丰县首批新农村建设点以及江西省乡村旅游示范点，观必上休闲旅游景区已经成为南丰休闲旅游的首选之地。火热的橘园休闲游，带活了广大橘农，减少了销售成本，增加了经济收入。"自蜜橘开摘以来，来的客人特别多，农家饭特别火，每天开席 20 多桌，忙不过来，还要请邻居帮忙。"琴城镇村民、南湾农庄老板王杰笑得合不拢嘴。在旅游高峰期，村里开办"农家乐"的村民，每天收入少则千余元，多则近万元。

如今，该县涌现出从事"橘园游"的农民近 7 000 人，采摘园、农家乐逾 200 家。农民从旅游产业中得到了极大的实惠，景区农民年平均收入 10 万元以上。

六、贵州省中药材产业助力绿色扶贫[①]

近年来，贵州省将中药材产业作为贫困地区调结构、促增收、保生态的重点产业来发展，实现了经济效益与扶贫效益的同步增长。据贵州省扶贫部门统计，该省去年中药材种植面积达到 375.29 万亩，辐射带动农户 214 万人，药农人均增收约 1 000 元。

---

① 王新伟等. 贵州：中药材产业助力绿色扶贫［N］. 贵州政协报，2013－6－25 第 B03 版。

贵州是我国四大中药材产区之一，全省有中药材品种 4 802 种，其中太子参、半夏等品种在全国居于主导地位。依托资源禀赋，贵州省将中药材产业作为重点打造的"五张名片"之一和 100 个现代高效农业示范区园区的重要内容来发展，在政策、资金、技术、人才等方面加大支持力度，形成了多部门共同推进中药材产业发展的良好局面。2012 以来，贵州省先后出台《加快民族药业和特色食品产业发展的意见》《中药材产业发展扶贫规划（2012—2015 年）》等文件，全面建立了"研发、种植、加工、监管"四位一体的工作机制，并明确贵州省扶贫办牵头做好中药材种植和市场建设，经信、科技、农业等部门也分别出台了支持政策。

在资金投入上，贵州省扶贫、财政部门去年共安排中药材产业发展财政扶贫资金 2.9 亿元，重点发展了天麻、半夏、刺梨等 27 个道地品种；贵州省还进一步加强了同金融机构的合作，争取资金支持。通过多年努力，贵州中药材种植的组织化水平进一步提高。贵州省按照"公司＋基地＋农户""公司＋合作社＋农户"等模式，涌现了一批中药材种植专业村、专业乡（镇）；目前，贵州省已发展中药材企业近百家、经济合作组织 411 个。

据了解，贵州从 2013 年起，省级财政每年投入 2 亿元以上资金用于支持中药材产业发展，同时探索"政银企农"合作新模式，发挥财政资金和信贷资金的引导作用，吸引社会资本和民间资本投资中药材产业。此外，贵州将建成"一中心三走廊"的中药材市场，即建设好以贵阳为中心的全省中药材现代化交易市场的同时，在武陵山片区、乌蒙山片区和滇桂黔石漠化片区各规划建设一批中药材产地交易市场。

习近平总书记指出："发展产业是实现脱贫的根本之策。要因地制宜，把培育产业作为推动脱贫攻坚的根本出路"。因此，总书记多次强调贫困地区要大力发展特色经济、扶贫产业，"要因地制宜，发展特色经济，不要在贫困地区大搞不符合当地实际的项目。"产业扶贫也是精准扶贫"五个一批"之一，承担着打赢脱贫攻坚战很大一部分任务。中共十八大以来，中央多次强调产业扶贫是脱贫攻坚的重点和难点所在，也为产业扶贫的实施推进指明了方向：要始终把实现稳定脱贫作为工作的核心，切实让产业发展成为农民脱贫致富的依托。要从贫困地区资源条件出发，发挥已经形成的产业优势，因人因户因村实施产业帮扶。要尊重产业发展规律、市场规律，保持定力和耐心，促进可持续发展。要科学规划产业扶贫项目，改变重生产、轻市场，重数量、轻质量，重形式、轻结果的倾向。要积极探索产业扶贫模式，发挥好龙头企业、合作社、大户的带动作用，完善利益联结机制，确保贫困农户获得应有的收益。

但从扶贫各项工作的推进状况来看，产业扶贫是"五个一批"工作中最难的一个。总的来看，自精准扶贫实施以来，尽管各地有一些产业化扶贫的成功经验，但在很多地区还是存在大量的问题。基于此，我们编写了这本教材，对产业扶贫进行了阐述和讲解，对我国产业扶贫及其历程进行了梳理，对扶贫产业选择的方法和未来发展的趋势进行了介绍，还对扶贫产业的风险及其防范进行了重点说明。全书中引用了大量在实践中效果比较突出的案例，我们还专门开辟了章节就产业扶贫比较好的模式和案例进行了介绍和总结，希望能够对各地在扶贫产业的发展中能够提供些许帮助。总之，我们希望通过这些工作，能够给一线的工作提供启发，能够更好地发挥产业扶贫在脱贫攻坚当中的作用。

本书是集体智慧的结晶，作者来自北京师范大学中国扶贫研究院张琦教授团队。各章作者如下：第一章，张琦、孙思睿；第二章，万君；第三章，万君、张涛；第四章，张涛；第五章，贺胜年、王聪；第六章，贺胜年、王聪；第七章，史志乐、张诗怡；第八章，张诗怡、史志乐。全书由张琦教授进行了统稿、审定；国务院扶贫办宣教中心组织了相关专家就初稿进行了审定，在征求了国务院扶贫办各司意见的基础上提供了若干修改建议；最后由张琦教授修改、定稿。另外，中国农业出版社在对本教材审校过程中，给予了专业指导和大力支持。在此，一并表示衷心的感谢！

编者
2018 年 5 月

图书在版编目（CIP）数据

产业扶贫脱贫概览／全国扶贫宣传教育中心组织编
写．—北京：中国农业出版社，2018.8
全国扶贫教育培训教材
ISBN 978-7-109-24134-3

Ⅰ．①产… Ⅱ．①全… Ⅲ．①扶贫-中国-干部培训
-教材 Ⅳ．①F126

中国版本图书馆 CIP 数据核字（2018）第 091287 号

Chanye Fupin Tuopin Gailan

中国农业出版社出版
（北京市朝阳区麦子店街 18 号楼）
（邮政编码 100125）
责任编辑　黄向阳
文字编辑　徐志平

北京中兴印刷有限公司印刷　　新华书店北京发行所发行
2018 年 8 月第 1 版　　2018 年 8 月北京第 1 次印刷

开本：700mm×1000mm　1/16　　印张：13
字数：230 千字
定价：48.00 元
（凡本版图书出现印刷、装订错误，请向出版社发行部调换）